普通高等教育新形态教材

SHENJIXUE ◀

审计学

李海龙　夏雨辰 ◎ 主　编
刘　桐　皮雨鑫 ◎ 副主编
刘斯博　阚梦华 ◎ 参　编

清华大学出版社
北　京

内 容 简 介

本书分为上下两篇，上篇为审计理论，下篇为审计实务。审计理论部分主要阐述审计的产生与发展、概念、职能、分类，审计组织和审计人员，审计职业准则及法律责任，审计目标和审计程序，审计证据和工作底稿，审计计划和审计方法，重要性和审计风险，风险评估和风险应对；审计实务部分按照业务循环进行介绍，包括销售与收款循环审计，采购与付款循环审计，生产与存货循环审计，筹资与投资循环审计，货币资金审计，审计报告。全书以注册会计师审计的理论、方法、程序、实务为主线，兼顾了国家审计、内部审计的基础知识，体现了审计学体系的完整性。

本书适合于普通高等院校审计、会计、财务管理、资产评估等专业学习使用，也可为从事审计实务工作的人员提供参考。

本书封面贴有清华大学出版社防伪标签，无标签者不得销售。
版权所有，侵权必究。举报：010-62782989，beiqinquan@tup.tsinghua.edu.cn。

图书在版编目(CIP)数据

审计学/李海龙，夏雨辰主编. —北京：清华大学出版社，2023.10(2024.8重印)
普通高等教育新形态教材
ISBN 978-7-302-64687-7

Ⅰ.①审… Ⅱ.①李… ②夏… Ⅲ.①审计学－高等学校－教材 Ⅳ.①F239.0

中国国家版本馆 CIP 数据核字(2023)第 183028 号

责任编辑：付潭娇　刘志彬
封面设计：汉风唐韵
责任校对：王凤芝
责任印制：杨　艳

出版发行：清华大学出版社
网　　址：https://www.tup.com.cn，https://www.wqxuetang.com
地　　址：北京清华大学学研大厦 A 座　　邮　编：100084
社 总 机：010-83470000　　邮　购：010-62786544
投稿与读者服务：010-62776969，c-service@tup.tsinghua.edu.cn
质量反馈：010-62772015，zhiliang@tup.tsinghua.edu.cn

印 装 者：北京嘉实印刷有限公司
经　　销：全国新华书店
开　　本：185mm×260mm　　印　张：16.5　　字　数：371 千字
版　　次：2023 年 12 月第 1 版　　印　次：2024 年 8 月第 2 次印刷
定　　价：49.00 元

产品编号：101848-01

前　言

审计学是经济管理类课程的重要组成部分，随着我国市场经济体制的不断完善，企业竞争不断加剧，审计在企业管理中所起的作用日益明显，正如所谓的"经济越发展，审计越重要"。为了规范会计核算工作，提高会计信息质量，我国陆续颁布了新的审计准则和有关具体审计制度。2016年6月15日，财政部发布了39项企业会计准则和48项注册会计师准则。这标志着我国与国际惯例趋同的审计准则体系正式建立。

本书以社会主义市场经济为背景，以最新的审计相关法律法规为依据，力求用简洁的语言，准确阐述审计学的基本理论、基本方法和基本操作技术。通过对全书内容的学习，可以明确会计学的研究对象，掌握审计学的基本概念和审计的基本业务，把握中国审计改革的最新动态。本书主要体现出以下几个特点。

第一，与时俱进。本书采用一体化规范的结构层次，每章开篇设有"学习目标"和"思政案例"等栏目，以明确本章的地位、学习目的和主要内容；每章中设有"二维码链接"等特色栏目，以拓宽视野、启发思维、培养能力；每章后设有"本章小结""复习思考题""实操练习"和"在线自测"等，以配合学生的自学需要，加强理论知识的理解和基本技能的训练。

第二，突出重点。本书突出了知识体系宽广的特征，不仅适用于会计学专业，而且适用于非会计学经管专业。"审计学"课程，对会计专业的学生来说，是接触专业的第一门课程，是所有课程的基础；对经管专业的学生来说，审计知识是必备的专业基础知识，在其知识体系中占有很重要的地位。因此，本书的编写，在内容上更加注重体系的完整和知识的饱满，能够为学习者后续的专业学习和未来职业奠定专业基础。

第三，融入思政。本书有效地结合思政内容，增强了知识的可理解性。注重教材的版式设计，使其更加人性化，力求简洁、直观、生动、有趣。例如，增加章前"思政案例"，即用故事或事件来引入基本概念与原理的介绍，帮助学习者形成清晰的学习思路；以图表的形式进行归纳和总结；对于重点、难点问题设置学习目标等引起学习者的重视。

第四,强调实用。本书加大学生动手操作实践能力环节,为了加强学习者对审计基本理论、基本方法和基本技能的掌握,增强其感性认识,本书设置了思考题及课后练习题,以帮助学习者全面系统地理解会计基本知识,处理一些常见的企业经济业务,提高其分析问题和解决问题的能力。

本书是由长期从事审计学研究和教学工作的黑龙江财经学院李海龙老师,云南大学滇池学院夏雨辰老师,沈阳科技学院刘桐老师以及黑龙江财经学院会计学院审计学课程主讲教师皮雨鑫、刘斯博和阚梦华编写完成的。本书在编写过程中参考或借鉴了业内专家学者的教材,并得到了黑龙江财经学院会计学院院长梁静溪教授大力支持和帮助。对以上单位和个人的帮助和支持,在此表示衷心的感谢。

本书无论是在内容上还是在结构设计上都做了新的尝试,体现了新形态教材模式,但由于编写时间仓促和作者水平有限,加之审计理论与实务均处于不断发展过程当中,仍有许多问题等待我们去探索和解决,书中不足之处,恳请各位专家、同行和读者批评指正。

编　者
2023 年 8 月

目　录

上篇　审计理论

第一章　总　论 ... 1
 第一节　审计的产生与发展 ... 2
 第二节　审计的概念与特性 ... 8
 第三节　审计的职能与作用 ... 11
 第四节　审计的分类 ... 13
 本章小结 ... 18
 复习思考题 ... 19
 实操练习 ... 19
 在线自测 ... 19

第二章　审计组织和审计人员 ... 20
 第一节　国家审计机关和审计人员 ... 21
 第二节　民间审计组织和审计人员 ... 30
 第三节　内部审计机构和审计人员 ... 35
 本章小结 ... 39
 复习思考题 ... 39
 实操练习 ... 39
 在线自测 ... 40

第三章　审计职业准则及法律责任 ... 41
 第一节　中国注册会计师执业准则 ... 42
 第二节　职业道德准则 ... 44
 第三节　注册会计师的法律责任 ... 50
 本章小结 ... 55
 复习思考题 ... 55

实操练习 …………………………………………………………………………… 55
　　　在线自测 …………………………………………………………………………… 56

第四章　审计目标和审计程序 …………………………………………………… **57**
　　　第一节　审计目标 ………………………………………………………………… 57
　　　第二节　审计程序 ………………………………………………………………… 61
　　　本章小结 …………………………………………………………………………… 64
　　　复习思考题 ………………………………………………………………………… 64
　　　实操练习 …………………………………………………………………………… 64
　　　在线自测 …………………………………………………………………………… 65

第五章　审计证据与审计工作底稿 ……………………………………………… **66**
　　　第一节　审计证据 ………………………………………………………………… 67
　　　第二节　审计工作底稿 …………………………………………………………… 77
　　　本章小结 …………………………………………………………………………… 83
　　　复习思考题 ………………………………………………………………………… 84
　　　实操练习 …………………………………………………………………………… 84
　　　在线自测 …………………………………………………………………………… 84

第六章　审计计划与审计方法 …………………………………………………… **85**
　　　第一节　审计计划 ………………………………………………………………… 86
　　　第二节　审计方法 ………………………………………………………………… 91
　　　第三节　审计抽样 ………………………………………………………………… 95
　　　本章小结 …………………………………………………………………………… 100
　　　复习思考题 ………………………………………………………………………… 100
　　　实操练习 …………………………………………………………………………… 100
　　　在线自测 …………………………………………………………………………… 101

第七章　重要性与审计风险 ……………………………………………………… **102**
　　　第一节　重要性 …………………………………………………………………… 103
　　　第二节　审计风险 ………………………………………………………………… 111
　　　第三节　重要性与审计风险 ……………………………………………………… 113
　　　本章小结 …………………………………………………………………………… 114
　　　复习思考题 ………………………………………………………………………… 114
　　　实操练习 …………………………………………………………………………… 115

在线自测 ·· 116

第八章　风险评估与风险应对 ···································· 117
　　第一节　内部控制概述 ·· 118
　　第二节　风险评估 ·· 124
　　第三节　风险应对 ·· 130
　　本章小结 ·· 133
　　复习思考题 ·· 134
　　实操练习 ·· 134
　　在线自测 ·· 135

下篇　审计实务

第九章　销售与收款循环审计 ···································· 136
　　第一节　销售与收款循环概述 ·································· 138
　　第二节　销售与收款循环的内部控制及其测试 ···················· 143
　　第三节　销售与收款循环的实质性测试 ·························· 147
　　本章小结 ·· 154
　　复习思考题 ·· 155
　　实操练习 ·· 155
　　在线自测 ·· 156

第十章　采购与付款循环审计 ···································· 157
　　第一节　采购与付款循环审计 ·································· 158
　　第二节　采购与付款循环的内部控制及其测试 ···················· 160
　　第三节　采购与付款的实质性测试 ······························ 165
　　本章小结 ·· 171
　　复习思考题 ·· 172
　　实操练习 ·· 172
　　在线自测 ·· 172

第十一章　生产与存货循环审计 ·································· 173
　　第一节　生产与存货循环概述 ·································· 174
　　第二节　生产与存货循环的内部控制及其测试 ···················· 178
　　第三节　生产与存货循环的实质性程序 ·························· 182

本章小结 ··· 199
复习思考题 ·· 199
实操练习 ··· 200
在线自测 ··· 200

第十二章　筹资与投资循环审计 ···································· 201

第一节　筹资与投资循环概述 ······································· 202
第二节　筹资与投资循环的内部控制及其测试 ················· 205
第三节　筹资与投资循环实质性测试 ······························· 210
本章小结 ··· 222
复习思考题 ·· 223
实操练习 ··· 223
在线自测 ··· 223

第十三章　货币资金审计 ·· 224

第一节　货币资金概述 ··· 225
第二节　货币资金的内部控制及其测试 ··························· 228
第三节　货币资金的实质性测试 ···································· 230
本章小结 ··· 237
复习思考题 ·· 237
实操练习 ··· 237
在线自测 ··· 238

第十四章　审计报告 ·· 239

第一节　审计报告概述 ··· 242
第二节　审计报告的基本内容 ······································· 244
第三节　在审计报告中沟通关键审计事项 ······················· 246
第四节　审计报告的主要类型 ······································· 248
本章小结 ··· 253
复习思考题 ·· 254
实操练习 ··· 254
在线自测 ··· 254

参考文献 ··· **255**

上篇　审计理论

第一章　总　论

> **学习目标**
> 1. 了解审计的产生和发展；
> 2. 理解审计的含义和特征；
> 3. 掌握审计职能和作用。

思政案例

学习贯彻落实党的二十大精神　推动审计工作高质量发展

党的二十大高举中国特色社会主义伟大旗帜，全面贯彻习近平新时代中国特色社会主义思想，擘画了全面建设社会主义现代化国家、以中国式现代化全面推进中华民族伟大复兴的宏伟蓝图，明确了新时代新征程党和国家事业发展的目标任务。审计机关把深入学习贯彻党的二十大精神作为首要政治任务，深刻领悟"两个确立"的决定性意义，增强"四个意识"、坚定"四个自信"、做到"两个维护"，深刻把握新时代新征程审计工作战略定位和前进方向，依法忠实履行审计监督职责，努力发挥审计在党和国家监督体系中的重要作用，为实现党的二十大确立的目标任务提供审计保障。

（一）深刻认识新时代审计工作取得的历史性成就、发生的历史性变革

党的十九大以来的 5 年，是极不寻常、极不平凡的 5 年，我们党团结带领人民，推动党和国家事业取得了举世瞩目的重大成就。以习近平同志为核心的党中央着眼党和国家事业全局，改革审计管理体制，加强党对审计工作的领导特别是党中央集中统一领导，着力构建集中统一、全面覆盖、权威高效的审计监督体系，推动新时代审计工作深度嵌入党治国理政总体格局，取得历史性成就、发生历史性变革。

（二）准确把握新时代新征程审计工作的前进方向

习近平总书记在党的二十大报告中，深刻阐释了新时代坚持和发展中国特色社会主义的一系列重大理论和实践问题，为新时代新征程推进党和国家事业发展、实现第二个百年奋斗目标确立了行动指南，也为审计工作指明了前进方向。深思细悟习近平新时代中国特色社会主义思想的世界观、方法论和贯穿其中的立场观点方法，我们深刻体会到，习近平

新时代中国特色社会主义思想对审计事业发展具有决定性意义，特别是关于党的全面领导、党的自我革命、中国式现代化的重要思想，决定了审计的体制变革、地位作用和价值取向。

（三）奋力开创新时代新征程审计工作高质量发展新局面

习近平总书记多次讲过，一分部署、九分落实。当前最重要的任务，就是撸起袖子加油干，一步一个脚印把党的二十大作出的重大决策部署付诸行动、见之于成效。审计机关要把学习贯彻党的二十大精神同学习贯彻习近平总书记对审计工作的重要指示批示精神结合起来，自觉在全面学习、全面把握、全面落实上下真功见实效，对照党中央关于构建集中统一、全面覆盖、权威高效的审计监督体系的部署要求，把党中央提出的战略部署转化为审计工作任务，深入思考、科学谋划新时代审计事业高质量发展。

资料来源：学习贯彻落实党的二十大精神 推动审记工作高质量发展[EB/OL].（2023-01-16）[2023-05-10]. https://baijiahao.baidu.com/s?id=17551442461686668680&wf.

案例思考：

1. 社会主义新时代下审计工作的发展方向是什么？
2. 如何推动我国审计工作高质量发展？

启示：

（1）实践充分证明，改革审计管理体制，把"党是最高政治领导力量"这一根本政治要求贯彻到审计工作全过程各方面，审计作为党直接领导下的监督制度安排，全面纳入党的治理体系，才具有了高度的政治权威、制度权威和工作权威。

（2）持续推进审计与其他监督贯通协同，确保审计成果权威高效运用。实践充分证明，很多审计中发现的问题最终是由各方力量共同促成解决的，仅凭某一家单打独斗是不行的，这条有益经验和做法要坚持下去并不断完善。

（3）发扬斗争精神、增强斗争本领，着力打造一支堪当民族复兴重任的高素质审计干部队伍。通过强化专业训练和审计实践锻炼，增强审计干部能查能说能写本领，以专业能力确保审计质量。从讲政治的高度，始终坚持依法审计、文明审计，时刻保持谦虚谨慎、依法定论、以理服人，爱护审计的声誉和形象，确保审计结论经得起历史检验。继续发扬"从严治理审计队伍"这一优良传统，做到打铁必须自身硬，以高于监督别人的标准、严于监督别人的要求来约束自己，始终做遵纪守法、廉洁自律的表率。

第一节 审计的产生与发展

一、审计的产生与发展

（一）我国审计的产生与发展

我国审计经历了一个漫长的发展过程，大体上可分为六个阶段：西周初期初步形成阶段；秦汉时期最终确立阶段；隋唐至宋时期日臻健全阶段；元明清时期停滞不前阶段；中华民国时期不断演进阶段；新中国时期振兴阶段。

西周时期国家财计机构分为两个系统：一是地官大司徒系统，掌管财政收入；二是天官冢宰系统，掌管财政支出。天官所属中大夫司会，为主官之长，主天下之大计，本为分掌王朝财政经济的审核和监督。《周礼》中记载："凡上之用，必考于司会。"即凡帝王所用的开支，都要受司会的检查，可见司会的权力很大。而且还说："以参互考日成，以月要考月成，以岁会考岁成。"即司会每旬、每月、每年都要对下级送上来的报告加以考核，以判断每一个地方官吏每旬、每月和每年所编制的报告是否真实、可靠，再由周王据此决定赏罚。我国政府审计的起源，基于西周的宰夫。《周礼》云："宰夫岁终，则令群吏正岁会。月终，则令正月要。旬终，则令正日成。而考其治，治以不时举者，以告而诛之。"即年终、月终、旬终的财计报告先由宰夫命令督促各部门官吏整理上报，宰夫就地稽核，发现违法乱纪者，可越级向天官冢宰或周王报告，加以处罚。由此可见，宰夫是独立于财计部门之外的职官，标志着我国政府审计的产生。

秦汉时期是我国审计的确立阶段，主要表现在以下三个方面。一是初步形成了统一的审计模式。秦汉时期是我国封建社会的建立和成长时期，社会经济的发展，促进了秦汉时期逐渐形成全国审计机构与监察机构相结合、经济法制与审计监督制度相统一的审计模式。秦朝，中央设"三公""九卿"辅佐政务。御史大夫为"三公"之一，执掌弹劾、纠察之权，专司监察全国的民政、财政以及财物审计事项，并协助丞相处理政事。汉承秦制，西汉初，中央仍设"三公""九卿"，仍由御史大夫领掌监督审计大权。二是"上计"制度日趋完善。所谓"上计"，就是皇帝亲自参加听取和审核各级地方官吏的财政会计报告，以决定赏罚的制度。这种制度始于周朝，至秦汉时期日趋完善。三是审计地位提高，职权扩大。御史制度是秦汉时代审计建制的重要组成部分，秦汉时代的御史大夫不仅行使政治、军事的监察之权，还行使经济的监督之权，控制和监督财政收支活动，钩稽总考财政收入情况。应该指出的是，秦汉时期审计制度虽已确立，但仍属初步发展阶段。

隋唐时代是我国封建社会的鼎盛时期，宋代是我国封建社会经济的持续发展时期。隋唐至宋，中央集权不断加强，官僚系统进一步完善，审计在制度方面也日臻健全。隋开创一代新制，设置比部，隶属于都官或刑部，掌管国家财计监督，行使审计职权。唐改设三省六部，六部之中，刑部掌天下律令、刑法、徒隶等政令，比部仍隶属于刑部，凡国家财计，不论军政内外，无不加以钩稽，无不加以查核审理。比部审计之权通达国家财经各领域，而且一直下伸到州、县。由此可见，唐代的比部审查范围极广、项目众多，而且具有很强的独立性和较高的权威性。宋代审计一度并无发展。元丰改制后，财计官制复唐之旧，审计之权重归刑部之下的比部执掌，审计机构重获生机。此外，还专门设置审计司，隶属于太府寺。北宋时又曾将这个机构改称为审计院。南宋时，湖、广还设有审计院，四川也设有审计院。宋审计司（院）的建立，是我国审计的正式命名，从此，"审计"一词便成为财政监督的专用名词，对后世中外审计建制具有深远的影响。

元明清各朝，君主专制日益强化，审计虽有发展，但总体上停滞不前。元代取消比部，户部兼管会计报告的审核，独立的审计机构即告消亡。明初设比部，不久即取消，洪武十五年设置都察院，以左右都御史为长官，审查中央财计。清承明制，设置都察院，执掌为"对君主进行规谏，对政务进行评价，对大小官吏进行纠弹"，成为最高的监察、监督、弹劾和建议机关。虽然明清时期的都察院制度有所加强，但财计监察和政府审计职能严重削弱，与唐代行使司法审计监督职能的比部相比，后退了一大步。

辛亥革命结束了清王朝的封建统治，成立了"中华民国"。1912年在行政院下设审计处，1914年北洋政府改为审计院，同年颁布了《审计法》。国民党政府根据孙中山先生五权分立的理论，设立司法、立法、行政、考试、监察五院。在监察院下设审计部，各省（市）设审计处，不能按行政区域划分的单位，如国库、铁路局、税务机关等，则根据需要与可能设审计办事处，分别对中央和地方各级行政机关以及单位的财政和财务收支实行审计监督。国民党政府也于1928年颁布《审计法》和实施细则，1929年颁布了《审计组织法》，审计人员有审计、协审、稽查等职称。与此同时，我国资本主义工商业有所发展，民间审计应运而生，1929年《公司法》的公布以及后来《税法》和《破产法》的施行，也对执业会计师事业的发展起了推动作用。20世纪30年代以后，一些大城市相继成立了会计师事务所，接受委托人办理查账等业务，民间审计得到发展。这一时期，我国审计日益演进、有所发展，但由于政治不稳定，经济发展缓慢，审计工作一直没有长足的进展。

中华人民共和国成立以后，国家没有设置独立的审计机构，对企业的财税监督和货币管理，是通过不定期的会计检查进行的。自党的十一届三中全会以来，党和政府把工作重点转移到经济建设上来，并制定了一系列的方针政策。为适应这种需要，我国在1980年恢复和重建了注册会计师制度，财政部颁布了《关于成立会计顾问处的暂行规定》，并且在改革开放中获得了迅速发展。1986年7月，国务院发布了《中华人民共和国注册会计师条例》，标志着我国民间审计的发展进入了一个新阶段。1994年1月1日《中华人民共和国注册会计师》的实施，使民间审计步入了法制的轨道，并得到迅猛发展。与此同时，我国已把建立政府审计机构、实行审计监督的方针，载入我国1982年修改后的《中华人民共和国宪法》，并于1983年9月成立了我国政府审计的最高机关——审计署，在县以上各级人民政府设置各级审计机关。1985年8月，发布了《国务院关于审计工作的暂行规定》；1988年11月，颁布了《中华人民共和国审计条例》；1995年1月1日《中华人民共和国审计法》的实施，从法律上进一步确立了政府审计的地位，为其进一步发展奠定了良好的基础。于2006年2月修改后的《中华人民共和国审计法》（2006年修正），对原《中华人民共和国审计法》做了大量修订，自2006年6月1日起实施。为了全面开展审计工作，完善审计监督体系，加强部门、单位内部经济监督和管理，我国于1984年在部门、单位内部成立了审计机构，实行内部审计监督。1985年10月，发布了《审计署关于内部审计工作的若干规定》，在各级政府审计机关、各级主管部门的积极推动下，内部审计蓬勃发展。2003年5月1日，审计署颁布施行了《审计署关于内部审计工作的规定》。至此，我国形成了政府审计、民间审计和内部审计三位一体的审计监督体系，审计制度和审计工作进入了振兴时期。2014年10月9日，国务院印发《关于加强审计工作的意见》，提出发挥审计促进国家重大决策部署落实的保障作用。党的十八届四中全会提出："完善审计制度，保障依法独立行使审计监督权。对公共资金、国有资产、国有资源和领导干部履行经济责任情况实行审计全覆盖。"至此，我国审计对象和审计领域不断扩大。2018年1月12日，新修订的《审计署关于内部审计工作的规定》赋予了我国内部审计新使命，并于2018年3月1日起正式实施。2018年，中央审计委员会正式成立，这是我国审计发展史上的创举，迎来了我国审计发展的新时代。中央审计委员会主任习近平在第一次会议上指出：构建集中统一、全面覆盖、权威高效的审计监督体系，要加强对内部审计工作的指导和监督，调动内部审计和社会审计的力量，增强审计监督合力。

(二) 西方审计的起源与演进

在西方国家，随着生产力的发展和经济关系的变革，审计也经历了一个漫长的发展过程。在西方，政府审计的产生早于民间审计和内部审计。

据考证，早在奴隶制度下的古罗马、古埃及和古希腊时期，已有官厅审计机构。审计人员以"听证"方式，对掌管国家财物和赋税的官吏进行审查和考核，成为具有审计性质的经济监督工作。在历代封建王朝，也设有审计机构和人员，对国家的财政收支进行监督。但当时的审计，不论是从组织机构上还是从方法上看，都处于很不完善的阶段。

随着经济的发展和资产阶级国家政权组织形式的完善，政府审计也有了进一步的发展。现代资本主义国家，大多实行立法、行政、司法三权分立，议会为国家的最高立法机关，并对政府行使包括财政监督在内的监督权。为了监督政府的财政收支，切实执行财政预算法案，以维护统治阶级的利益，西方国家大多在议会下设有专门的审计机构，由议会或国会授权，对政府及国有企业和非营利组织的财政财务收支进行独立的审计监督。美国于1921年成立的总审计局就是隶属于国会的一个独立经济监督机构，它担负着为国会行使立法权和监督权提供审计信息和建议的重要职责。总审计长由国会提名，经参议院同意，由总统任命。总审计局和总审计长置于总统管辖以外，独立行使审计监督权。另外，加拿大的审计公署、西班牙的审计法院等，也都是隶属于国家立法部门的独立机构，其审计结果要向议会报告，享有独立的审计监督权限。这是世界上比较普遍的立法系统的政府审计机关。

应该看到，各国政府审计机关都是根据自己的国情来设置的，除了立法系统的政府审计机关外，还有一些国家的审计机关隶属政府领导，称为行政系统政府审计机关，如罗马尼亚由总统直接领导的高级检察院等；一些国家的审计机关由政府的财政部领导，称为次行政系统政府审计机关，如瑞典的政府审计局等；此外，还存在一种既不属于立法系统也不属于行政系统的政府审计机关，如日本的会计检察院直接对天皇负责。总之，不管采取哪种类型，都应保证政府审计机关拥有独立性和权威性，以不受干扰、客观、公正地行使审计监督权。

在西方国家，由执业会计师进行的民间审计，随着资本主义商品经济的兴起得到迅速发展。16世纪末期，地中海沿岸国家的商品贸易得到发展，出现了为筹集大量资金进行贸易活动的合伙经营方式，即由多人合伙筹资，委托给某些人去经营贸易。这样，财产的所有权和经营权分离，对经营管理者进行监督成为必要，所有者便聘请会计工作者来承担这项工作。17世纪初期，苏格兰也出现了一批从事此类工作的会计工作者。这是早期处于萌芽状态的民间审计。

现代意义上的民间注册会计师是伴随18世纪初期到19世纪中叶产业革命的完成而开始的。产业革命的完成推动了资本主义商品经济的发展，在西方国家出现了以发行股票筹集资金为特征的股份有限责任公司。股份有限责任公司这一企业组织形式的出现，公司所有权与经济权相分离，使得对经营管理人员的监督十分必要，现代民间审计制度应运而生。1844年，英国政府为了保护广大股票持有者的利益，颁布了《公司法》，规定股份有限责任公司必须设监察人，负责审查公司账目。因为当时的监察人一般由股东担任，大多并不熟悉会计业务和审查方法，难以有效监督，所以1845年修订《公司法》时规定，股份有限公司可以聘请执业会计师协助办理此项业务。这一规定无疑对民间审计发展起到了推动作用。1853年，苏格兰的爱丁堡成立了爱丁堡会计师协会，这是世界上第一个执业会计师的专业团队；随后，英国有数家会计师协会相继成立，民间审计队伍迅速扩大。但此时的英国民间审计没有成套的方法和理论依据，只是出于查错防弊的目的，对大量的账簿记录进行逐笔审查，即详细审计。由于详细审计产生于英国，且在英国盛行，故也称为英国式审计。

19世纪末期到20世纪初期，美国的民间审计迅猛发展。美国南北战争结束后，英国巨额资本流入美国，起到了促进其经济发展的积极作用。为了保护扩大投资者和债权人的利益，英国的执行会计师远涉重洋到美国开展民间审计业务；与此同时，美国也很快形成了自己的民间审计队伍。1887年，美国会计师工会成立；1916年，改组为美国会计师协会；后来发展为美国注册公共会计师协会（American Institute of Certified Public Accoumtants，AICPA），成为世界上最大的民间审计专业团体。初期的美国民间审计多采用英国式的详细审计。20世纪初期，美国的短期信用业务发达，企业多从银行举债。银行为了维护自身利益，要求对申请贷款企业的资产负债表进行审查、分析，判断企业的偿债能力，以决定是否给予贷款。因此，以证明企业偿债能力为主要目的的资产负债表审计，即信用审计，在美国风行一时。由于资产负债表审计是美国首先实施的，故又称美国式审计。自20世纪20年代以后，随着资本市场的发育成熟，证券交易的业务量和规模都有了较大的发展。顺应证券市场发展和社会各方面的要求，资产负债表审计已无法满足需要，美国率先进入财务报表，都必须进行强制审计，其财务报表都须经注册会计师出具审计报告。由于美国以立法的形式推行公司财务信息公开制度，要求所公开的各种财务报表必须按一定的标准编制，客观上要求与之相适应的审计工作也必须步入规范化、标准化的轨道。为此，西方社会各阶层加速了对会计准则、审计准则的研究。许多国家的会计职业团体制定和实施了会计准则与审计准则。

第二次世界大战以后，各经济发达国家通过各种渠道推动本国的公司向海外拓展，跨国公司得到空前发展。跨国公司是由资本输出形成和发展起来的，开始是发达国家的公司向不发达国家投资；到后来发达国家之间的公司相互渗透，一些不够发达的国家也向发达国家投资。这一方面是由各国经济发展不平衡造成的，另一方面是由于国际经济的发展和国际经济交流日益密切。跨国公司的日益增多，也带动了注册会计师的业务向世界范围扩展。为了服务于分设在不同国家和地区的跨国公司，一些国家的会计师事务所组成大规模的国际会计师事务所，或者是跨国公司母国的会计师事务所在投资国分设机构，从而形成国际会计师事务所。这些国际会计师事务所包括普华永道、德勤、安永、毕马威，其机构庞大，人员众多，有统一的工作程序和质量要求，能够适应不同国家和地区的业务环境。

它们不但为跨国公司的各分公司服务,也为当地的公司服务,其业务收入每年达数百亿美元。它们通过遍布世界各地的事务所,在国际经济活动中起着重要作用。与此同时,审计技术也在不断完善,抽样审计方法普遍运用,系统导向审计方法得到推广,审计准则逐步完善,审计理论体系开始建立,注册会计师业务扩大到代理纳税、代理记账等业务。

自20世纪60年代以后,科学技术飞跃进步,新兴产业部门不断涌现,新技术和新方法成功地运用于经济管理领域,如高等数学、电子计算机、系统科学用于经营管理。这些理论给企业管理的各个方面带来思想和观念的变革,促进了审计技术的进步和管理咨询业务的发展。系统导向审计技术不断完善,不太成熟的风险导向审计技术开始运用到审计工作中。对注册会计师来说,民间审计业务不仅包括传统的服务项目,而且包括许多管理范畴内的服务。当时美国的会计师事务所试行这种范围广大的服务方式。自20世纪60年代以后,管理咨询服务在很多国家被广泛接受。注册会计师从适应公司管理手段的改变和改进经营管理的需要出发,开发了电子数据处理系统审计和计算机辅助审计技术,并把业务范围从主要执行审计职能迅速向管理咨询领域扩展。例如,提供经济和财务信息、电子数据处理、存货管理,直至人事管理和个人财务管理等,这些无疑增加了注册会计师在经济生活中的重要性。在一些西方国家,大多数投资者和公司经理在做出重大决策前,都要先听取注册会计师的意见。注册会计师在社会中的形象更加高大,被称为"强大的无形力量"。

21世纪初,随着安然公司等一批美国公司财务丑闻的揭露及安达信国际会计师事务所的崩塌,美国实施了《萨班斯—奥克斯利法案》,强化了对公司内部控制的要求和对外部注册会计师的监管。为了适应这种形势,国际审计和保证委员会及美国等发达国家的职业会计师组织,修改相关的审计准则,推行适合揭露财务报表重大错报的经营风险导向审计,审计技术和方法不断科学化。

知识拓展 1-1
四大会计师事务所

二、审计产生与发展的客观基础

不论是中国还是西方国家,审计都是随着社会经济发展的需要而产生和发展的。随着经济的发展,剩余产品的增加使财产所有权无法对财产实施有效的管理,从而产生了两权分离,进而产生了受托经济责任关系。财产所有者赋予其财产管理者保管和运用所有财产的权利,并要求他们负起管好用好这些财产的责任,这就是受托经济责任。

审计是在一定的受托经济责任关系出现时,基于经济监督的需要而产生的。从奴隶社会、封建社会到资本主义社会和社会主义社会,从审计行为的萌芽到国家审计、民间审计和内部审计机构的形成,都同财产所有权和经营管理权相分离而产生的受托经济责任有关。没有这种受托经济责任关系,就不可能产生审计行为。

受托经济责任关系是审计产生与发展的客观基础。人们对加强经济管理与控制的迫切要求就是审计发展的动力。科学技术的发展丰富了审计的内容,扩展了审计领域,完善了审计职能,尤其是为审计发展提供了方法与手段。

三、审计关系

审计与受托责任之间的关系，可以通过审计关系得到充分体现。所谓审计关系，就是构成审计三要素之间关系。任何审计都有三个基本要素，即审计者、被审计者和委托审计者（或授权者）。审计者又称审计主体，是指审计行为的执行者，即审计机构和审计人员，为审计关系人；被审计者又称审计客体，是指审计行为的接收者，即被审计单位的资产代管或经营者，为审计第二关系人；委托审计者或授权者，是指依法授权或委托审计主体行使审计职能的单位或人员，为审计第三关系人。审计关系如图1-1所示。

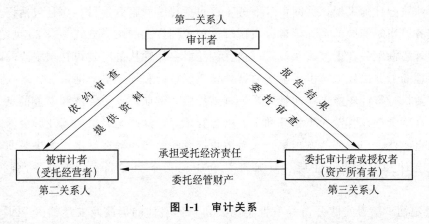

图1-1 审计关系

作为审计主体的第一关系人在审计活动中起主导作用，他既要接受第三关系人的委托或授权，又要对第二关系人所履行的经济责任进行审查和评价，但是他独立于两者之间，与第二关系人及第三关系人不存在任何经济利益上的联系。作为审计授权或委托人的第三关系人，在审计活动中起决定作用，他如果不委托第二关系人对其财产进行管理或经管，那么就不存在第三关系人和第二关系人之间的经济责任关系，自然也就没必要委托或授权第一关系人去进行审查和评价。因此，受托责任关系，才是审计产生的真正基础。

第二节 审计的概念与特性

一、审计的概念

"审计"这一社会活动，由于社会经济的发展及各国国情的不同，而显示各自的特色，尤其是管理审计、社会审计的出现，使得审计实践的外延日益扩大，与此同时，其内涵相对缩小。近几十年，各国权威组织都试图对"审计"一词下定义。而且，这些定义不断变化，也反映了这一动态。

审计经过不断完善和发展，已经形成一套比较完备的科学体系。人们对审计的概念进行了深入研究，最具代表性的是美国会计学会（American Accounting Association，AAA）在其颁布《基本审计概念说明》的公告中，把审计概念描述为："为了确定关于经济行为及经济现象的结论和所制定的标准之间的一致程度，而对于这种结论有关的证据进行客观收集、评定，并将结果传达给利害关系人的有系统的过程。"

注册会计师审计作为审计的一种类型，其内涵具有特殊性。因此，国内外许多会计职业组织对注册会计师审计概念下了定义，其中，影响较大的是国际会计师联合会和美国注册会计师协会的定义。

国际会计师联合会(International Federation of Accountants，IFAC)下设的国际审计与鉴证准则理事会(International Auditing and Assurance Standards Board，IAASB)将注册会计师审计概念描述为："财务报表审计的目标，是注册会计师(有时也指其所在的会计师事务所，下同)能够对财务报表是否在所有重大方面按照确定的财务报告框架编制发表意见。"

美国注册会计师协会(American Institute of Certified Public Accountants，AICPA)在《审计准则说明书》第1号中，对注册会计师审计概念描述为："独立注册会计师对财务报表的审计目标是，对财务报表是否按照公认会计原则在所有重大方面公允地反映财务状况、经营成果和现金流量发表意见。"

《中国注册会计师审计准则第1101号——注册会计师的总体目标和审计工作的基本要求》对审计概念描述为："审计的目的是提高财务报表是否在所有重大方面按照适用的财务报告编制基础编制发表审计意见得以实现。"就大多数通用目的财务报告编制基础而言，注册会计师针对财务报表是否在所有重大方面按照财务报告编制基础编制并实现公允反映发表审计意见。注册会计师按照审计准则和相关职业道德要求执行审计工作，能够形成这样的意见。

上述各项定义包括的共同含义是：独立性是审计监督的本质特征；审核检查反映经济活动的信息是审计工作的核心；审计对象必须明确；审计工作过程是收集和整理证据，以确定实际情况；审计工作必须有对照的标准和依据，才能从中引出审计结论；审计结果是向各有关利害关系人报告。

综上所述，我们对审计含义做如下表述：审计是由专职机构或专业人员接受委托或根据授权，按照一定的准则，以被审计单位的经济活动及相关资料为对象，运用专门的方法，收集和评价证据，判断其合法性、合规性、公允性、效益性，并出具审计报告的一种独立的监督、鉴证、评价活动。

二、审计的特性

所谓审计的特性，是指标志着审计这一职业活动区别于其他职业活动的显著特征。审计的特性包括审计的本质和基本特征两个方面。

(一) 审计的本质

所谓审计的本质，是指审计本身固有的并区别于其他专业性监督的特殊属性。审计的本质具有三个方面的含义。其一，审计是一种经济监督活动，经济监督是审计的基本职能。其二，审计是一种授权或委托的经济监督活动，审计监督与司法行政和经济监督的根本区别在于，审计监督必须经审计授权人或委托人的授权或委托，之后才有权对被审计人进行审计，其审计对象、范围和内容由审计授权人或委托人来决定。而其他形式的监督，如法院、检察院、财政、税务、市场管理、物价等部门的司法、行政和经济监督,是在执行自己业务的同时而进行,其监督的对象和内容,存在自身的业务范围之中。其三,审计具有独立性,独立性是审计监督的最本质的特征,是区别其他经济监督的关键所在。

(二)审计的基本特征

审计与经济管理活动、非经济监督活动以及其他专业性经济监督活动相比较,主要具有以下几方面的基本特征。

▶1. 独立性

独立性是审计的本质特征,也是保证审计工作顺利进行的必要条件。国内外审计实践经验表明,审计在组织、人员、工作、经费方面均具有独立性。为确保审计机构独立性地行使审计监督权,审计机构必须是独立的专职机构,应单独设置,与被审计单位没有组织上的隶属关系。为确保审计人员能够实事求是地检查,客观、公正地评价与报告,审计人员与被审计单位应当不存在任何经济利益关系,不参与被审计单位的经营管理活动。如果审计人员与被审计单位或者审计事项有利害关系,应当回避。审计机构和审计人员应保持职业精神上的独立性,不受其他行政机关、社会团体或个人的干涉。

▶2. 权威性

我国政府审计机关的审计决定具有法律效力,可以强制执行,这也充分地显示了我国审计的权威性。审计的权威性,是保证有效行使审计权的必要条件。审计的权威性总是与独立性相关,它离不开审计组织的独立地位与审计人员的独立执业。各国国家法律对实行审计制度、建立审计机关以及确保审计机构的地位和权力都做了明确规定,这样使审计组织具有法律的权威性。审计人员依法执行职务,受法律保护。任何组织和个人不得拒绝、阻碍审计人员依法执行职务,不得打击报复审计人员。根据我国审计法规的要求,被审计单位应当坚决执行审计决定,如将非法所得及罚款按期缴入审计机关指定的专门账户。对被审计单位和协助执行单位未按规定期限和要求执行审计决定的,应当采取措施责令其执行;对拒不执行审计决定的,申请法院强制执行,并可依法追究其责任。我国社会审计组织,也是经过有关部门批准、登记注册的法人组织,依法律规定独立承办审计查账验证和咨询服务业务,其审计报告对外具有法律效力,这也充分体现它们同样具有法定地位和权威性。我国内部审计机构也是根据法律规定设置的,在单位内部具有较高的地位和相对的独立性,因此也具有一定的权威性。各国为了保障审计的权威性,分别通过《公司法》《证券交易法》《商法》《破产法》等,从法律上赋予审计超脱的地位及监督、评价、鉴证职能。一些国际性的组织为了提高审计权威性,也通过协调各国的审计制度、准则以及制定统一的标准,使审计成为一项世界性的、权威的专业服务。

▶3. 公正性

与权威性密切相关的是审计的公正性。从某种意义上说,没有公正性,也就不存在权威性。审计的公正性,反映了审计工作的基本要求。审计人员理应站在第三者的立场上,进行实事求是的检查,做出不带任何偏见的、符合客观实际的判断,并做出公正的评价和进行公正的处理,以正确地确定或

知识拓展1-2
审计与会计
的关系

解除被审计人的经济责任。审计人员只有同时保持独立性、公正性，才能取信于审计授权者或委托者以及社会公众，才能真正树立审计权威的形象。

第三节　审计的职能与作用

一、审计的职能

审计职能是指审计本身固有的内在功能。审计有什么职能，有多少职能，这些都不是由人的主观意愿决定的，而是由社会经济条件和经济发展的客观需要决定的。审计职能不是一成不变的，而是随着经济的发展而发展变化的。目前，对于审计职能的论述，见解各异。通过总结历史和现实的审计实践，我们认为，审计具有经济监督、经济评价、经济鉴证的职能。

▶ 1. 经济监督

监督是指监察和督促。经济监督是指监察和督促被审计单位的全部经济活动或其某一特定方面在规定的标准以内，在正常的轨道上进行。

综观审计产生和发展的历史，审计无不表现为经济监督的活动，履行着经济监督的职能。古代封建王朝的官厅审计，为维护王朝的统治和利益，代理皇室专司财经监督的职责，对侵犯皇室利益者予以惩处。资本主义国家政府审计为维护资产阶级的整体利益，代理政府专司经济监督的职责，对损害资本主义利益的行为进行严格的审查和处罚。社会主义国家政府审计通过审计监督，可以严肃财经纪律，维护国家、人民和国有资产的利益，可以保证政府机关、国有企事业单位经济活动的合法性。可见，经济监督是政府审计的基本职能。

知识拓展 1-3
经济监督

▶ 2. 经济评价

经济评价就是通过审核检查，确定被审计单位的计划、预算、决策、方案是否先进可行，经济活动是否按照既定的决策和目标进行，经济效益的高低优劣，以及内部控制系统是否适当有效等，从而有针对性提出意见和建议，以促使其改善经营管理，提高经济效益。

审核检查被审计单位的经济资料及经济活动，是进行经济确认的前提。只有查明了被审计单位的客观事实，才能按照一定的标准，进行对比分析，形成各种经济确认意见。这样，经济确认才能建立在真实情况的基础之上，确认的结论才能客观、公正，才能被社会各界接受。经济确认的过程同时也是肯定成绩、发现问题的过程。所以，审计咨询是紧接着经济确认而产生的，是经济确认职能的扩展。审计咨询是指审计人员从经济确认出发，提出改进经济工作、提高效率的建议和措施。国际内部注册会计师协会理事会将内部审计定义为：内部注册会计师一种独立、客观的确认和咨询活动，旨在增加组织的价值和改善组织的运营。

知识拓展 1-4
审计建议

▶ 3. 经济鉴证

鉴证是指鉴定和证明，经济鉴证是指通过对被审计单位的财务报表及有关经济资料所反映的财务收支和有关经济活动的合法性、公允性的审核检查，确定其可信赖的程度，并做出书面报告，以取得审计委托人或其他有关方面的信任。

经济鉴证职能是随着现代审计的发展而出现的一项职能，它不断受到人们的重视而日益强化，并显示其重要作用。西方国家非常重视审计的经济鉴证职能，不少国家的法律明文规定，公司的财务报表必须经过审计人员鉴证之后才能获得社会的承认。我国各类公司财务报表必须经中国注册会计师鉴证后才具有法律效力。因此，审计的经济鉴证职能将越来越发挥其在经济生活中的重要作用。

应该说，不同的审计组织形式在审计职能的体现上侧重点有所不同，政府审计侧重于经济监督，内部审计侧重于经济评价，民间审计则更侧重于经济鉴证。

经济鉴证职能的发挥应当具备两个条件：一是审计组织的权威性；二是审计组织的良好信誉。权威和信誉是互为前提、相辅相成的。

二、审计的作用

审计的作用是在履行审计职能、实现审计目标过程中所产生的社会效果。总结古今中外的审计实践，审计具有制约性和促进性两大作用。

▶ 1. 制约性作用

审计的制约性主要表现在：通过被审计单位的财务收支、内部控制及其有关经济管理活动审核检查，对被审计单位的财务收支、内部控制及经营管理活动进行监督、确认和鉴证，揭露贪污舞弊、弄虚作假等违法乱纪、严重损失浪费及不经济的行为，依法提请追究相关单位和人员的责任，从而纠错揭弊，保证国家的法律、法规、方针、政策、计划和预算的贯彻执行，维护财经纪律和各项规章制度，保证财务资料及其他资料的真实、可靠，保护国家财产的安全和完整，维护社会主义经济秩序，巩固社会主义法治。可以概括如下。

（1）揭示错误和舞弊。审计通过审查取证可以揭示错误和舞弊，不仅可以纠正核算错误，提高会计工作质量，还可以揭露舞弊，保护财产的完全，堵塞漏洞，防止损失。

（2）维护财经法纪。在审查取证、揭示各种违规违法行为的基础上，通过对过失人或犯罪嫌疑人的查处，提交司法、监察部门进行处理，有助于纠正或防止违法行为，维护财经法纪。

▶ 2. 促进性作用

审计通过审核检查，对于被审计单位的经营管理制度及经营管理活动进行评价，确认其合理性，以便继续推广；指出其不合理性，并提出建议，以便纠正改进，促进其加强经营管理，对于经济活动所实现的经济效益进行评价，指出潜力所在，促进其进一步挖掘潜力，不断提高经济效益和社会效益。可以概括如下。

（1）改善经营管理。通过审查取证、评价揭示经营管理中的问题和管理制度上的薄弱环节，提出改进建议，促进改善经营管理。

（2）提高经济效益。通过对被审计单位财务收支、内部控制及其有关经营管理活动效益性的审查，评价受托经济责任，总结经验，提出改进意见和建议，改进经营管理和内部控制工作，促进提高经济效益。

第四节 审计的分类

审计的分类是指将社会经济生活中的各种审计活动，按照不同的特征、标志进行归类的过程。对审计进行科学的分类，有助于人们加深对各种审计活动的认识，正确理解和完整地把握各种审计的特征和作用；有助于审计人员科学地组织审计工作，根据审计目标选用相应的审计方式及审计方法，以此达到提高审计工作效率、充分发挥审计作用的目的。审计分类的标准有很多，参照国际审计分类的惯例，并结合我国经济类型和审计监督的特点，我国审计有基本分类和其他分类两种分法。

一、审计的基本分类

（一）按审计主体的性质不同分类

审计按其主体不同，可以分为国家审计、民间审计、内部审计三类。

▶ 1. 国家审计

国家审计，也称政府审计，是指由国家审计机关实施的审计。国家审计的主要特点是法定性和强制性，拥有和管理国有资产的单位都必须依法接受国家审计的监督，审计机关做出的审计决定，被审计单位和有关人员必须执行。审计决定涉及其他有关单位的，这些单位应协助执行。国家审计机关包括我国宪法规定由国务院设置的审计署，由各省、自治区、直辖市、市、县等地方各级政府设置的审计局和政府在地方或中央各部委设置的派出审计机关。

▶ 2. 民间审计

民间审计，也称社会审计，是指由经财政部门审核批准成立的民间审计组织实施的审计和目前经财政部门审核批准成立的会计师事务所实施的审计。民间审计的特点是受托审计。民间审计组织接受国家审计机关、行政机关、企业事业组织和个人的委托，依法对被审计单位的财务收支及其经济效益承办审计鉴证、经济案件鉴定、注册资本验证和年检、管理咨询服务等业务。民间审计，在我国也被称独立审计。

知识拓展1-5
国家审计和民间审计的区别

▶ 3. 内部审计

内部审计，是指由本部门或本单位内部专职的审计机构或人员所实施的审计，包括部门内部审计和单位内部审计两大类。这种专职的审计机构或人员，独立于财会部门之外，直接接受本部门、本单位主要负责人的领导，依法对本部门、本单位及其下属单位的财务收支、经营管理活动及其经济效益进行内部审计监督。内部审计的主要目的是纠错防弊，促使改善经济管理，提高经济效益。

（二）按照主体与被审计单位的关系分类

从审计主体考察审计分类，就审计机构与被审计单位的关系划分，审计可以分为外部审计和内部审计。

▶ 1. 内部审计

内部审计包括部门内部审计和单位内部审计。部门内部审计，是指由政府部门或企业主管部门的审计机构或专职审计人员，对本部门及其所属单位的财政收支及经济活动进行的审计监督。部门审计具有行业性强、针对性强以及灵活、及时的特征。单位内部审计是由企事业单位内部设置的审计机构或专职审计人员，对本单位范围的经济活动进行的审计。

▶ 2. 外部审计

外部审计是指由被审计单位以外的国家机关和民间审计组织实施的审计。由于这种审计是由本部门、本单位以外的审计组织以第三者身份独立进行的，所以具有公证、客观、不偏不倚的特点，因而具有公证的作用。外部审计与内部审计在独立性、强制性、公证作用等诸方面有所不同。

知识拓展 1-6
内部审计与民间审计的区别

（三）按目的、内容不同分类

从审计主体的审计目的和内容角度出发，按照审计机构的目的、内容不同划分，审计可以分为财政财务审计、财经法纪审计、经济效益审计和经济责任审计。

▶ 1. 财政财务审计

财政财务审计，是指对被审计单位财政财务收支活动和会计资料的合法性、真实性、正确性进行的审计。财政财务收支审计，按照其对象不同，又可以分为财政预算审计、财政决算审计和财务收支审计。财政预算审计，主要对财政预算编制、预算收入与支出的执行情况进行审计；财政预算审计，主要对年终财政收入决算、支出决算、财政结余、预算外资金进行审计；财务收支审计，主要对企事业单位的财务收支活动进行审计。

▶ 2. 财经法纪审计

财经法纪审计，是指对国家机关和企事业单位严重违反财经法纪行为进行的专案审计。财经法纪审计可以单列一类，也可以认为是财政财务收支审计的一个特殊类别。一般是在财务审计中对案情比较重大的违反法纪事件专门立案审查，这样有助于集中精力，查明要害问题，同时也有利于进行专案处理，追究经济责任。我国的财经法纪审计类同于国外的舞弊审计和法规审计。

▶ 3. 经济效益审计

经济效益审计，是以审查和评价实现经济效益程度及其途径为内容，以促进经济效益提高为目的的审计。经济效益审计的主要对象是生产经营活动和财政经济活动能取得的经济效果或效率，它通过对企业生产经营成果、基本建设效果和行政事业单位资金使用效果的审查，评价经济效益的高低，经营情况的好坏，并进一步发掘提高经济效益的潜力和途径。经济效益审计在审计对象、目的、作用、方式、方法、依据、主体等方面与财政财务收支审计有所区别。

▶ 4. 经济责任审计

经济责任审计,是以审查和评价经营者任期经济责任履行情况为内容,以确认和解除经济责任为目的的审计。由于经济责任涉及面广,经济责任审计具有内部上的综合性。经济责任审计的具体内容主要是审查企业使用国家资金、财产情况及国家财产的完全完整情况,审查企业完成指令性计划情况及经济效益的真实合法性,审查企业行政领导人(法定代表人)有无失职和不法行为,确定或解除法定代表人的经济责任。

二、审计的其他分类

(一) 按审计范围分类

▶ 1. 审计按其业务范围分类

审计按其业务范围分类,可以分为全部审计和局部审计。

(1) 全部审计,也称全面审计,是指对被审计单位在一定期间的财政财务收支及有关经济活动的各个方面及其资料进行全面的审计。这种审计的业务范围较广泛,涉及被审计单位的会计资料及其经济资料所反映的采购、生产、销售、各项财产物资、债权债务和资金,以及企业利润、税款等经济业务活动。其优点是审查详细彻底,其缺点是工作量太大、花费时间太多。因此,全部审计一般适用于规模较小、业务较简单、会计资料较少的企事业单位,或适用于被审计单位内部控制制度及会计核算工作质量差等情况。

(2) 局部审计,也称部分审计,是指对被审计单位一定期间的财务收支或经营管理活动的某些方面及其资料进行部分的、有目的、有重点的审计。例如,对企业进行的现金审计、银行存款审计、利税审计等。另外,为了查清贪污、盗窃案件,对部分经济业务进行的审计,也属于局部审计范围。这种审计时间较短,耗费较少,能及时发现、纠正问题,达到预定的审计目的和要求;但容易遗漏问题,所以具有一定的局限性。

▶ 2. 审计按其项目范围分类

审计按其项目范围分类,可以分为综合审计和专项审计。

(1) 综合审计是指对被审计单位的若干审计项目综合起来同时进行的审计。其优点是涉及面宽,能同时查清多个方面的问题。经济效益审计就属于典型的综合审计。

(2) 专项审计,也称专题审计,是指对被审计单位某一特定项目进行的审计。其审计业务范围比局部审计业务范围小,针对性强,如国家审计机关的自筹基建资金来源审计、世界银行贷款项目审计等。

(二) 按审计实施时间分类

审计按其实施时间分类,可以分为事前审计、事中审计和事后审计。

▶ 1. 事前审计

事前审计是指对在被审计单位经济业务发生以前进行的审计。一般对预算或计划的编制和对经济事项的预算及决算进行的审计,均属于事前审计。事前审计的主要目的是加强预算、计划、预算和决策的准确性、合理性和可行性;其内容包括对财政预算、信贷计划、企业生产经营的计划和决策等审计。事前审计对于预防错弊，防患于未然，保证经济活动的合理性、有效性和会计资料的正确性，提出建设性意见，形成最佳决策方案，严格执行财经纪律，都具有积极的作用，故也被称为预防性审计。

▶ 2. 事中审计

事中审计是指对在被审计单位经济业务执行过程中进行的审计。通过对被审计单位的费用预算、费用开支标准、材料消耗定额等执行过程中有关经济业务进行事中审计，便于及时发现并纠正偏差，保证经济活动的合法性、合理性和有效性。事前审计和事中审计一般适用于内部审计。

▶ 3. 事后审计

事后审计是指对在被审计单位经济业务完成以后进行的审计。会计报表审计和全部审计这类传统的审计均采用事后审计。事后审计的适用范围十分广泛，主要是进行合法性、合规性和正确性审计，其主要目的是监督和评价被审计单位的财务收支及有关经济活动、会计资料和内部控制制度是否符合国家财经法规和财务会计制度的规定，是否符合会计准则和会计原则，从而确定或解除被审计单位的受托经济责任。国家审计和民间审计大多实施事后审计，内部审计也经常进行事后审计。

另外，审计按照实施时间还可以分为定期审计和不定期审计。定期审计是按照预先规定的时间进行审计，如民间审计对外商投资企业和股份制企业的年度会计报表审计。不定期审计是出于需要而临时安排进行的审计，如国家审计对被审计单位存在的贪污、受贿案件而进行的财经法纪审计等。

（三）按审计执行地点分类

审计按其执行地点分类，可以分为报送审计和就地审计。

▶ 1. 报送审计

报送审计，也称送达审计，是指审计机构按照审计法规的规定，对被审计单位按期报送来的计划、预算和会计报表及有关账证等资料进行的审计。例如，当前审计机关一般对行政和事业单位的财务收支活动实行"定期报送审计"方式。报送审计主要适用于国家审计机关对规模较小的单位执行财务审计，其优点是节省人力和物力；其缺点是不能实地观察、了解被审计单位的实际情况，不易从报告、报表资料中发现被审计单位的实际问题。

▶ 2. 就地审计

就地审计是指审计机构委派审计人员到被审计单位所在地进行的审计。就地审计可以深入实际调查研究，易于全面了解和掌握被审计单位的实际情况，是我国审计监督中使用最广泛的一种方式。就地审计按照具体方式的不同，又可分为驻在审计、专程审计和巡回审计三种。其中，驻在审计是指审计机构委派审计人员长期驻在被审计单位进行的就地审计，如大型企业的驻厂审计员；专程审计是指审计机构为查明有关问题而委派有关人员专程到被审计单位进行的就地审计；巡回审计是指审计机构委派审计人员轮流对若干被审计单位进行的就地审计。

（四）按审计动机分类

审计按其动机分类，可以分为强制审计和任意审计。

1. 强制审计

强制审计是指审计机构根据法律法规规定对被审计行使审计监督权而进行的审计。这种审计是按照审计机关的审计计划进行的，不管被审计单位是否愿意接受审计，都应依法进行。我国国家审计机关根据法律赋予的权力，对国务院各部门和地方各级政府的财政收支、国家的财政金融机构和企事业单位的财务收支实行强制审计。

2. 任意审计

任意审计是指被审计单位根据自身的需要，要求审计组织对其进行的审计。一般民间审计接受委托人的委托，按照委托人的要求对受托经济组织进行的财务审计或经济效益审计，都属于任意审计。任意审计是相对于强制审计而言的，实际上，任意审计大多也是按照《公司法》《商法》《证券交易法》及其他经济法规要求进行的，也带有一定的强制性。

（五）按审计是否通知被审计单位分类

审计按照它在实施前是否预先告知被审计单位进行分类，可以分为预告审计和突击审计。

1. 预告审计

预告审计是指在进行审计之前，把审计的目的、主要内容和日期预先通知被审计单位的审计方式。采用这种审计方式，可以使被审计单位有充分时间做好准备工作，以利于审计工作的顺利进行。在一般情况下，财务审计和经济效益审计多采用这种方式，事先向被审计单位下达审计通知书或签订审计业务约定书。

2. 突击审计

突击审计是指在对被审计单位实施审计之前，不预先把审计的目的、内容和日期通知被审计单位而进行的审计。其目的在于使被审计单位或被审计者在事前不知情的情况下接受审计，没有时间去弄虚作假、掩饰事实真相，以利于取得较好的审计效果。这种审计方式主要用于对贪污盗窃和违法乱纪行为进行的财经法纪审计。

（六）按审计使用的技术和方法分类

审计按照所使用的技术和方法进行分类，可以分为账项导向审计、内控导向审计和风险导向审计。

1. 账项导向审计

账项导向审计是围绕会计账簿、会计报表的编制过程进行的，通过对账表上的数字进行详细核实来判断是否存在舞弊行为和技术性错误。账项导向审计在技术和方法上具有十分重要的地位。

2. 内控导向审计

内控导向审计是指强调对内部控制制度的评价，当评价结果证明内部控制制度可以信赖时，在实质性程序阶段只抽取少量样本就可以得出审计结论；当评价结果认为内部控制制度不可靠时，就会根据内部控制的具体情况扩大审计范围。内控导向审计是财务审计发展的较高阶段，但是内部导向审计仍须运用账项导向审计的一些技术和方法。

3. 风险导向审计

风险导向审计要求审计人员从对企业环境和企业经营进行全面的风险分析出发，使用审计风险模型，积极采用分析性复核，以制订与企业状况相适应的多样化审计计划，以达到提高审计工作的效率和效果的目的。风险导向审计是迎合高度风险社会的产物,是现代审计方法的最新发展。

(七) 按会计核算体系分类

审计按会计核算体系分类,可以分为资产审计、负债审计和所有者权益审计。

▶ 1. 资产审计

资产审计是指审计组织对被审计单位的资产情况实施的审计。资产审计主要审查资产存量、资产结构、资产形态、资产占用的合理性和效益性,以及资产使用中的合法性和科学性,揭示资产经营管理中的薄弱环节和问题,分析原因,制定解决措施,促进资产使用更加科学、合理和有效。

▶ 2. 负债审计

负债审计是指审计组织对被审计单位的负债情况实施的审计。负债审计主要审查负债结构、比重和占用是否合理合法,负债项目是否真实,负债项目的会计核算是否正确等。加强负债审计有利于减少不合理负债资金的占用和使用,加速资金周转,提高资金使用效益。

▶ 3. 所有者权益审计

所有者权益审计是指审计组织对被审计单位所有者权益的情况实施的审计。所有者权益审计主要审查实收资本是否到位,与注册资本金是否一致;实收资本实物形态的资产,其评估价值是否科学合理;盈余公积的提取和使用是否符合规定;盈余公积的账簿记录是否准确无误;未分配利润是否按照规定结存下年,其反映的数据是否真实可靠。所有者权益审计的实质是审计企业经营成果,从中可以了解和掌握企业经营管理的水平和国有资产保值增值情况。

知识拓展 1-7
绿色审计框架

本章小结

1. 审计产生需要具备一定的经济基础。审计是在生产力发展到一定水平,在授权管理或财产所有权与经营权相分离的经济关系下,适应经济监督的客观要求而产生的。这种客观要求包括两方面:一是所有者的客观需要,二是经营管理者的客观需要。随着经济的不断发展,审计经历了一个由低级到高级、由简单到复杂、由不完善到完善的发展过程。

2. 审计是由专职机构或专业人员接受委托或根据授权,依法对被审计单位在一定时期经济活动的有关资料,按照有关法规和标准进行审核检查、收集和整理证据,以判明有关资料合法性、公允性、一贯性和经济活动的合规性、效益性,并出具审计报告的具有独立性的经济监督、评价与鉴证活动,借以维护财经法纪,改善经营管理,提高经济效益,促进宏观调控的独立性经济监督活动。审计具有独立性、权威性和公正性的特点,其本质是一项具有独立性的经济监督。

3. 审计的对象是会计资料和其他经济资料所反映的财政收支、财务收支与其他各项经济活动。

4. 审计具有经济监督、经济评价和经济鉴证的职能。经济监督是审计的基本职能。

审计的作用是在履行审计职能、实现审计目标的过程中所产生的社会效果,具有制约性和促进性作用。

5. 为了正确理解和掌握审计,有必要按照一定的标准,对审计进行科学分类。审计分类的标准有很多,通常我们将审计类别分为两大类:审计的基本分类和审计的其他分类。

复习思考题

1. 审计产生和发展的客观依据是什么?
2. 审计怎样定义?应从哪些方面把握?
3. 审计的基本职能有哪些?如何理解不同种类审计有不同的审计职能?

实操练习

嘉宏化工有限公司委托鸿海会计师事务所对其2021年度财务报表进行审计,经双方协商达成以下约定。

(1) 鸿海会计师事务所接受嘉宏化工有限公司的委托,对嘉宏化工有限公司按照《企业会计准则》编制的2021年12月31日的资产负债表、2021年度利润表、股东权益变动表和现金流量表以及财务报表附注(以下统称财务报表)进行审计。

(2) 鸿海会计师事务所通过执行审计工作,对财务报表的下列方面发表审计意见:财务报表是否按照《企业会计准则》的规定编制;财务报表是否在所有重大方面公允反映嘉宏化工有限公司的财务状况、经营成果和现金流量。

(3) 审计服务的收费标准按照《关于规范会计师事务所服务收费标准的通知》计费标准,并依据鸿海会计师事务所不同职务级别工作人员在本次审计工作中所耗费的时间为基础来计算。鸿海会计师事务所预计本次审计服务的费用总额为27万元。

(4) 鸿海会计师事务所按照《中国注册会计师审计准则第1501号——对财务报表形成审计意见和出具审计报告》和《中国注册会计师审计准则第1502号——在审计报告中发表非无保留意见》规定的格式和类型,于2022年4月1日出具报告。

要求:

(1) 根据题中资料明确审计主体、审计对象、审计职能。
(2) 根据资料的具体情况进行分析,说明审计的作用。

在线自测

第二章　审计组织和审计人员

> **学习目标**
> 1. 熟悉国家审计机关及其人员；
> 2. 熟悉国家机关的职责权限；
> 3. 熟悉内部审计机构及其特征；
> 4. 熟悉内部审计机构的职责权限；
> 5. 熟悉民间审计组织及人员；
> 6. 掌握民间审计的业务范围；
> 7. 熟悉民间审计组织形式。

思政案例

君子之守，修其身而天下平——提高审计机构监督质效

2022年10月27日，天津市委审计委员会召开会议，审议天津市2021年市级预算执行和其他财政支出审计查出问题整改情况的报告、天津市2023年度审计项目计划。

会议指出，要将深入学习贯彻党的二十大精神与学习贯彻习近平总书记关于审计工作的重要讲话指示精神相结合，与新时代审计工作具体实践相结合，胸怀"国之大者"，提高政治判断力、政治领悟力、政治执行力，紧紧围绕推动党的二十大重大战略部署落地落实，发挥审计在推进党的自我革命中的重要作用，进一步加大审计监督工作力度，强化审计监督的政治属性，提升审计监督质效，以实际行动坚定捍卫"两个确立"、坚决做到"两个维护"。

会议强调，要科学谋划审计工作思路举措，突出审计监督工作重点，紧盯权力集中、资金密集、资源富集领域，深挖重大违纪违法问题线索，推动健全风险预警、防范、处置机制，织密筑牢内部审计"监督网""防火墙"，推动依法用权、廉洁用权、规范用权。从严从实抓好审计整改，压紧压实整改主体责任，加强督促检查、持续跟踪，敢于动真碰硬，严格落实整改任务，对审计发现的问题，深挖、查摆产生根源和主体责任，做到违规必查、失责必究。做好"后半篇文章"，严肃追责，形成震慑，坚持以案为鉴，强化审计成果运用。推动审计监督与纪检监察、组织人事、巡视巡察等贯通协同，与公安、检察、财政等部门协调配合，深化以审促改、以案促治。进一步加强审计干部队伍建设，勇于斗争、善于斗争，切实做到真审、全审、深审、严审，练就审计工作"火眼金睛"，当好党和国家

事业的审计监督卫士，打造政治过硬、本领过硬、作风过硬的高素质专业化审计干部队伍。

资料来源：坚决贯彻落实党的二十大决策部署　提升审计监督质效[EB/OL].(2022-11-17)[2023-05-10]. https://www.audit.gov.cn/n4/n19/c10299503/content.html.

案例思考：
1. 国家审计机构如何使用审计权限？
2. 思考如何提高审计机构监督质量效果？

启示：

（1）要强化思想教导，提升审计工作人员的职业素质。审计机关应结合工作实际，运用多种形式，着眼于防范，立足于教育，不断提高审计干部的职业素养和判断是非的能力。通过思想教育引导，帮助广大审计干部树立正确的世界观、人生观和价值观，增强责任意识，用一颗平常心对待审计工作，培养正确的责任意识和价值导向，更好地完成审计工作。

（2）要健全监督制约机制，保证审计监督到位。要用制度管人，通过健全监督制约机制来行使审计监督权，从而保证审计权力的正确运行。对审计中查出违反廉政纪律的人和事要严肃处罚，追究到底，并且记入个人档案，以严肃的责任追究机制管人和用人，从而更好地确保审计的真实性，保证监督到位，进而提升审计质量。

（3）要推进审计问题整改，提升审计监督效能。完善整改运行管理制度。在审计整改期限内，实施审计的业务小组负责对被审计单位整改情况进行检查、督促，并对审计整改结果进行认定。审计机关应建立审计整改台账制度，对未按期完成整改事项进行登记备案，定期做好后续跟踪督促。

第一节　国家审计机关和审计人员

一、国家审计组织

(一)国家审计机关的模式

国家审计机关是代表国家执行审计监督的机关，具有宪法赋予的独立性和权威性。目前，世界各国的审计机关按其隶属关系和职能不同，主要分为立法型、司法型、行政型和独立型4种。

▶ **1. 立法型**

立法型是指国家审计机关隶属于立法机关，立法机关一般为议会或国会。立法型的主要特点是：国家审计机关主要为议会服务，以监督国家财政收支活动为主要内容，目的在于保证国家预算、结算资金的合规性和有效性，为宏观调控服务。其审计范围广、独立性强、权威性高，但需要有完善的立法机构体系和立法程序，才能发挥作用。英国、美国、加拿大、澳大利亚等国都采用这种模式。

▶ **2. 司法型**

司法型是指国家审计机关隶属司法部门，拥有一定的司法权力和司法职能，其国家审计机关有司法处理权,可以直接进行终审判决。司法型的主要特点是:国家审计机关为议会和司法部门服务,以评审经济责任履行情况、奖惩政府官员为主要内容,侧重于提供审查和追究当事人财务责任的微观服务。其审计的独立性和权威性较大,但其作用的发挥往往受一定的限制。目前,法国、西班牙、意大利等国采用这种模式。

▶ 3. 行政型

行政型是指国家审计机关隶属于国务院或财政部,国家审计机关成为政府行政机构中的一个职能部门。行政型的主要特点是:国家审计机关直接对政府负责,为政府决策服务,对各级政府部门及国有企事业单位行使审计监督权,审计机关往往兼负其他行政监督职能,审计监督具有广泛性和直接性,有利于及时贯彻执行行政首长意图,但其独立性往往受一定限制。在高度集中的计划经济体制下的苏联、某些东欧国家就是采用这种模式。

▶ 4. 独立型

独立型是指国家审计机关独立于立法权、司法权和行政权之外,可确保国家审计机关不带政治偏向地、公正地行使审计监督职能。独立型的主要特点是:审计机关自成体系,地位独立,只受法律的约束,而不受国家机关的直接干预,具有较强的宏观服务职能。这种模式最有代表性的是日本和德国。日本会计检查院代表国家审计机关行使职权,会计检查院对内阁具有独立地位,会计检查院认为其检查报告需要向国会申诉时,由检察官出席国会或做书面说明。德国联邦审计院是联邦机构,是独立的财政监督机构,只受法律约束,其法定职能是协助联邦众议院、联邦参议院和联邦政府做出协议。

(二)国家审计机关的体制

国家设计机关的体制是指中央政府审计机构和地方政府审计机构之间的内部联系。纵观世界各国的国家审计体制,主要分为以下三种。

(1)非垂直领导体制,即中央政府审计机构和地方审计机构各自独立,没有任何领导和上下级关系,如美国、英国等。

(2)垂直领导体系,即中央审计机构直接领导地方审计机构,对地方政府审计机构实行垂直领导和管理,如印度、菲律宾等。

(3)双重领导体制,即地方审计机关受本级政府和上一级审计机关的双重领导,如中国。

国家审计的领导体制主要取决于国家的政治体制。一般而言,实行地方分权的联邦国家,地方审计机构不受中央审计机构的领导而须接受地方部门领导;实行中央集权制的国家,地方审计机关要接受上级审计机关的领导。

(三)我国的国家审计机关

▶ 1. 我国国家审计机关的设置概况

我国的国家审计机关属于行政型,最高行政审计机关——中华人民共和国审计署。根据《中华人民共和国宪法》和《中华人民共和国审计法》(以下简称《审计法》)的规定:我国在国务院和县级以上地方各级人民政府设立审计机关。国务院设立审计署,在国务院总理领导下，组织领导全国的审计工作，对国务院负责并报告工作，负责对国务院各部门、经济实体、金融机构、各省及接受中央财政拨款的单位的财务收支进行审计。省、自治区、直辖市的人民政府设立审计厅或审计委员会；设区的市、自治州的人民政府设立审计局；县、自治县、不设区的市、市辖区的人民政府设立审计局或审计委员会。地方各级审计机关分别在本级人民政府地市最高行政长官和上一级审计机关的领导下，负责本行政区域内的审计工作。

我国国家审计机关实行双重领导体制，即地方各级审计机关对本级人民政府和上一级审计机关负责并报告工作，审计业务以上级审计机关领导为主。审计机关根据工作需要，可以在其审计管辖范围内派出审计特派员。审计特派员根据审计机关的授权，依法进行审计工作。审计机关履行职责所必需经费，应当列入财政预算，由本级人民政府予以保证。

▶ 2. 国家审计机关的主要职责

国家审计机关应按有关法律、法规规定的审计客体的范围，对各单位的下列事项进行审计监督。

(1) 审计机关对本级各部门(含直属单位)和下级政府的预算执行情况和决算及其他财政收支情况，进行审计监督。

(2) 审计署在国务院总理的领导下，对中央预算执行情况和其他财政收支情况进行审计监督，向国务院总理提出审计结果报名。地方各级审计机关分别在省长、自治区主席、市长、州长、县长、区长和上一级审计机关的领导下，对本级预算执行情况和其他财政收支情况进行审计监督，向本级人民政府和上一级审计机关提出审计结果报告。

(3) 审计署对中央银行的财务收支，进行审计监督。审计机关对国有金融机构的资产、负债、损益，进行审计监督。

(4) 审计机关对国家的事业组织及使用财政资金的其他事业组织的财务收支，进行审计监督。

(5) 审计机关对国有企业的资产、负债、损益，进行审计监督。

(6) 对国有资产占控股地位或者占主导地位的金融机构的审计监督，由国务院规定。

(7) 审计机关对政府投资和以政府投资为主导的建设项目的预算执行情况和决算，进行审计监督。

(8) 审计机关对政府部门管理的和其他单位受政府委托管理的社会保障基金、社会捐赠资金及其他有关基金、资金的财务收支，进行审计监督。

(9) 审计机关对国际组织和外国政府援助、贷款项目的财务收支，进行审计监督。

(10) 审计机关按照国家有关规定，对国家机关和依法属于审计机关监督对象的其他单位的主要负责人，在任职期间由本地区、本部门或者本单位的财务收支、财务收支及有关经济活动应负经济责任的履行情况，进行审计监督。

(11) 除《审计法》规定的审计事项外，审计机关对其他法律、行政法规规定的应当由审计机关进行审计的事项，依照《审计法》和有关法律、行政法规的规定进行审计监督。

(12) 审计机关有权对与国家财政收支有关的特定事项，向有关地方、部门、单位进行专项审计调查，并向本级人民政府和上一级审计机关报名审计调查结果。

(13) 审计机关根据被审计单位的财政、财务隶属关系或者国有资产监督管理关系，确定审计管辖范围。

(14) 依法属于审计机关审计监督对象的单位，应当按照国家有关规定建立健全内部审计制度，其内部审计工作应当接受审计机关的业务指导和监督。

(15) 社会审计机关审计的单位依法属于审计机关监督对象的，审计机关按照国务院的规定，有权对该社会审计机构出具的相关审计报告进行核查。

▶ 3. 国家审计机关的权限

为了保证审计机关能够顺利地履行职责，《审计法》赋予了审计机关相应的权限。我国审计行使的权限大致可以归纳为9类，即要求报送资料权、检查权、查询存款权、调查取证权、行政强制措施权、申请权、处理处罚权、通报或公布审计结果权、建议权。

1) 要求报送资料权

要求报送资料权也称资料索取权，是指审计机关在实施审计时，要求被审计单位按照规定的期限和要求提高或报送与财政收支、财务收支有关情况和资料的权力，被审计单位必须提供或报送，不得拒绝、拖延、谎报。被审计单位应当对所提供资料的真实性、合法性做出承诺。被审计单位向审计机关提供或报送的情况和资料主要如下。

(1) 在银行和非银行金融机构设立账户的情况。

(2) 经过批准的政府、部门、其他国家机关、社会团体和其他单位的收支预算。

(3) 财务收支计划，即企业以货币形式预计一定时期内资金的筹集、运用和分配的计划。

(4) 预算执行情况，即预算收支进度、预算内和预算外收支划分、预算预备费的动用和预算周转的运用、预算收支平衡状况。

(5) 决算，即政府、部门、单位在每一预算年度终了后编制的年度会计报表和有关财务收支或生产经营情况的说明书的总称。

(6) 财务报告，即反映单位财务状况或经营成果的书面文件，如资产负债表、损益表、现金流量表、附表及会计报表附注和财务情况说明书等。

(7) 社会审计机构出具的审计报告、验资报告、资产评估报告以及办理企业事业单位合并、分立、清算事宜出具的有关报告。

(8) 其他与财政收支或财务收支有关的资料，如有关的规范性文件、财务电算化资料等。

审计机关的要求报送资料权具有强制性，被审计单位必须按审计机关的要求报送资料、提供情况，否则追究法律责任。

2) 检查权

检查权是指审计机关实施审计时，对被审计单位的与财政收支或者财务收支有关的资料和资产进行检查的权力。

审计机关的检查权涉及的资料和资产主要有会计凭证、会计账簿、会计报表、运用电子计算管理财政收支、财务收支的财务会计核算系统（包括运用电子计算机储存、处理的财政收支、财务收支电子数据以及有关资料等）、其他与财政收支或者财务收支有关的资料及资产。

审计机关的检查权具有强制性,被审计单位必须接受检查,不得拒绝,不得转移、隐匿、篡改、毁弃会计凭证、会计账簿、会计报表以及其他与财政收支或者财务收支有关的资料,不得转移、隐匿所持有的违反国家规定取得的资产,否则追究法律责任。

3)查询存款权

查询存款权是指审计机关对被审计单位在金融机构的各项存款具有查询并取得证明材料的权力。有关金融机构应当予以协助,并提供证明材料。

审计机关到异地金融机构查询被审计单位在金融机构的存款时,可以直接到异地机构查询,不受审计管辖范围的限制。

4)调查取证权

审计机关的调查取证权是指审计机关就审计事项的有关问题向有关单位和个人进行调查并取得证明材料的权力。有关单位和个人应当支持、协助审计机关工作,如实向审计机关反映情况,提供有关证明材料。

5)行政强制措施权

审计机关的行政强制措施权是指审计机关对被审计单位正在进行的违反国家规定的财政收支的行为、正在或者可能违法处理与财政收支或者财务收支有关资料的行为、正在违法处理违法取得的资产的行为,采取或者通知有关部门采取的强制手段的权力。

(1)制止权。制止权是指审计机关对被审计单位正在进行的违反国家规定的财政收支或者财务收支的行为、正在违法处理与财政收支或者收支有关资料的行为、正在违法处理违法取得的资产的行为,采取的则令停止违法行为的强制手段的权力。

(2)采取取证措施权。采取取证措施权是指审计机关有根据认为被审计单位可能转移、隐匿、篡改、毁弃会计凭证、会计账簿、会计报表以及其他与财政收支或者财务收支有关的资料的,有采取取证措施的权力。

(3)暂时封存账册资料权。暂时封存册资料权是指审计机关对被审计单位违反国家规定的财政收支有关资料的,采取的暂时封存其账册资料的权力。

(4)通知暂时停拨付款项权。通知暂停拨付款项权是指审计机关对被审计单位违反国家规定的财政收支或者财务收支行为转移或隐匿违法取得资产的行为,经制止无效后,通知有关部门暂停拨付有关款项的权力。

(5)责令暂停使用款项权。责令暂停使用款项权是指审计机关对被审计单位正在进行的违反国家规定的财政收支或者财务收支的行为、转移或隐匿违法取得资产的行为经制止无效而责令其暂停使用有关部门已经拨付的有关款项的权力。

6)申请权

审计机关申请权是指审计机关申请人民法院采取保全措施或者强制执行的权力。

(1)申请人民法院采取保全措施权。申请人民法院采取保全措施权是指审计机关对被审计单位转移、隐匿违法取得的资产的,申请人民法院采取的保证资产不被转移、隐匿的强制措施的权力。

(2)申请人民法院强制执行权。申请人民法院强制执行权是指审计机关对被审计单位未按规定的期限审计决定而申请人民法院强制执行的权力。

7）处理处罚权

审计机关的处理处罚权是指审计机关对被审计单位违反国家规定的财政收支、财务收支行为予以处理、处罚的权力。

（1）处理权，也称审计处理权。处理权是指审计机关对被审计单位违反国家规定的财政收支、财务收支行为采取纠正的权力。审计处理的种类有：责令限期缴纳、上缴应当缴纳或者上缴的财政收入；责令限期退还被侵占的国有资产；责令限期退还违法所得；责令冲转或者调整有关会计账目；采取其他纠正措施。

（2）处罚权，也称审计处罚权。处罚权是指审计机关对被审计单位违反国家规定的财务收支行为和违反《审计法》的行为采取行政制裁措施的权力。审计处罚的种类有：警告、通报批评；罚款；没收违法所得；依法采取的其他处罚。

8）通报或者公布结果权

审计机关的通报或者公布审计结果权是指审计机关在审计完毕后，向政府有关部门通报或者向社会公布审计结果的权力。

（1）通报审计结果。通报审计结果是指审计机关向本级人民政府有关部门、下级人民政府及其有关部门，告知审计管辖范围内重要审计事项的审计结果。依照《审计机关通报和公布审计结果的规定》的规定，审计机关可以向本级人民政府有关部门、下级人民政府及其有关部门通报下列事项的审计结果：

① 模范遵守国家财经法规的单位和个人。

② 经济效益好的单位。

③ 严重违反国家规定的财政收入、财务收支行为及其处理情况。

④ 严重损失浪费问题及其处理情况。

⑤ 针对审计查明的问题，提出加强和改进管理的意见与建议。

⑥ 其他需要通报的审计结果。

（2）公布审计结果的形成。公布审计结果是指审计机关将审计管辖范围内重要审计事项的审计结果首次向社会公众公开。依照《审计法实施条例》《审计机关通报和公布审计结果的规定》的规定，审计机关可以向社会公布下列审计事项的审计结果：

① 本级人民政府或者上级审计机关要求向社会公布的审计事项。

② 社会公众关注的审计事项。

③ 法律、法规规定向社会公布的其他审计事项的审计结果。

（3）公布审计结果的形式。审计机关向社会公众公布审计结果，可以采取下列形式：①通过电台、电视台播放；②通过报纸、刊物等出版物发表；③举办新闻发布会；④发布公报、公告；⑤其他形式。

9）建议权

审计机关的建议权是指审计机关建议给予有关责任人员行政处分或者纪律处分或者就被审计单位执行的违法规定建议有关主管部门纠正的权力。

（1）建议给予行政处分或者纪律处分权。建议给予行政处分或者纪律处分权是指审计机关对被审计单位的有关责任人员建议有关部门或者单位给予行政处分或者纪律处分的权力。该建议具有强制性，有关部门或者单位应当依法及时做出决定，并将结果书面通知审计机关。

(2) 建议纠正违法规定权。建议纠正违法规定权是指审计机关就被审计单位执行的违法规定建议有关主管部门纠正的权力。有关主管部门不予纠正的，审计机关有权提请有权处理的机关依法处理。

二、国家审计人员

(一) 国家审计人员构成

广义的审计人员是指在国家审计机关、内部审计机构、社会中介审计组织中执行审计业务的人员，包括国家审计人员、内部审计人员和独立审计人员。

国家审计人员是审计机关中接受国家委托，依法行使审计监督权，从事审计事务的人员。国家审计人员实质上是代表国家行使审计监督权，从事审计工作的人员，专指在中央审计机关、地方审计机关和派出审计机构中工作的人员，不包括在其他行政机关、国家权力机关、审判机关、检察机关中的工作人员，也不包括在内部审计机构、社会中介审计组织中工作的人员。

国家审计人员包括国家审计署的审计长，副审计长，地方各级审计厅(局)的厅(局)长，各级审计机关的领导人员和非领导职务的一般工作人员。

审计长是审计署的行政首长。按照宪法有关条文的规定，审计长是根据国务院总理提名，全国人民代表大会常务委员会决定，由中华人民共和国主席任命的。审计署实行审计长负责制，审计长是国务院的组成人员。审计长每届任期5年，可以连任。全国人民代表大会有权罢免审计长。

根据中华人民共和国《国务院组织法》和国务院的有关规定，审计署设副审计长4名，协助审计长的工作，并对审计长负责。副审计长的任免由国务院决定。

根据中华人民共和国地方各级人民代表大会和地方各级人民政府组织法中有关规定，审计厅(局)的厅(局)长由本级人民大会常务委员会决定任免。审计厅(局)的厅(局)长是本级人民政府的组成人员。

除上述主要负责人以外的其他审计人员，由有关部门根据《国家公务员暂行条例》和其他法律规定的干部管理权限决定任免。

由于国家审计代表政府组织，因而国家审计工作人员都属于国家公务人员。大多数国家审计只设职务，不设职称。我国审计机关除设厅长、局长、处长、科长、助理等领导职务外，一般审计人员只有办事员、科员、主任科员或调研员之别。虽然也设有高级注册会计师、注册会计师、助理注册会计师等专业职称，但与工资待遇不挂钩。

(二) 国家审计人员的素质要求

审计人员的素质是指审计人员应当具备与其从事的审计工作相适应的专业知识和业务能力。国外的审计机关对审计人员专业知识和业务能力的要求是通过审计准则来实现的。2003年修订的《美国政府审计准则》第3章特别强调了审计组织和注册会计师个人的独立性、专业判断运用及注册会计师的胜任能力等问题。最高审计机关国际组织于1977年在利马颁布的《利马宣言》第14节"审计人员"中明确指出：最高审计组织的成员和审计人员应具备必要的资历和道德品质，以便更好地完成其工作任务。最高审计组织招聘工作人员时应适当重视较高的知识水平和能力及足够的专业经验，应当充分重视提高审计组织所有成员和审计人员的理论水平和实际工作水平。我国《审计法》第12条规定"审计人员应当具备与其从事的审计工作相适应的专业知识和业务能力"。我国《国家审计基本准则》第8条规定，承办审计业务的审计人员应当具备下列条件：熟悉有关的法律、法规和政策；掌握审计及相关专业知识；有一定的审计或者其他相关工作经验；具有调查研究、综合分析、专业判断和文字表达能力。可见，审计人员的素质水平主要表现在专业知识和业务能力两个方面。

▶ 1. 专业知识

（1）审计专业知识。审计人员必须通晓审计理论和方法，熟悉审计相关的各项法规、制度，否则会对审计质量、结果产生很大影响。因此，审计人员必须熟练掌握并灵活运用各种审计方法，并能在实践中实施。

（2）会计专业知识。会计专业知识是指开展审计工作的基础知识，在一定程度上影响审计工作质量。因此，审计人员要掌握财务会计、财务管理等会计专业知识。人们说"有不懂审计的会计，但没有不懂会计的审计"，做审计必须懂会计。

（3）法律法规知识。审计人员发现被审计单位有违反国家规定的财政、财务收支行为为需要依法定性时，国家法律、法规和行业的规章制度就显得尤为重要。审计人员只有熟悉和掌握国家的法律法规，才能做到依法审计。

（4）计算机知识。随着计算机技术、网络技术的发展和普及，计算机审计势在必行，这就要求审计人员必须懂得计算机知识。审计人员一定要熟练计算机的操作运用，以适应不断发展变化的审计事业的需要，提高审计人员专业素质中的科技含量。

▶ 2. 业务能力

（1）高度的判断能力。判断能力不仅指简单的分析判断，而是指要从问题的宏观层面进行剖析，分析问题的产生和发展脉络，对被审计单位所处的行业现状有不同程度的研究，能够把握审计所涉及的方方面面。如此，才能在统筹分析的基础上对所掌握的材料进行高度的概括和总结，做到准确处理问题，并提出有价值的意见和建议。

（2）宏观的思维能力。审计工作要发挥宏观监督职能，审计人员就必须具备宏观思维能力。广大审计人员务必加强学习，不断提高自身的综合分析和文字表达能力，力争多出高层次的"成品""精品"审计报告，少出或不出低层次的"次品""劣品"审计报告，努力使审计监督发挥更大的价值。

（3）较强的沟通能力。作为一名审计人员，要与不同审计对象打交道，因此，审计人员要摆正自己的位置，既要做到不卑不亢，又不能简单地以监督者自居，要掌握沟通的艺术和技巧，使被审计单位能够端正态度，积极配合，共同完成审计项目。

知识拓展 2-1
审计人员的素质

（4）较强的协调能力。审计工作需要协调处理好审计与被审计对象、与各有关部门的关系。上述关系协调处理的好坏，将直接影响审计机关的形象与威信。

(5) 良好的文字表达能力。审计报告、审计信息是审计成果的载体，集中反映了审计工作的整体水平和审计人员的业务水平。要让更多的审计报告、审计信息进入领导决策，提高审计地位，审计人员就必须有良好的文字表达能力。

(三) 国家审计人员的资格条件

▶ 1. 高级注册会计师(高级专业职务)

(1) 具有系统、坚实的审计专业和经济理论基础知识，熟悉财政、税务、金融和基建、企业财务管理、会计核算等相关知识。

(2) 了解国家宏观经济政策和各项经济改革措施，熟悉与审计工作相关的各项经济法律、行政法规，通晓审计法规、会计法规及有关行业的财务会计制度。

(3) 了解国内外审计专业的发展趋势，国际审计准则及审计国际组织中主要成员国有关审计的法律、规范、办法等。

(4) 能熟练运用经济基础理论和专业知识，解决审计领域中重要或关键的疑难问题；能针对审计工作发展趋势，提出相适应的审计工作重点、方式和方法；能解决审计工作与其他工作配合、协调中的重大问题。

(5) 能够组织、指导与考核中级审计人员的业务学习和工作，能够主持审计课题科研工作；具有较高的文字表达能力。

(6) 能熟练地掌握一门外国语；了解计算机基础知识，掌握计算机操作技能。

我国对高级注册会计师资格实行评审制度。审计人员应具有中级职务一定任职年限，具备一定的学历和取得一定的业绩和成果，才有资格参加晋升高级注册会计师的评审。

▶ 2. 注册会计师(中级专业职务)

(1) 掌握比较系统的审计专业理论和业务知识，有一定的经济基础理论和经济管理知识以及经济法知识。

(2) 熟悉并能正确运用国家有关经济法律、行政法规、规章制度，以及党和国家的方针、政策。

(3) 有较丰富的审计实际工作经验和一定的分析能力，能组织和指导具体的审计项目的审计工作并担任主审工作；能组织实施行业性审计或审计调查工作；能承担重大专案审计工作；具有一定的审计科研能力和文字表达能力。

(4) 掌握计算机基础知识并能运用计算机完成有关的审计业务；掌握一门外国语。

▶ 3. 助理注册会计师(初级专业职务)

(1) 掌握审计专业基本理论和专业知识，掌握经济管理基础知识并基本掌握经济法知识。

(2) 熟悉并能够正确执行国家有关经济法律、行政法规、规章制度以及方针、政策。

(3) 掌握并运用有关的审计技术方法，能承担某一方面的审计工作任务。

(4) 了解计算机基础知识并能运用计算机处理某一方面的审计业务；初步掌握一门外语。

审计人员要取得注册会计师资格或初级资格均须通过国家考试。

第二节 民间审计组织和审计人员

一、民间审计组织

民间审计组织，又称社会审计组织或独立审计组织，是指依法设立，接受委托，独立承办审计业务的法人组织，主要形式是会计师事务所。

(一)民间审计组织的设立

▶ 1. 西方国家会计师事务所的组织形式

随着执业环境和职业规则的变化，注册会计师选择的会计师事务所的组织形式也在不断变化。目前，西方国家常见的会计师事务所的组织形式主要有以下5个方面。

1) 独资(proprietorship)

独资会计师事务所是由注册会计师个人单独设立的，承担无限责任。其优点是责权利明确，经营灵活，能较好地满足小型客户对代理记账、代理纳税等服务上的需求。但缺点是独立性和稳定性差，业务承受能力和风险承受能力弱。

2) 普通合伙制(general partnership)

普通合伙制会计师事务所是由两名或两名以上注册会计师共同出资设立的，共同经营，共担风险。合伙人以各自的财产对事务所的债务承担无限连带责任。其优点是有利于增强注册会计师的风险意识和业务拓展的能力；其缺点是任何一个合伙人的执业失误都有可能导致整个事务所遭受灭顶之灾，而且在事务所规模扩大到一定程度后不便于进行内部的管理。普通合伙制长期以来是西方国家，特别是美国会计师事务所的主要组织形式。

3) 职业公司制(professional corporation)

为便于明确每个从业人员的地位、权限和职责，从而有利于提高决策效率和加强经营管理能力，美国注册会计师协会理事会在1969年开始修订《职业道德准则》，开始允许会员以职业公司的形式开业。职业公司实质上与合伙制差别不大，仍须承担无限责任，而且股东和董事只能由注册会计师担任，提供的服务不能与注册会计师业务有利害冲突。

4) 有限责任公司制(limited liability company)

有限责任公司制会计师事务所是由若干名注册会计师通过认购股份组成的具有法人资格的事务所。注册会计师以其认购股份对会计师事务所承担有限责任，而会计师事务所以其全部资产对其债务承担有限责任。成立有限责任公司制的事务所有利于筹集资本，较快扩大事务所的经营规模，但不利于强化对注册会计师不当执业行为的约束，从而淡化了注册会计师的风险意识和职业责任感。欧洲联盟成员国现在已允许会计师事务所采取股份有限公司形式。

5) 有限责任合伙制(limited liability partnership)

有限责任合伙制会计师事务所，是指事务所以其全部资产对其债务承担有限责任，而各个合伙人对其个人执业行为承担无限责任。具体含义是，A合伙人负责一个审计项目，一旦发生审计诉讼，A对该项审计业务承担无限责任，但事务所内其他合伙人员对此项业务只负有限责任。这种组织形式集中了合伙制和有限责任公司制的优点，是20世纪90年代后在美国兴起的。它顺应了当时美国注册会计师对减轻法律诉讼困扰的现实要求。有限责任合伙制已成为目前世界上许多国家会计师事务所组织形成的发展趋势。

▶ 2. 我国的民间审计组织

根据《中华人民共和国注册会计师法》(以下简称《注册会计师法》)的规定，我国可设立有限责任制会计师事务所和合伙制会计师事务所。在我国，会计师事务所是国家批准、依法设立并独立承办注册会计师业务的机构，实行自收自支、独立核算并依法纳税。事务所是注册会计师的工作机构，注册会计师只有加入事务所才能承接业务。当前，我国会计师事务所主要有两种组织形式。

1) 有限责任制会计师事务所

有限责任制会计师事务所是指由注册会计师出资发起设立、承办注册会计师业务并负有限责任的社会中介机构。事务所以其全部资产对其债务承担责任，出资人承担的责任以其出资额为限。设立有限责任制会计师事务所必须符合下列条件：不少于人民币30万元的注册资本；有10名以上的在国家规定职龄以内的专职从业人员，其中至少有5名注册会计师；有5名以上符合规定条件的发起人；有固定的办公场所；审批机关规定的其他条件。

2) 合伙制会计师事务所

合伙制会计师事务所是由注册会计师合伙设立、承办注册会计师业务的社会中介机构。合伙人按出资比例或者协议的约定，以各自的财产对事务所的债务承担无限连带责任。设立合伙人会计师事务所必须具备下列条件：有两名以上符合规定的注册会计师作为合伙人，由合伙人聘用一定数量符合规定条件的注册会计师和其他专业人员参加事务所工作；有固定的办公场所和必要的设施；有能够满足执业和其他业务工作所需要的资金。申请成为事务所合伙人的注册会计师必须符合如下条件：必须是中华人民共和国公民；持有中华人民共和国注册会计师有效证书，有5年以上在会计师事务所从事独立审计业务的经验和良好的道德记录；不在其他单位从事谋取工资的工作；至申请日止在申请注册地持续工作1年以上。

(二) 民间审计的业务范围

根据我国《注册会计师法》的规定，注册会计师依法承办审计业务和会计咨询、会计服务业务，其中审计业务属于法定业务，非注册会计师不得承办。

▶ 1. 审计业务

审查企业财务报表，出具审计报告是注册会计师最重要的审计业务。会计工作是经济管理工作的重要基础，整顿会计工作秩序，强化会计监督，是国家加强和改善宏观调控、维护市场经济秩序、创造良好经济环境的重要前提。注册会计师审计是保证会计信息质量的重要一环，注册会计师的主要职能就是通过对财务会计报名的审计，为社会提供审计监督和鉴证。

▶ 2. 办理企业合并、分立、清算事宜中的审计业务，出具有关的报告

按照国家财务会计法规的规定，企业在合并、分立或终止清算时，应该分别编制合并、分立财务报表及清算财务报表。为了帮助财务报表使用者确定这些报表的可信程度，企业就需要委托注册会计师对这些财务报表进行审计。

▶ 3. 办理法律、行政法规规定的其他审计业务，并出具相应的审计报告

在实际工作中，注册会计师还可以根据国家法律、行政法规的规定，对特殊目的的业务进行审计，并出具相应的审计报告。注册会计师审计的特殊目的业务主要有：①按照特殊编制基础编制的财务报表；②财务报表的组成部分，包括财务报表的特定项目、特定账户或特定账户的特定内容；③法规、合同所涉及的财务会计规定的遵循情况；④简要财务报表。注册会计师执行以上特殊目的业务所出具的审计报告，同样具有法定证明力，注册会计师及其所出具的审计报告同样承担相应的法律责任。

▶ 4. 会计咨询和会计服务业务

随着经济的发展，社会对注册会计师的要求越来越高，客观上要求注册会计师利用其专门知识、专业判断能力，对被审计单位经营管理，特别是对会计管理的充分了解，提供会计咨询和会计服务业务。

注册会计师的会计咨询和会计服务业务主要有：①代理记账和税务代理；②对会计政策的选择和运用提供建议；③司法会计鉴定，包括对流动资产、固定资产、无形资产、对外投资、负债、所有者权益、收入、成本费用方面的司法鉴定；④会计制度设计，包括企业会计体系设计、内部控制制度设计、成本核算程序设计和企业责任会计设计；⑤可行性研究，包括技术可行性研究、财务可行性研究、国民经济评价和编写可行性研究报告；⑥管理咨询和管理诊断，包括经营管理诊断和财务诊断；⑦组织人员培训；⑧担任常年会计顾问。

注册会计师执行的上述业务属于服务性质而不是法定业务，是所有中介机构甚至个人都可从事的业务。

二、民间审计人员

民间审计人员，是指在民间审计组织中从事审计工作的人员。在我国的会计师事务所中，一般设所长1人，副所长若干人，并根据业务需要，合理配备审计专业人员。这些审计人员都必须具备一定的学历和工作经验，经过规定的考试，考试合格并取得注册会计师证书后，才能执行民间审计业务。必要时，还可聘请工程师、经济师和律师等专业人员从事审计工作，以便适应承办复杂审计事项的需要。

(一)国外对民间审计人员的条件要求

▶ 1. 学历要求

对民间审计人员学历的要求，多数国家要求大学学历，少数国家要求取得会计学博士学位，也有少数国家要求中专以上的学历。多数国家把达到合格水平的工作人员称为注册会计师，或称为执业会计师、特许会计师等，但也有些少数国家称之为公共会计师、公证

会计师、公认会计师等。在考试、学历、资历、年龄等方面都有一定的条件要求,具体如表 2-1 所示。

表 2-1 国外对民间审计人员的条件要求

国　　家	学　　历	资历/年	年 龄 限 制	人 员 称 谓
美国	大学	1~2	25岁以上	注册会计师、公共会计师
英国	大学	3~4	30岁以上	特许会计师、注册会计师
法国	中专	3	25岁以上	法定注册会计师、认可注册会计师
德国	大学并取得学士学位	6	30岁以上	经济注册会计师、宣誓账目注册会计师
日本		3		公认会计师
荷兰	会计学博士、高级会计师		30岁以上	注册会计师
加拿大	高中毕业	5	21岁以上	特许会计师
泰国				注册会计师

▶ 2. 资历要求

对民间审计人员资历的要求,具有一定的实际工作经验,要求从事会计、审计等实际工作2年以上,当然具体情况各个国家和地区也有一些其他规定。对民间审计人员的年龄也有限制,一般要求25岁以上。

▶ 3. 考试要求

各国对民间审计人员均实现了考试制度,但具体的考试科目、次数等方面不完全相同。以下以美国、英国等国为例加以说明。

美国实行一次性考试,由美国公证会计师协会负责考试题目的制定,由各州各自组织。考试科目为审计与签证、财务会计与报告、法规、商业环境。对申请人的考试资格的要求是:①会计学士;②州承认的学习大学课程2年或者学习公共会计课程4年者;③相当于上述各条件并经州认可者。

英国与其他国家有所不同,其注册会计师认证并不只有一个。目前具有英国法定执业资格的会计师(特许公认会计师(ACCA)、特许会计师(CA或ACA)和国际会计师(AIA))得到了欧洲联盟成员国认可,赋予他们法定权力可以在当地执业。ACCA考试共分为3个阶段14门课程,每次考试最多只能报考4门,学员只要在注册后10年内完成所有考试就可以获得ACCA的资格认证。所以,按最理想的方式计算,通过所有的14门考试,花上将近3年时间也就够了,而实际情况却远非如此。

▶ 4. 业务素质

要求审计人员有一定的专业知识和业务能力。如美国公证会计师协会于1947年发表的《审计准则试行方案》以及后来形成的"一般审计准则"指出,审计工作应由经过专门训练并具有熟练技能的审计人员来执行。审计人员在执行工作时,必须保持独立的态度;在执行工作及撰写审计报告时,必须保持职业上应有的严谨态度。

(二) 我国注册会计师资格考试与登记

我国自1991年起实行注册会计师全国统一考试制度。考试办法由财政部制定，由中国注册会计师协会组织实施。

▶ 1. 报考条件

（1）报名资格。根据《注册会计师法》的规定，具有高等专科以上学校毕业的学历或者具有会计或者相关专业中级以上技术职称的中国公民，可以申请参加注册会计师全国统一考试；具有会计或者相关专业高级技术职称的人员，可以免于部分科目的考试。对外国籍公民，根据互惠原则决定其是否允许参加考试。

（2）专业阶段。注册会计师专业阶段考试报名条件：①具有完全民事行为能力；②具有高等专科以上学校毕业学历，或者具有会计或相关专业中级以上技术职称。

（3）综合阶段。注册会计师综合阶段考试报名条件：①具有完全民事行为能力；②已取得财政部考委会颁发的注册会计师全国统一考试专业阶段考试合格证书。

（4）免试条件。免试规定：具有会计或者相关专业高级技术职称的人员（包括学校及科研单位中具有会计或者相关专业副教授、副研究员以上职称者），可以申请免予专业阶段考试1个专长科目的考试。申请免予考试的人员，应当填写《注册会计师全国统一考试——专业阶段考试科目免试申请表（2010年度）》，并向报名所在地省级财政厅（局）注册会计师考试委员会办公室（以下简称地方考办）提交高级技术职称证书及复印件。地方考办审核无误后，报财政部注册会计师考试委员会办公室（以下简称财政部考办）审核批准，方可免试。

▶ 2. 考试科目

（1）考试划分为专业阶段考试和综合阶段考试。考生在通过专业阶段考试的全部科目后，才能参加综合阶段考试。

（2）专业阶段考试科目：包含会计、审计、财务成本管理、公司战略与风险管理、经济法、税法6个科目。

（3）综合阶段考试科目：职业能力综合测试（试卷一、试卷二）。

▶ 3. 考试方式与答题时间

（1）考试采用闭卷、计算机化考试（简称机考）方式，即在计算机终端获取试题、作答并提交答案。

（2）会计科目考试时间为180分钟，审计、财务成本管理考试时间各为150分钟，经济法、税法、公司战略与风险管理考试时间各为120分钟。

▶ 4. 注册登记

注册会计师依法执行业务，应当取得财政部统一制定的中华人民共和国注册会计师证书。参加注册会计师全国统一考试成绩合格（经依法认定或者考核具有注册会计师资格），并在中国境内从事审计业务工作2年以上者，可以向省级注册会计师协会申请注册。

知识拓展2-2
中国注册
会计师协会

第三节 内部审计机构和审计人员

一、内部审计机构

(一)内部审计机构的设置

内部审计是指由部门或单位内部相对独立的审计机构和审计人员对本部门或本单位的财政财务收支、经营管理活动及其经济效益进行审核和评价,查明其真实性、正确性、合法性、合规性和有效性,提出意见和建议的一种专门经济监督活动。其主要目的是通过审计健全内部控制系统,严肃财经纪律,查错防弊,改善经营管理,提高经济效益。我国的内部审计机构包括部门内部审计机构和单位内部审计机构。

▶ 1. 部门内部审计机构

部门内部审计机构是指国务院和县级以上地方各级人民政府按行业划分的业务主管部门设置的专业审计机构。部门内部审计机构在本部门主要负责人的直接领导下独立行使审计监督权,业务上受同级国家审计机关的指导,并向本部门及同级国家审计机关报告工作。

▶ 2. 单位内部审计机构

单位内部审计机构是指国家财政、金融机构、企事业等单位设置的专业审计机构。单位内部审计机构在本单位主要负责人的领导下独立行使审计监督权,业务上接受同级国家审计机关和上一级主管部门审计机构的指导,并向单位和上级主管部门审计机构报告工作。

不管是部门内部审计机构还是单位内部审计机构,都有其专职业务,其性质和会计检查并不相同,因此必须单独设立,并受董事会下设的审计委员会或本单位主要负责人的领导。内部审计机构不应设在财会部门之内,受财会负责人的领导,因为这样设置机构难以开展内部审计工作。审计业务不多的小型企业,也可不设内部审计机构,只需指定专人检查账目。

(二)内部审计的特征

我国内部审计的特征,有些是与西方企业的内部审计基本相似的,有些则是中国特色社会主义市场经济体制下所特有的。我国内部审计一般具有如下特征。

▶ 1. 服务上的内向性

内部注册会计师是为加强内部经济管理和控制服务的,内部审计人员是部门、单位领导在经济管理和经济监督方面的参谋和助手。服务上的内向性是国内外内部审计共同的基本特征。无论是西方企业的内部审计还是我国企业的内部审计,其主要职责都是代表董事会或主要负责人监督企业及其各部门贯彻管理层的意图,维护本单位的利益,为实现企业目标服务。

▶ 2. 审查范围的广泛性

内部审计是作为部门、单位领导在经济管理和经济监督方面的参谋和助手来进行的,其审计报告不具有法律效力。它既可进行内部财务审计,经济责任审计和经济效益审计,又可对下属单位进行财经法纪审计;既有制约作用,又有促进作用。而且,一般都能满足管理层的要求,管理层要求审查什么,内部审计人员就审查什么。与外部审计相比,这种业务范围的广泛性,是国内和国外内部审计的共同特征。

▶ 3. 作用的稳定性

随着经济的发展,西方的内部审计已冲破只起制约作用的范围,扩展到改善经营管理和提高风险控制水平等的促进作用方面。我国内部审计亦如此,一方面,它必须以法律为准绳,履行财务审计的监督职能,发挥审计的制约作用;另一方面,它要履行经济责任审计和经济效益审计的评价职能,促使部门或单位改善经营管理,增强风险控制能力,提高经济效益,充分发挥审计的促进作用。我国内部审计的制约性和促进性两项作用,在相当长的时间内会同时存在。所以,审计作用的稳定性又是国内外内部审计的共同特征。

▶ 4. 微观监督与宏观监督的统一性

我国内部审计代表部门、单位的管理层执行审计监督,防止差错弊端,为加强内部管理服务,这是微观监督的性质,也是内部审计的主要工作内容。与此同时,内部审计还应从党和国家利益出发,对党和国家重大决策部署的执行情况,本部门本单位是否遵守国家的政策、法律、法令和规章制度进行审查,又具有宏观监督的性质。所以,微观监督与宏观监督的统一,是我国内部审计独有的特征。

(三) 内部审计机构的职责权限

我国的部门和单位内部审计机构是依据审计法规和其他财经法规而建立的,为了便于其行使审计监督权,在法规中对其职责权限也做了明确规定。

▶ 1. 内部审计机构职责

内部审计机构按照本单位董事会下设的审计委员会或者主要负责人的要求,履行下列职责。

(1) 对本单位及所属单位(含占控股地位或者主导地位的单位,下同)的财政收支、财务收支及其有关的经济活动进行审计。

(2) 对本单位及所属单位预算内、预算外资金的管理和使用情况进行审计。

(3) 对本单位内设机构及所属单位领导人员的任期经济责任进行审计。

(4) 对本单位及所属单位固定资产投资项目进行审计。

(5) 对本单位及所属单位内部控制系统的健全性和有效性及风险管理进行评审。

(6) 对本单位及所属单位经济管理和效益情况进行审计。

(7) 法律、法规规定及本单位主要负责人或者权力机构要求办理的其他审计事项。

▶ 2. 内部审计机构的权限

1) 一般权限

单位董事会下设的审计委员会或者主要负责人应当制定相应规定,确保内部审计机构具有履行职责所必需的权限,主要包括以下几个方面。

(1) 要求被审计单位按时报送生产、经营、财务收支计划,预算执行情况,决算,财务会计报告和其他有关文件、资料。

（2）参加本单位有关会议，召开与审计事项有关的会议。

（3）参与研究制定有关的规章制度，提出内部审计规章制度，由单位审定公布后实施。

（4）检查有关生产，经营和财务活动的资料、文件，以及现场勘查实物。

（5）检查有关的计算机系统及其电子数据和资料。

（6）对与审计事项有关的问题向有关单位和个人进行调查，并取得证明材料。

（7）对正在进行的严重违法违规、严重损失浪费行为做出临时制止决定。

（8）对可能转移、隐瞒、篡改、毁弃会计凭证、会计账簿、财务会计报告及与经济活动有关的资料，经本单位董事会下设的审计委员会或者主要负责人批准，有权予以暂时封存。

（9）提出纠正、处理违法违规行为的意见，以及改进经济管理、提出经济效益的建议。

（10）对违法违规及造成损失浪费的单位和人员，给予通报批评或者提出追究责任的建议。

2）处理权限

单位董事会下设的审计委员会或者主要负责人在管理权限范围内，授予内部审计机构必要的处理、处罚权。

（1）被审计单位不配合内部审计工作、拒绝审计或者提供资料、提供虚假资料、拒不执行审计结论或者报复陷害内部审计人员的，单位董事会下设的审计委员会或者主要负责人应当及时予以处理；构成犯罪的，移交司法机关追究刑事责任。

（2）被审计单位无正当理由拒不执行审计结论的，内部审计机构应当责令其限期改正；拒不改正的，报请本单位董事会下设的审计委员会或主要负责人依照有关规定予以处理。

（3）对被审计单位违反财经法规、造成严重损失浪费行为负有直接责任的主管人员和其他直接责任人员，构成犯罪的，依法追究刑事责任；不构成犯罪的，依照有关规定予以处理。

（4）报复陷害内部审计人员，构成犯罪的，依法追究刑事责任；不构成犯罪的，依照有关规定予以处理。

二、内部审计人员

内部审计人员是指在部门、单位内部审计机构从事审计事务的人员，以及在部门、单位内设置的专职从事审计事务的人员。内部审计人员应当在具有良好的政治素质和道德素质的基础上，具备必要的专业知识和技能。内部审计人员实行岗位资格和后续教育制度，单位应当予以支持和保障。单位主要负责人或权力机构应当保护内部审计人员依法履行职责，任何单位和个人不得对其打击和报复。内部审计人员办理审计事项，应当严格遵守职业道德规范，做到独立、客观、公正、保密。

(一)国外的内部审计人员

在国外,内部审计已发展成为一个公认的专门职业,因此,对其人员有最基本的要求。其一,包括注册内部注册会计师和内部注册会计师在内的审计人员要具备丰富的专业知识。注册内部注册会计师资格必须经过资格考试获得。专业人员必须严格遵守注册内部注册会计师协会制定的职业道德准则。内部审计人员还应具备相应的知识体系,内部审计人员必须掌握以下各门学科知识:会计与财务、行为科学、经济学、经济法规、定量分析方法、会计与管理制度程序设计、电子信息处理等。其二,包括注册内部注册会计师和内部注册会计师在内的审计人员要不断接受继续教育的培训。企业管理当局也常常鼓励内部审计人员参与各种学术团队活动,并为其提供继续受教育的机会。

随着企业对内审功能的重视程度日益加强,内审人员被赋予了更多的责任和期望,所以在内审知识之外,对于与经营企业相关的知识和专业技术的涉猎也是至关重要的。无可置疑,内部注册会计师的角色已从"经济警察"逐步转变为协助企业整合治理、风险管理、合规及改进绩效等多重目标的"咨询顾问"和"业务伙伴"。国际内部注册会计师协会(IIA)在其2004年颁布的新标准中,除了对内部审计人员的专业能力、对舞弊的识别与发展、应有的职业谨慎等做了相应的要求外,针对业务素质增加了两项内部:一是内部审计人员应当熟练地应用与特定审计工作有关的主要信息技术,熟悉相关的风险和控制方法;二是内部审计人员应当考虑应用计算机辅助审计技术和其他数据的新技术。

(二)我国的内部审计人员

根据我国内部审计工作的相关规定:任免内部审计机构的负责人,应当事前征求上级主管部门或单位的意见。内部审计人员应当具备必要的专业知识。内部审计人员专业技术职务资格的考评和聘任,按照国家有关规定执行。内部审计人员中除熟悉会计、财务、审计的专业人员以外,也可视工作需要配备其他专业人员,如工程师、律师等。我国《内部审计基本准则》第六条要求内部审计人员应具备必要的学识及业务能力,熟悉本组织的经营活动和内部控制,并不断通过后续教育来保持和提高专业胜任能力。

关于内部审计人员的条件,内部审计人员应当在具有良好的政治素质和道德素质的基础上,具备必要的专业知识和技能。这些专业知识和技能,主要体现在以下几个方面。

(1)多方面才能:具有大局观,能够对整个组织的价值增长具有前瞻性考虑。

(2)熟悉业务:要参与和了解组织的各项业务,发现问题并能够及时提出解决措施。

(3)精通技术:应用专业技术知识来预防和减少风险,改进组织治理结构,提高组织的运营效率。

(4)保障服务:能够根据需要及时提供后勤保障、培训和咨询等服务。

(5)主导角色:在风险控制和改进组织的效果方面应积极并能够发挥领导作用。

知识拓展2-3
国际注册内部注册会计师

知识拓展2-4
复合型审计人才

本章小结

1. 建立和健全审计组织，并配备合格的审计人员，是实行审计制度的必要前提和组织基础。世界上多数国家都分别建立了国家审计制度、内部审计制度和民间审计制度。相应地，审计组织体系由国家审计机关、民间审计组织和内部审计机构构成，并配备了相应的审计人员。

2. 国家审计机关是代表国家审计监督的机关，具有《宪法》赋予的独立性和权威性。我国的国家审计机关属于行政型，依据《中华人民共和国宪法》《审计法》的规定：我国在国务院和县级以上地方各级人民政府设立审计机关。我国国家审计机关实行双重领导体制，即地方各级审计机关对本级人民政府和上一级审计机关负责并报告工作，审计业务以上级审计机关领导为主。

3. 民间审计组织，又称社会审计组织或独立审计组织，是指依法设立，接受委托，独立承办审计业务的法人组织，主要形式是会计师事务所。根据《中华人民共和国注册会计师法》(以下简称《注册会计师法》)的规定，我国可设立有限责任会计师事务所和合伙会计师事务所。

4. 内部审计是指由部门或单位内部相对独立的审计机构和审计人员对本部门或本单位的财政财务收支、经营管理活动及其经济效益进行审核和评价，查明其真实性、正确性、合法性、合规性和有效性，提出意见和建议的一种专门经济监督活动。其主要目的是通过审计健全内部控制系统，严肃财经纪律，查错揭弊，改善经营管理，提高经济效益。我国的内部审计机构包括部门内部审计机构和单位内部审计机构。

复习思考题

1. 什么是国家审计机关？
2. 我国国家审计机关有哪些方面的职责？有哪些方面的权限？
3. 我国民间审计具有哪些业务范围？
4. 我国内部审计机构有哪些方面的权限？

实操练习

四川诚信会计师事务所对 ABC 股份有限公司 2020 年度的财务报表进行审计，会计师事务所派出 3 名人员，分别为审计小组负责人赵军、注册会计师王玲、助理人员张昭，计划工作时间 20 天。ABC 股份有限公司的总资产 1.5 亿元，净利润 5 000 万元。

要求：

(1) 根据上述资料，判断其属于什么形式的审计组织和审计人员？
(2) 根据上述资料，说明该审计组织的业务范围。

在线自测

扫描封底刮刮卡 获取答题权限

第三章　审计职业准则及法律责任

> **学习目标**
> 1. 了解中国注册会计师职业准则；
> 2. 掌握职业道德的基本原则；
> 3. 了解注册会计师的法律责任。

思政案例

道德当身，不以物惑——安永违背审计职业道德准则

2016年，美国证监会（SEC）宣布，对四大会计师事务所之一的安永处以930万美元（约合6 200万元人民币）罚款，原因是该公司审计合伙人与两家上市公司重要客户的关系过于密切（与客户有恋爱关系）。

美国证交会（SEC）的调查发现，安永一位高级合伙人与其负责审计的纽约一家上市公司的首席财务官发展了不适当的亲密友谊关系。

另一位高级合伙人与其负责审计的另一家上市公司的首席会计官卷入恋爱关系。美国证交会表示，安永对这两段关系都未能采取适当举措。

美国证交会执法部主任安德鲁·塞雷斯尼表示："安永没有采取足够举措来察觉或者阻止这些合伙人与客户建立过于亲密的关系，违背了他们作为独立审计人员的角色。"

有关审计人员独立性的检查机制一般评估雇员是否与审计客户存在亲戚、雇用或财务关系，这些关系能影响他们彻底且独立地审查公司账簿。

美国证交会发现，安永在芝加哥的前合伙人格雷戈里·贝德纳（Gregory Bednar）拿出逾10万美元款待一家审计客户的首席财务官及其儿子。

安永和贝德纳没有承认或否认这些指控。安永同意支付497.5万美元罚款，贝德纳必须支付4.5万美元罚款，并被暂停执业3年。

案例来源：最贵的恋爱：安永合伙人与客户谈恋爱被罚930万美元[EB/OL].[2023-05-15].https://wenku.baidu.com/view/cce2b8e50608763231126edb6f1affoobed57odo.

案例思考：
1. 注册会计师如何保持独立性？
2. 会计师事务所和注册会计师如何避免承担法律责任？

启示：

通过此案例来警醒自身，作为一名审计人员，我们要严格遵守职业道德，审计一身扬正气，不辱人格甘清廉，准则常在心中记，公正自成手中书！

经过几十年的努力，我国审计法律制度体系已基本形成，以宪法为核心，以审计法、审计法实施条例、国家审计准则等法律法规规章为主要组成部分，审计工作已做到了有法可依。宪法对审计监督的基本原则、体制和基本制度做了原则性规定。

作为审计人员，要遵循职业道德有关的基本原则，诚信、独立、客观、公正、保密，有专业胜任能力和勤勉尽责，成为具有良好职业行为的审计人员。

第一节 中国注册会计师执业准则

一、中国注册会计师执业准则基本体系

注册会计师执业准则（practicing standards）是指注册会计师在执行业务的过程中应当遵守的职业规范，包括业务准则和质量控制准则。中国注册会计师执业准则体系的构成如图 3-1 所示。

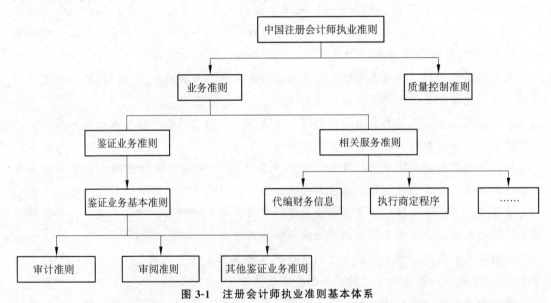

图 3-1 注册会计师执业准则基本体系

（1）鉴证业务准则（general assurance standards）是注册会计师在执行鉴证业务的过程中应当遵守的职业规范。由鉴证业务基本准则统领，按照鉴证业务提供的保证程度和鉴证对象的不同，分为中国注册会计师审计准则、中国注册会计师审阅准则和中国注册会计师其他鉴证业务准则（后文简称审计准则、审阅准则和其他鉴证业务准则）。其中审计准则是整个执业准则体系的核心。

审计准则（auditing standards）是注册会计师执行历史性财务信息审计业务所应遵守的职业规范。在提供审计服务时，注册会计师对所审计信息是否不存在重大错报提供合理保

证，并以积极方式提出结论。

审阅准则（review standards）是注册会计师执行历史性财务信息审阅业务所应遵守的职业规范。在提供审阅服务时，注册会计师对所审阅信息是否不存在重大错报提供有限保证，并以消极方式提出结论。

其他鉴证业务准则（other assurance standards）是注册会计师执行历史性财务信息审计和审阅以外的其他鉴证业务所应遵守的职业规范。注册会计师执行其他鉴证业务，根据鉴证业务的性质和业务约定的要求，提供合理保证或者有限保证。

（2）相关服务准则（related services standards）是注册会计师代编财务信息、执行商定程序、提供管理咨询等其他服务时所应遵守的职业规范。在提供相关服务时，注册会计师不提供任何程度的保证。

（3）质量控制准则（quality control standards）是会计师事务所在执行各类业务时都应当遵守的质量控制政策和程序，是对会计师事务所质量控制提出的制度要求。

二、鉴证业务基本准则

《中国注册会计师鉴证业务基本准则》共九章六十条，包括总则、鉴证业务的定义和目标、业务承接、鉴证业务的三方关系、鉴证对象、标准、证据、鉴证报告和附则。以下就鉴证业务的含义、鉴证业务的种类进行讲解。

（一）鉴证业务的含义

鉴证业务是指注册会计师对鉴证对象信息提出结论，以增强除责任方之外的预期使用者对鉴证对象信息信任程度的业务。可以从以下五个方面来理解鉴证业务。

（1）鉴证业务的主体是注册会计师。即鉴证业务是注册会计师的法定业务。鉴证业务准则所称注册会计师，是指取得注册会计师证书并在会计师事务所执业的人员，有时也指其所在的会计师事务所。

（2）鉴证业务的客体是鉴证对象信息。鉴证对象信息是按照标准对鉴证对象进行评价和计量的结果。例如，在财务报表审计中，鉴证对象是被审计单位的财务状况、经营成果和现流量，而鉴证对象信息就是对此进行确认、计量和列报形成的财务报表。

（3）鉴证业务的三方关系。三方分别是注册会计师、责任方和预期使用者。责任方是指下列组织或人员：在直接报告业务中，对鉴证对象负责的组织或人员；在基于责任方认定的业务中，对鉴证对象信息负责并可能同时对鉴证对象负责的组织或人员。预期使用者是指预期使用鉴证报告的组织或人员。责任方可能是预期使用者，但不是唯一的预期使用者。

（4）鉴证业务的结果是提出结论。注册会计师应当出具含有鉴证结论的书面报告，该鉴证结论应当说明注册会计师就鉴证对象信息获取的保证。

（5）鉴证业务的目的是增强除责任方之外的预期使用者的信任程度。注册会计师对由责任方负责的鉴证对象或鉴证对象信息提出结论，以增强除责任方之外的预期使用者对鉴证对象信息的信任程度。

（二）鉴证业务的种类

▶ 1. 基于责任方认定的业务和直接报告业务

在基于责任方认定的业务中，责任方对鉴证对象进行评价或计量，鉴证对象信息以责任方认定的形式为预期使用者获取。如在财务报表审计中，被审计单位管理层（责任方）对财务状况、成果和现金流量（鉴证对象）进行确认、计量和列报（评价或计量）而形成的财务报表（鉴证对象信息）即为责任方的认定，该财务报表可为预期报表使用者获取，注册会计师针对财务报表出具审计报告。这种业务属于基于责任方认定的业务。

在直接报告业务中，注册会计师直接对鉴证对象进行评价或计量，或者从责任方获取对鉴证对象评价或计量的认定，而该认定无法为预期使用者获取，预期使用者只能通过阅读鉴证报告获取鉴证对象信息。如在内部控制鉴证业务中，注册会计师可能无法从管理层（责任方）获取其对内部控制有效性的评价报告（责任方认定），或虽然注册会计师能够获取该报告，但预期使用者无法获取该报告，注册会计师直接对内部控制的有效性（鉴证对象）进行评价并出具鉴证报告，预期使用者只能通过阅读该鉴证报告获得内部控制有效性的信息（鉴证对象信息）。这种业务属于直接报告业务。

▶ 2. 合理保证的鉴证业务和有限保证的鉴证业务

合理保证的鉴证业务的目标是注册会计师将鉴证业务风险降至该业务环境下可接受的低水平，以此作为以积极方式提出结论的基础。如在历史性财务信息审计中，要求注册会计师将审计风险降至可接受的低水平，对审计后的财务信息提供高水平保证（合理保证），在审计报告中采用积极方式提出结论。这种业务属于合理保证的鉴证业务。

有限保证的鉴证业务的目标是注册会计师将鉴证业务风险降至该业务环境下可接受的水平，以此作为以消极方式提出结论的基础。如在历史性财务信息审阅中，要求注册会计师将审阅风险降至该业务环境下可接受的水平（高于历史性财务信息审计中可接受的低水平），对审阅后的财务信息提供低于高水平的保证（有限保证），在审阅报告中采用消极方式提出结论。这种业务属于有限保证的鉴证业务。

知识拓展 3-1
合理保证的鉴证业务与有限保证的鉴证业务的区别

第二节　职业道德准则

一、职业道德的基本原则

与职业道德有关的基本原则包括诚信、独立性、客观和公正、专业胜任能力和应有的关注、保密、良好的职业行为。

▶ 1. 诚信

诚信，是指诚实、守信。也就是说，个人言行与内心思想一致，不虚假；能够履行与别人的约定而取得对方的信任。诚信原则要求注册会计师应当在所有的职业关系和商业关系中保持正直和诚实，秉公处事，实事求是。

注册会计师如果认为业务报告、申报资料或其他信息存在下列问题，则不得与这些有问题的信息发生牵连。

（1）含有严重虚假或误导性的陈述。

（2）含有缺乏充分依据的陈述或信息。

（3）存在遗漏或含糊其词的信息。

举例来说，在审计、审阅或其他鉴证业务中，下列事项可能会导致上述问题的出现。

（1）引起重大风险的事项，如舞弊行为。

（2）财务信息存在重大错报而客户未对此做出调整或反映。

（3）导致在实施审计程序时出现重大困难的情况，例如，客户未能提供充分、适当的审计证据，注册会计师难以做出结论性陈述。

（4）与会计准则或其他相关规定的选择、应用和一致性相关的重大发现和问题，而客户未对此在其报告或申报资料中反映。

（5）在出具审计报告时未解决的重大审计差异。

注册会计师如果注意到已与有问题的信息发生牵连，应当采取措施消除牵连。在鉴证业务中，如果注册会计师依据执业准则出具了恰当的非标准业务报告，不被视为违反上述要求。

▶ 2. 独立性

独立性，是指不受外来力量控制、支配，按照规则行事。独立性原则通常是对注册会计师而不是非执业注册会计师提出的要求。在执行鉴证业务时，注册会计师必须保持独立性。在市场经济条件下，投资者主要依赖财务报表判断投资风险，在投资机会中做出选择。如果注册会计师不能与客户保持独立性，而是存在经济利益、关联关系，或屈从于外界压力，就很难取信于社会公众。

注册会计师执行审计和审阅业务以及其他鉴证业务时应当从实质上和形式上保持独立性，不得因任何利害关系影响其客观性。

形式上的独立是指注册会计师与委托人无任何经济利益（除正常业务收费外）关系，从第三者的立场看，审计人员呈现在第三者面前的是独立于委托人的独立者。

实质上的独立是指注册会计师在执行审计业务过程中所保持的公正无私的态度，当遇到委托人的干涉和压力时，敢于排除干涉，正确地认定事实，做出公正的判断。

▶ 3. 客观和公正

客观是指按照事物的本来面目去考察，不添加个人的偏见。公正是指公平、正直、不偏袒。客观和公正原则要求注册会计师应当公正处事、实事求是，不得由于偏见、利益冲突或他人的不当影响而损害自己的职业判断。如果存在导致职业判断出现偏差或对职业判断产生不当影响的情形，注册会计师不得提供相关专业服务。

知识拓展 3-2
独立性原则与客观、公正原则的关系

▶ 4. 专业胜任能力和应有的关注

专业胜任能力原则要求注册会计师通过教育、培训和执业实践获取和保持专业胜任能力。注册会计师应当持续了解并掌握当前法律、技术和实务的发展变化，将专业知识和技能始终保持在应有的水平，确保为客户提供具有专业水准的服务。

应有的关注，要求注册会计师遵守执业准则和职业道德规范要求，勤勉尽责，认真、全面、及时地完成工作任务。在审计过程中，注册会计师应当保持职业怀疑态度，运用专业知识、技能和经验，获取和评价审计证据。同时，注册会计师应当采取措施以确保在其授权下工作的人员得到适当的培训和督导。在适当情况下，注册会计师应当使客户、工作单位和专业服务及业务报告的其他使用者了解专业服务的固有局限性。

▶ 5. 保密

注册会计师能否与客户维持正常的关系，有赖于双方能否自愿而又充分地进行沟通和交流，不掩盖任何重要的事实和情况。只有这样，注册会计师才能有效地完成工作。注册会计师与客户的沟通，必须建立在为客户信息保密的基础上，这里所说的客户信息，通常是指涉密信息。一旦涉密信息被泄露或被利用，往往会给客户造成损失。因此，许多国家规定，在会计师事务所工作的注册会计师，在没有取得客户同意的情况下，不能泄露任何客户的涉密信息。

保密原则要求注册会计师应当对在职业活动中获知的涉密信息予以保密，不得有下列行为。

（1）未经客户授权或法律法规允许，向会计师事务所以外的第三方披露其所获知的涉密信息。

（2）利用所获知的涉密信息为自己或第三方谋取利益。

注册会计师在社会交往中应当履行保密义务。注册会计师应当警惕无意泄密的可能性，特别是警惕无意中向近亲属或关系密切的人员泄密的可能性。近亲属是指配偶、父母、子女、兄弟姐妹、祖父母、外祖父母、孙子女、外孙子女。

另外，注册会计师应当对拟接受的客户或拟受雇的工作单位向其披露的涉密信息保密。在终止与客户或工作单位的关系之后，注册会计师仍然应当对在职业关系和商业关系中获知的信息保密。

如果变更工作单位或获得新客户，注册会计师可以利用以前的经验，但不应利用或披露以前职业活动中获知的涉密信息。注册会计师应当明确在会计师事务所内部保密的必要性，采取有效措施，确保其下级员工以及为其提供建议和帮助的人员遵循保密义务。

注册会计师在下列情况下可以披露涉密信息。

（1）法律法规允许披露，并且取得客户或工作单位的授权。

（2）根据法律法规的要求，为法律诉讼、仲裁准备文件或提供证据，以及向有关监管机构报告发现的违法行为。

（3）在法律法规允许的情况下，在法律诉讼、仲裁中维护自己的合法权益。

（4）接受注册会计师协会或监管机构的执业质量检查，答复其询问和调查。

（5）法律法规、执业准则和职业道德规范规定的其他情形。

▶ 6. 良好的职业行为

注册会计师应当遵守相关法律法规，避免发生任何损害职业声誉的行为。注册会计师在向公众传递信息以及推介自己和工作时，应当客观、真实、得体，不得损害职业形象。

注册会计师应当诚实、实事求是，不得有下列行为。

(1) 夸大宣传提供的服务、拥有的资质或获得的经验。
(2) 贬低或无根据地比较其他注册会计师的工作。
(3) 暗示有能力影响有关主管部门、监管机构或类似机构。
(4) 做出其他欺骗性或可能导致误解的声明。

二、职业道德概念框架

(一) 职业道德概念框架的内涵

在实务中，注册会计师会遇到对遵循职业道德基本原则产生不利影响的具体情形。在职业道德守则中，不可能对各式各样的情形予以逐一界定并给出相应的应对措施。因此，中国注册会计师职业道德守则提出职业道德概念框架，即解决职业道德问题的思路和方法，用以指导注册会计师。

(1) 识别对职业道德基本原则的不利影响。
(2) 评价不利影响的严重程度。
(3) 必要时采取防范措施消除不利影响或将其降低至可接受的水平。

职业道德概念框架具有普遍适用性，指导注册会计师处理对职业道德基本原则产生不利影响的各种情形，能够防止注册会计师错误地认为只要守则未明确禁止的情形就是允许的。

在运用职业道德概念框架时，注册会计师应当运用职业判断。如果发现存在可能违反职业道德基本原则的情形，注册会计师应当评价其对职业道德基本原则的不利影响。在评价不利影响的严重程度时，注册会计师应当从性质和数量两个方面予以考虑。如果认为对职业道德基本原则的不利影响超出可接受的水平，注册会计师应当确定是否能够采取防范措施消除不利影响或将其降低至可接受的水平。

在运用职业道德概念框架时，如果某些不利影响是重大的，或者合理的防范措施不可行或无法实施，注册会计师可能面临不能消除不利影响或将其降至可接受水平的情形。如果无法采取适当的防范措施，注册会计师应当拒绝或终止所从事的特定专业服务，必要时与客户解除合约关系，或向其工作单位辞职。

(二) 对遵循职业道德基本原则产生不利影响的因素

注册会计师对职业道德基本原则的遵循可能受到多种因素的不利影响。常见的不利影响因素包括自身利益、自我评价、过度推介、密切关系和外在压力。

▶ 1. 因自身利益导致的不利影响

如果经济利益或其他利益对注册会计师的职业判断或行为产生不当影响，就会产生因自身利益导致的不利影响。因自身利益导致不利影响的情形主要包括以下几个方面。

(1) 鉴证业务项目组成员在鉴证客户中拥有直接经济利益。
(2) 会计师事务所的收入过分依赖某一客户。
(3) 鉴证业务项目组成员与鉴证客户存在重要且密切的商业关系。

(4) 会计师事务所担心可能失去某一重要客户。

(5) 鉴证业务项目组成员正在与鉴证客户协商受雇于该客户。

(6) 会计师事务所与客户就鉴证业务达成或有收费的协议。

(7) 注册会计师在评价所在会计师事务所以往提供的专业服务时，发现了重大错误。

▶ 2. 因自我评价导致的不利影响

如果注册会计师对其（或者其所在会计师事务所或工作单位的其他人员）以前的判断或服务结果做出不恰当的评价，并且将据此形成的判断作为当前服务的组成部分，就会产生因自我评价导致的不利影响。因自我评价导致不利影响的情形主要如下。

(1) 会计师事务所在对客户提供财务系统的设计或操作服务后，又对系统的运行有效性出具鉴证报告。

(2) 会计师事务所为客户编制原始数据，这些数据构成鉴证业务的对象。

(3) 鉴证业务项目组成员担任或最近曾经担任客户的董事或高级管理人员。

(4) 鉴证业务项目组成员目前或最近曾受雇于客户，并且所处职位能够对鉴证对象施加重大影响。

(5) 会计师事务所为鉴证客户提供直接影响鉴证对象信息的其他服务。

▶ 3. 因过度推介导致的不利影响

如果注册会计师过度推介客户或工作单位的某种立场或意见，使其客观性受到损害，就会产生因过度推介导致的不利影响。因过度推介导致不利影响的情形主要包括以下两个方面。

(1) 会计师事务所推介审计客户的股份。

(2) 在审计客户与第三方发生诉讼或纠纷时，注册会计师担任该客户的辩护人。

▶ 4. 因密切关系导致的不利影响

如果注册会计师与客户或工作单位存在长期亲密的关系，而过于倾向他们的利益，或认可他们的工作，就会产生因密切关系导致的不利影响。

密切关系导致不利影响的情形主要包括以下几个方面。

(1) 项目组成员的近亲属担任客户的董事或高级管理人员。

(2) 项目组成员的近亲属是客户的员工，其所处职位能够对业务对象施加重大影响。

(3) 客户的董事、高级管理人员或所处职位能够对业务对象施加重大影响的员工，最近曾担任会计师事务所的项目合伙人。

(4) 注册会计师接受客户的礼品或款待。

(5) 会计师事务所的合伙人或高级员工与鉴证客户存在长期业务关系。

▶ 5. 因外在压力导致的不利影响

如果注册会计师受到实际的压力或感受到压力（包括对注册会计师实施不当影响的意图）而无法客观行事，就会产生因外在压力导致的不利影响。因外在压力导致不利影响的情形主要包括以下几个方面。

(1) 会计师事务所受到客户解除业务关系的威胁。

(2) 审计客户表示,如果会计师事务所不同意对某项交易的会计处理,则不再委托其承办协议中的非鉴证业务。

(3) 客户威胁将起诉会计师事务所。

(4) 会计师事务所受降低收费的影响而不恰当地缩小工作范围。

(5) 由于客户员工对所讨论的事项更具有专长,注册会计师面临服从其判断的压力。

(6) 会计师事务所合伙人告知注册会计师,除非同意审计客户不恰当的会计处理,否则将影响其晋升。

(三) 防范措施

防范措施是指可以消除不利影响或将其降至可接受水平的行动或其他措施。应对不利影响的防范措施包括下列两类:一是法律法规和职业规范规定的防范措施;二是在具体工作中采取的防范措施。

▶ 1. 法律法规和职业规范规定的防范措施

(1) 取得注册会计师资格必需的教育、培训和经验要求。

(2) 持续的职业发展要求。

(3) 公司治理方面的规定。

(4) 执业准则和职业道德规范的规定。

(5) 监管机构或注册会计师协会的监控和惩戒程序。

(6) 由依法授权的第三方对注册会计师编制的业务报告、申报资料或其他信息进行外部复核。

▶ 2. 工作环境中的防范措施

在具体工作中,应对不利影响的防范措施包括会计师事务所层面的防范措施和具体业务层面的防范措施。

1) 会计师事务所层面的防范措施

会计师事务所制定的政策和程序应当强调遵守相关职业道德要求的重要性,并通过必要的途径予以强化。这些政策和程序包括以下几个方面。

(1) 领导层强调遵循职业道德基本原则的重要性。

(2) 领导层强调鉴证业务项目组成员应当维护公众利益。

(3) 制定有关正常和程序,识别对职业道德基本原则的不利影响(包括识别会计师事务所或项目组成员与客户之间的利益或关系,监控对客户收费依赖程度等),评价不利影响的严重程度,采取防范措施消除不利影响或将其降低至可接受的水平。

(4) 制定有关政策和程序,防止项目组以外的人员对业务结果施加不当影响。

(5) 向鉴证客户提供非鉴证业务时,指派鉴证业务组以外的其他合伙人和项目组,并确保鉴证业务项目组和非鉴证业务项目组分别向各自的业务主管报告工作。

(6) 制定有关政策和程序,鼓励员工就遵循职业道德基本原则方面的问题与领导沟通。

(7) 向合伙人和专业人员提供鉴证客户及其关联实体的名单,并要求合伙人和专业人员与之保持独立。

(8) 及时向所有合伙人和专业人员传达会计师事务所的政策和程序及其变化情况；并就这些政策和程序进行适当的培训。

(9) 指定高级管理人员负责监督质量控制系统是否有效运行。

(10) 建立惩戒机制，保障相关政策和程序得到遵守。

2) 具体业务层面的防范措施

(1) 对已执行的鉴证业务与非鉴证业务，由组外注册会计师进行复核或提供建议。

(2) 向客户审计委员会、监管机构或注册会计师协会咨询相关问题。

(3) 与客户治理层讨论有关的职业道德问题。

(4) 向客户治理层说明提供服务的性质和收费的范围。

(5) 由其他会计师事务所执行或重新执行部分业务。

(6) 轮换鉴证业务项目组合伙人和高级员工。

第三节 注册会计师的法律责任

随着我国社会主义市场经济体制的确立和民主法治的不断加强，我国经济生活正从人治向法治转变，经济法规不断建立和健全，各种专业人员的法律责任相继明确。

注册会计师的审计活动是一种有目的、独立公正、具有权威性的鉴证活动。审计不仅涉及有关经济单位的利益，还涉及某些人的经济责任和法律责任，是一项极为严肃的工作，其结论正确与否对有关单位或个人影响极大。因此，明确我国注册会计师的法律责任，对于促使注册会计师讲究职业道德、保证审计结论的正确性和公正性都具有重要的意义。

一、注册会计师应承担的法律责任

注册会计师在执行审计业务时，应当按照审计准则的要求审慎执业，保证执业质量，控制审计风险，否则，一旦出现审计失败，就有可能承担相应的责任。

注册会计师如果因过失或违约而没有提供服务，或没有提供合格的服务，则应当承担对客户的责任。在某些情况下，注册会计师可能要对客户以外的其他人承担责任，如对"已预见"将依赖财务报表的有限第三者承担责任。除了普通法以外，注册会计师还可能依据成文法对第三者承担责任。如在美国，1933年《证券法》和1934年《证券交易法》包含的一些条款，都可以作为起诉注册会计师的依据。在极少的情况下注册会计师可能还要承担刑事责任。因此，无论是按照普通法还是按照成文法，注册会计师都可能因执业原因承担相应的法律责任。法律责任的出现，通常是因为注册会计师在执业时没有保持应有的职业谨慎，并因此导致了对他人权利的损害。应有的职业谨慎，指的是注册会计师应当具备足够的专业知识和业务能力，按照执业准则的要求执业。

注册会计师承担的责任，通常是由被审计单位的经营失败所引发的。所谓经营失败，是由于经济或经营条件的变化而无法实现投资者的预期。被审计单位发生经营失败时，可能会连累注册会计师。很多会计和法律专业人士认为，财务报表使用者控告会计师事务所的主要原因之一，是不理解经营失败和审计失败之间的区别。众所周知，资本投入或借给企业后一旦面临某种程度的经营风险，可能会发生经营失败。审计失败则是指注册会计师由于没有遵守审计准则的要求而发表了不恰当的审计意见。例如，注册会计师可能指派了不合格的助理人员去执行审计任务，未能发现应当发现的财务报表中存在的重大错报。审计风险是指财务报表中存在重大错报，而注册会计师发表不恰当审计意见的可能性。由于审计的固有限制影响注册会计师发现重大错报的能力，注册会计师不能对财务报表整体不存在重大错报获取绝对保证。特别是，如果被审计单位管理层精心策划和掩盖舞弊行为，注册会计师尽管完全按照审计准则执业，有时还存在不能发现某项重大舞弊行为的可能性。

在绝大多数情况下，当注册会计师未能发现重大错报并出具了错误的审计报告时，就可能产生注册会计师是否恪守应有的职业谨慎这一法律问题。如果注册会计师在审计过程中没有尽到应有的职业谨慎，就属于审计失败。在这种情况下，法律通常允许因注册会计师未尽到应有的职业谨慎而遭受损失的各方，获得由审计失败导致的部分或全部损失的补偿。但是，由于审计业务的复杂性，判断注册会计师未能尽到应有的谨慎也是一件困难的工作。尽管如此，注册会计师如果未能恪守应有的职业谨慎，通常需要承担由此产生的责任，并可能致使会计师事务所也遭受损失。

二、不断加重的注册会计师法律责任

▶ 1. 注册会计师法律责任不断加重的原因

从目前情况看，注册会计师涉及法律诉讼的数量和金额都呈上升趋势。由于审计环境发生了很大变化，企业规模扩大、业务全球化以及企业经营的错综复杂性，会计业务更加复杂，审计风险增大。同时，政府监管部门保护投资者的意识日益增强，监管措施日益完善，处罚注册会计师的力度日益加大。在这种情况下，利益相关者起诉注册会计师的案件逐渐增多，注册会计师败诉的案例也日益增多。这使得律师有非常强烈的动机，以或有收费为基础向利益相关者提供法律服务，无论是否有道理，都将注册会计师作为起诉的对象。

总体来说，注册会计师法律责任逐步加重的社会原因可归结为以下几个方面。

（1）消费者利益的保护主义兴起。随着美国 20 世纪 30 年代早期《证券法》的通过和证券市场的发展，投资者、债权人和其他利益相关者开始更多使用经审计的财务报表作为决策依据。这种现象提高了社会公众对注册会计师工作的期望，也极大增强了依赖注册会计师工作的投资者和债权人由于遭受损失而向注册会计师获取补偿的欲望。这可以视为对消费者权益与商业利益之间出现利益失衡进行的一种补偿，表明人们开始逐渐认识和重视消费者的利益。

（2）有关审计保险论的运用。社会公众将注册会计师看作财务报表的保证人。因此，当会计师事务所作为一个拥有经济实力的团体时，投资者、债权人和其他利益相关者在每次遭遇困境时，往往将会计师事务所和注册会计师作为索取赔偿的对象，当作承担责任的"深口袋"，这就是所谓的"深口袋"理论。注册会计师越来越明显地被看作担保人而非独立、客观的审计者和报告者。

（3）注册会计师日益拓展在商业领域的业务。注册会计师除了从事传统的审计业务外，还从事审阅、复核和各种保证业务，管理咨询和税务、会计服务业务，也不断拓展业务领域，使注册会计师面临新业务的风险，并不断加重应承担的法律责任。

▶ 2. 注册会计师法律责任不断加重的表现

诉讼爆炸是注册会计师责任不断加重的主要表现形式。近十多年来，企业经营失败或者因管理层舞弊造成破产倒闭的事件剧增，投资者、债权人和其他利益相关者蒙受重大损失，注册会计师因而被指控未能及时揭示或报告这些问题，并被要求赔偿有关损失。迫于社会的压力，许多国家的法院判决逐渐倾向于扩大注册会计师在这些方面的法律责任。

注册会计师法律责任不断扩大，履行责任对象的范围随之拓宽，这些都使得注册会计师很容易被指控为民事侵权，诉讼爆炸也由此产生。在目前的法律环境下，注册会计师职业引人关注的一个问题是，指控会计师事务所和注册会计师执业不当的诉讼案件和赔偿金额日益增多。20世纪90年代，由于法律诉讼和赔偿金额的激增，美国会计师事务所应对诉讼的直接费用支出占其审计业务收入的20%左右。诉讼赔偿不仅是大型会计师事务所面临的问题，也是中小型会计师事务所提供鉴证业务应当考虑的问题。

在国外，政府和民间诉讼者一样，也越来越多地就注册会计师执业不当提起诉讼并从法律上要求进行赔偿。例如，美国联邦储备局和美国司法部联合对与一家主要金融机构审计失败有关的会计师事务所提起诉讼，英国政府也曾经在美国起诉一家与一个现已不存在的汽车制造公司有关的会计师事务所，以求弥补损失。起诉注册会计师的案件不断增长这一现象不仅出现在美国，在其他国家和地区也是如此。

保险危机是注册会计师责任加重的另一种表现形式。随着诉讼迅速增长的趋势出现了另外一个重要的现象：职业过失保险赔付急剧增长，而保险赔付的增加又不可避免地导致保险费用的攀升。例如，在美国，在对执业不当的审判中，凡涉及大额赔付的，陪审团裁决的基础就是认为赔偿金额通常由保险公司而非被告承担。陪审团的裁决表明他们已先入为主地认为被告都事先投了保。很明显，在陪审团眼中，保险金额的支付就像天上掉下来的馅饼。

早期的司法制度倾向于限定注册会计师对第三方的法律责任，但自20世纪70年代末以来，不少法官已放弃上述判例原则，转而规定注册会计师对已知的第三方使用者或财务报表的特定用途必须承担法律责任。当注册会计师涉及民事侵权案件时，诉讼带来的直接后果就是赔偿金额的持续上涨，这又导致注册会计师由于支付高额保险费用而不断提高服务收费。

三、对注册会计师法律责任的认定

对会计师事务所和注册会计师法律责任的认定，主要包括违约、过失和欺诈责任。

▶ 1. 违约

违约，是指合同的一方或多方未能履行合同条款规定的义务。当违约给他人造成损失时，注册会计师应负违约责任。比如，会计师事务所在商定的期间内未能提交审计报告，或违反了与被审计单位订立的保密协议等。

> 2. 过失

过失，是指没有保持应有的职业谨慎。评价注册会计师的过失，是以其他合格注册会计师在相同条件下可以做到的谨慎为标准。当过失给他人造成损失时，注册会计师应负过失责任。过失可按程度不同区分为普通过失和重大过失。

普通过失，也称一般过失，通常是指没有保持职业上应有的谨慎，对注册会计师而言则是指没有完全遵循执业准则的要求。比如，未对特定审计项目获取充分、适当的审计证据就出具审计报告的情况，可视为一般过失。

重大过失是指连起码的职业谨慎都没有保持。对注册会计师而言，则是指根本没有遵循执业准则或没有按执业准则的基本要求执行审计。为了准确区分普通过失和重大过失这两个概念，注册会计师可以结合"重要性"和"内部控制"这两个概念进行分析。

首先，如果财务报表中存在重大错报事项，注册会计师运用标准审计程序通常应能发现，但因工作疏忽而未能将重大错报事项查出来，就很可能在法律诉讼中被解释为重大过失。如果财务报表有多处错报事项，每一处都不算重大，但综合起来对财务报表的影响却较大，也就是说，财务报表作为一个整体可能严重失实，在这种情况下，法院一般认为注册会计师具有普通过失，而非重大过失，因为标准审计程序发现每处较小错误事项的概率也小。

其次，注册会计师对财务报表项目的审计是以对内部控制制度的研究与评价为基础的。如果内部控制制度不太健全，注册会计师应当扩大抽样的范围，这样，一般都能揭示出由此产生的错报；否则，就具有重大过失的性质。相反的情况是，内部控制制度本身非常健全，但由于职工串通舞弊，导致设计良好的内部控制制度失效。由于注册会计师查出这种错报事项的可能性相对较小，因而一般会认为注册会计师没有过失或只具普通过失。

> 3. 欺诈

欺诈，又称舞弊，是一种以欺骗或坑害他人为目的的故意的错误行为。具有不良动机是欺诈的重要特征，也是欺诈与普通过失和重大过失的主要区别之一。对注册会计师而言，欺诈就是为了达到欺骗他人的目的明知委托单位的财务报表有重大错报，却加以虚伪的陈述，出具不恰当的审计报告。

与欺诈相关的另一个概念是推定欺诈，又称涉嫌欺诈，是指虽有故意欺诈或坑害他人的动机，但却存在极端或异常的过失。推定欺诈和重大过失这两个概念的界限往往很难界定，在美国，许多法院曾经将注册会计师的重大过失解释为推定欺诈，特别是近年来有些法院放宽了欺诈一词的范围，使得推定欺诈和欺诈在法律上成为等效的概念。这样，具有重大过失的注册会计师的法律责任就进一步加大了。

四、注册会计师承担法律责任的种类

注册会计师因违约、过失或欺诈给被审计单位或其他利害关系人造成损失的，按照有关法律规定，可能被判承担行政责任、民事责任或刑事责任。这三种责任可单处也可并处。行政责任，对注册会计师而言，包括警告、暂停执业、罚款、吊销注册会计师证书等；对会计师事务所而言，包括警告、没收违法所得、罚款、暂停执业、撤销等。民事责任主要是指赔偿受害人损失。刑事责任是指触犯刑法所必须承担的法律后果，其种类包括罚金、有期徒刑以及其他限制人身自由的刑罚等。

五、中国注册会计师的法律责任

随着社会主义市场经济体制在我国的建立和完善，注册会计师在社会经济生活中的地位越来越重要，发挥的作用越来越大。如果注册会计师工作失误或犯有欺诈行为，就会给客户或依赖经审计财务报表的第三者造成重大损失，严重的甚至导致经济秩序的混乱。因此，强化注册会计师的法律责任意识，增强注册会计师的法律责任，以保证职业道德和职业质量，就越来越重要。近年来，在我国颁布的经济法律法规中，都有专门规定会计师事务所、注册会计师法律责任的条款，其中比较重要的有《注册会计师法》《违反注册会计师法处罚暂行办法》《中华人民共和国公司法》《中华人民共和国证券法》及《中华人民共和国刑法》等。

六、注册会计师法律责任的预防

与注册会计师法律责任相适应，注册会计师必须在执业中遵循执业准则和有关要求，尽量减轻自己的责任，尽力避免或减少法律诉讼。具体措施主要有以下几个方面。

(1) 遵循职业准则和职业道德要求。注册会计师须严格遵守执业准则和职业道德的要求，执业时保持认真与谨慎，一般不会发生过失，至少不会发生重大过失。因此，注册会计师一定要理解和掌握执业准则与职业道德的要求，并在执业时严格遵守。

(2) 谨选择委托单位。委托单位如果对其顾客、职工、国家机关和其他方面没有正直的品格，出现法律纠纷的可能性就比较大。因此，会计师事务所在接受委托书前，应当采取必要的措施获得对委托单位的基本了解，评价其品格，一旦发现委托单位缺乏正直的品格，应尽量拒绝接受委托。

(3) 招收合格的助理人员。对大多数审计项目来说，相当多的工作是由经验不足的助理人员完成的，因而注册会计师要承担较大的风险。因此，必须严格规定助理人员的条件，对他们进行适当、有效的培训，注册会计师在工作过程中还要对他们进行必要的监督和指导。

(4) 严格签订审计业务约定书。严格签订审计业务约定书是确定会计师事务所和委托单位责任的重要文件，不论执行何种审计业务，都要在执行业务之前与委托单位签订审计业务约定书，明确业务的性质、范围以及双方的责、权、利，这样才能在发生法律诉讼时减少无休止的争执。

(5) 深入了解委托单位的业务。在审计过程中，注册会计师之所以未能发现重大错报，一个重要原因就是他们不了解委托单位所在行业的情况及委托单位的业务。所以，注册会计师必须熟悉委托单位的经济业务和生产经营业务，对于陷入财务困境的委托单位要特别注意。周转不灵或濒临破产的公司的股东或债权人总想为他们的损失寻找"替罪羊"，历史上绝大多数涉及注册会计师的诉讼案，都集中在濒临破产的委托单位。

知识拓展 3-3 构建科学、合理的绿色绩效评价体系

(6) 聘请懂行的律师。在审计过程中，注册会计师应聘请熟悉注册会计师法律责任的律师，详细讨论所有潜在的风险情况并仔细考虑律师的建议。一旦发生法律诉讼，也要聘请有经验的律师参与诉讼。

另外，投保充分的责任保险是会计师事务所一项极为重要的预防措施，这项措施能防止或减少诉讼失败时会计师事务所的经济损失。

本章小结

1. 注册会计师执业准则作为规范注册会计师执行业务的权威性标准，在规范注册会计师的执业行为、提高注册会计师执业质量等方面具有重要的作用。中国注册会计师执业准则体系包括鉴证业务准则、相关服务准则和质量控制准则等内容。质量控制准则是注册会计师执行各类业务均应当执行的，而鉴证业务准则和相关服务准则是按照注册会计师所从事的业务是否具有鉴证职能，是否需要提出鉴证结论加以区分的。其中鉴证业务准则又分为审计准则、审阅准则和其他鉴证业务准则三类。

2. 中国注册会计师职业道德守则主要介绍注册会计师职业道德基本原则、注册会计师职业道德概念框架等内容。

3. 注册会计师面临的法律责任产生的主要根源：一是司法方面对审计责任的逐渐扩大；二是被审计单位的舞弊及违法行为；三是注册会计师违约、过失和欺诈行为的出现。在我国，注册会计师因违约、过失和欺诈给被审计单位或其他利害关系人造成损失的，按照有关法律和规定，可承担的法律责任包括民事责任、刑事责任或行政责任。

复习思考题

1. 注册会计师执业准则体系的组成部分有哪些？
2. 对注册会计师职业道德产生不利影响的因素有哪些？

实操练习

ABC会计师事务所负责审计甲公司2021年度财务报表，并委派A注册会计师担任审计项目组负责人。在审计过程中，审计项目组遇到下列与职业道德有关的事项。

(1) A注册会计师与甲公司副总经理H同为京剧社票友，经H介绍，A注册会计师从其他企业筹得款项，成功举办个人专场演出。

(2) 审计项目组成员B与甲公司基建处处长I是战友，I将甲公司职工集资建房的指标转让给B，B按照甲公司职工的付款标准交付了集资款。

(3) 审计项目组成员C与甲公司财务经理J毕业于同一所财经院校。

(4) 审计项目组成员D的朋友于2020年2月购买了甲公司发行的公司债券20万元。

(5) ABC会计师事务所原行政部经理E于2018年10月离开事务所，担任甲公司办公室主任。

(6) 甲公司系乙上市公司的子公司。2021年年末，审计项目组成员F的父亲拥有乙上市公司300股流通股股票,该股票每股市值为12元。

要求:

针对上述事项(1)至(6),分别指出是否对审计项目组的独立性构成威胁(产生不利影响),并简要说明理由。

在线自测

第四章　审计目标和审计程序

> **学习目标**
> 1. 掌握审计的总体目标和具体目标；
> 2. 理解管理层认定；
> 3. 了解审计流程。

思政案例

度德而处之，量力而行之——是否应该承接 ABC 公司年报审计

2021 年某日，今明会计师事务所的注册会计师章凡接到妻子的电话，说她弟弟李杰开办的专门收购和买卖古董字画的 ABC 文化贸易公司，目前正要向银行申请贷款信用额度，需要注册会计师对其 2020 年财务报表出具一份审计报告。注册会计师章凡是今明会计师事务所的合伙人之一，业务专长是对工业企业，尤其是国有工业企业进行财务报表审计。经过认真考虑之后，章凡拒绝了妻子的请求，没有接受 ABC 文化贸易公司的审计委托。

在案例中，章凡擅长的是国有工业企业的财务报表审计，显然李杰的公司并不在章凡的能力范围之内，如果章凡接下这个业务，会极大地提高审计风险。

资料来源：是否应当承接 ABC 公司年报审计？[EB/OL].[2023-05-21].https://max.book118.com/html/2020/123/8000072135003025.shtm.

案例思考：
如果承接新客户业务，会计师事务所需要注意哪些程序？

启示：
通过此案例来反省自身，我们要根据职业道德准则，在专业能力范围内从事审计业务，做事踏踏实实，一步一个脚印，不能被利益迷花了眼。

第一节　审　计　目　标

审计目标分为审计总体目标和具体审计目标。审计的总体目标是指注册会计师为完成整体审计工作而达到的预期目的。具体审计目标是指注册会计师通过实施审计程序以确定管理层在财务报表中确认的各类交易、账户余额、披露层次认定是否恰当。注册会计师在了解每个项目的认定后,就很容易确定每个项目的具体审计目标。

一、审计总体目标

在执行财务报表审计工作时,注册会计师的总体目标是:①对财务报表整体是否不存在由于舞弊或错误导致的重大错报获取合理保证,使得注册会计师能够对财务报表是否在所有重大方面按照适用的财务报告编制基础编制发表审计意见;②按照审计准则的规定,根据审计结果对财务报表出具审计报告,并与管理层和治理层沟通。在任何情况下,如果不能获取合理保证,并且在审计报告中发表保留意见也不足以实现向预期使用者报告的目的,注册会计师应当按照审计准则的规定出具无法表示意见的审计报告,或者在法律法规允许的情况下终止审计业务或解除业务约定。

对于财务报表审计的总体目标,需要理解以下几个方面。

▶ 1. 舞弊或错误导致的重大错报

错报是指某一财务报表项目的金额、分类、列报和披露,与按照适用的财务报告编制基础应当列示的金额、分类、列报和披露之间存在的差异。错报可能是由错误和舞弊所导致的。错误和舞弊的区别在于,导致财务报表发生错报的行为是故意的还是无意的。在评价识别出的错报是否是重大错报时,注册会计师应当运用重要性概念,该概念将会在本书第七章讲到。要求财务报表在所有方面绝对正确是不现实也是不必要的,因此,基于重要性的概念,注册会计师只能也只需要对财务报表的所有重大方面发表意见。

▶ 2. 合理保证

合理保证是注册会计师在财务报表审计中提供的一种高度但并非绝对的保证水平。

一方面,合理保证是一种高度的保证。当注册会计师获取充分、适当的审计证据,将审计风险降低至可接受的低水平时,所出具的审计结论就具有高度可靠性,就获取了高度的合理保证。另一方面,合理保证并非绝对保证。由于审计存在固有限制,注册会计师只能提供合理保证而不能提供绝对保证。

知识拓展 4-1
审计的固有限制

▶ 3. 适用的财务报告编制基础

适用的财务报告编制基础,是指法律法规要求采用的财务报告编制基础;或者管理层和治理层(如适用)在编制财务报表时,就被审计单位性质和财务报表目标而言,采用的可接受的财务报告编制基础。

财务报告编制基础分为通用目的编制基础和特殊目的编制基础。通用目的编制基础,旨在满足广大财务报表使用者共同的财务信息需求的财务报告编制基础,主要是指会计准则和会计制度。特殊目的编制基础,旨在满足财务报表特定使用者对财务信息需求的财务报告编制基础,包括计税核算基础、监管机构的报告要求和合同的约定等。

知识拓展 4-2
相关案例

▶ 4. 管理层和治理层沟通

治理层是指对被审计单位战略方向以及管理层履行经营管理责任负有监督责任的人员或组织，治理层的责任包括对财务报告过程的监督。管理层是指对被审计单位经营活动的执行负有管理责任的人员或组织，管理层负责编制财务报表，并受到治理层的监督。

与管理层和治理层的沟通，能使其了解注册会计师拟在审计报告中所强调的特定事项的性质，并在必要时为其提供向注册会计师做出进一步澄清的机会。

二、管理层认定

（一）管理层认定的含义

认定，是指管理层在财务报表中做出的明确或隐含的表达，注册会计师将其用于考虑可能发生的不同类型的潜在错报。

当管理层声明财务报表已按照适用的财务报告编制基础编制，在所有重大方面做出公允反映时，就意味着管理层对各类交易和事项、账户余额以及披露的确认、计量和列报做出了认定。管理层在财务报表上的认定有些是明确表达的，有些则是隐含表达的。

例如，管理层在资产负债表中列报存货及其金额，意味着做出下列明确的认定。

（1）记录的存货是存在的。

（2）存货以恰当的金额包括在财务报表中，与之相关的计价或分摊调整已恰当记录。

同时，管理层也做出下列隐含的认定。

（1）所有应当记录的存货均已记录。

（2）记录的存货都由被审计单位所有。

（3）对于管理层对财务报表各组成要素做出的认定，注册会计师的审计工作就是要确定管理层的认定是否恰当。

（二）管理层认定的分类

▶ 1. 关于审计期间各类交易、事项及相关披露的认定

关于审计期间各类交易、事项及相关披露的认定通常分为下列类别。

（1）发生：记录或披露的交易和事项已发生，且这些交易和事项与被审计单位有关。

（2）完整性：所有应当记录的交易和事项均已记录，所有应当包括在财务报表中的相关披露均已包括。

（3）准确性：与交易和事项有关的金额及其他数据已恰当记录，相关披露已得到恰当计量和描述。

（4）截止：交易和事项已记录于正确的会计期间。

（5）分类：交易和事项已记录于恰当的账户。

（6）列报：交易和事项已被恰当地汇总或分解且表述清楚，相关披露在适用的财务报告编制基础下是相关的、可理解的。

▶ 2. 关于期末账户余额及相关披露的认定

关于期末账户余额及相关披露的认定通常分为下列类别。

(1) 存在：记录的资产、负债和所有者权益是存在的。

(2) 权利和义务：记录的资产由被审计单位拥有或控制，记录的负债是被审计单位应当履行的偿还义务。

(3) 完整性：所有应当记录的资产、负债和所有者权益均已记录，所有应当包括在财务报表中的相关披露均已包括。

(4) 准确性、计价和分摊：资产、负债和所有者权益以恰当的金额包括在财务报表中，与之相关的计价或分摊调整已恰当记录，相关披露已得到恰当计量和描述。

(5) 分类：资产、负债和所有者权益已记录于恰当的账户。

(6) 列报：资产、负债和所有者权益已被恰当地汇总或分解且表述清楚，相关披露在适用的财务报告编制基础下是相关的、可理解的。

三、审计的具体目标

审计的具体目标是指对财务报表具体项目进行审计时所要达到的目标。具体审计目标与认定密切相关，注册会计师的基本职责就是确定被审计单位管理层对其财务报表的认定是否恰当。对于不同的报表项目，认定存在错误的情况不一样，注册会计师了解了认定，就很容易确定每个项目的具体审计目标。例如有些报表项目容易虚增，即管理层很可能违背"发生"或者"存在"认定，则注册会计师针对该报表项目确定的具体审计目标主要就是验证其"发生"或者"存在"认定。

(一) 与审计期间各类交易、事项及相关披露相关的审计目标

(1) 发生：由发生认定推导的审计目标是确认已记录的交易是真实的。例如，如果没有发生销售交易，但在销售日记账中记录了一笔销售，则违反了该目标。

发生认定所要解决的问题是，管理层是否把那些不曾发生的项目列入财务报表，它主要与财务报表组成要素的高估有关。

(2) 完整性：由完整性认定推导的审计目标是确认已发生的交易确实已经记录，所有应包括在财务报表中的相关披露均已包括。例如，如果发生了销售交易，但没有在销售明细账和总账中记录，则违反了该目标。

发生和完整性两者强调的是不同的关注点。发生目标针对多记、虚构交易(高估)，而完整性目标则针对漏记交易(低估)。

(3) 准确性：由准确性认定推导出的审计目标是确认已记录的交易是按正确金额反映的，相关披露已得到恰当计量和描述。例如，如果在销售交易中，发出商品的数量与账单上的数量不符，或是开账单时使用了错误的销售价格，或是账单中的乘积或加总有误，或是在销售明细账中记录了错误的金额，则违反了该目标。

准确性与发生、完整性之间存在区别。例如，若已记录的销售交易是不应当记录的(如发出的商品是寄销商品)，则即使发票金额是准确计算的，仍违反了发生目标。再如，若已入账的销售交易是对正确发出商品的记录，但金额计算错误，则违反了准确性目标，而没有违反发生目标。在完整性与准确性之间也存在同样的关系。

(4) 截止：由截止认定推导出的审计目标是确认接近于资产负债表日的交易记录于恰

当的期间。例如，如果本期交易推到下期，或下期交易提到本期，均违反了截止目标。

（5）分类：由分类认定推导出的审计目标是确认被审计单位记录的交易经过适当分类。例如，如果将出售经营性固定资产所得的收入记录为营业收入，则导致交易分类的错误违反了分类的目标。

（6）列报：由列报认定推导出的审计目标是确认被审计单位的交易和事项已被恰当地汇总或分解且表述清楚，相关披露在适用的财务报告编制基础下是相关的、可理解的。

（二）与期末账户余额及相关披露相关的审计目标

（1）存在：由存在认定推导的审计目标是确认记录的金额确实存在。例如，如果不存在某顾客的应收账款，在应收账款明细表中却列入了对该顾客的应收账款，则违反了存在目标。

（2）权利和义务：由权利和义务认定推导的审计目标是确认资产归属于被审计单位，负债属于被审计单位的义务。例如，将他人寄售商品列入被审计单位的存货中，违反了权利目标；将不属于被审计单位的债务记入账内，违反了义务目标。

（3）完整性：由完整性认定推导的审计目标是确认已存在的金额均已记录，所有应包括在财务报表中的相关披露均已包括。例如，如果存在某顾客的应收账款，而应收账款明细表中却没有列入，则违反了完整性目标。

（4）准确性、计价和分摊：资产、负债和所有者权益以恰当的金额包括在财务报表中。与之相关的计价或分摊调整已恰当记录，相关披露已得到恰当计量和描述。

（5）分类：资产、负债和所有者权益已记录于恰当的账户。

（6）列报：资产、负债和所有者权益已被恰当地汇总或分解且表述清楚，相关披露在适用的财务报告编制基础下是相关的、可理解的。

第二节 审 计 程 序

审计程序包括总体审计程序和具体审计程序。

总体审计程序是指审计人员对审计项目从开始到结束的整个过程中所采取的系统性工作步骤，也称为审计过程。具体审计程序是指风险评估程序、控制测试程序和实质性测试程序，也称为审计方法。本节介绍的是总体审计程序，即审计过程。

一、审计程序的逻辑顺序

审计方法从早期的账项导向审计，演变到今天的风险导向审计。风险导向审计模式要求注册会计师在审计过程中，以重大错报风险的识别、评估和应对作为工作主线。审计过程是指注册会计师从接受客户委托业务开始到对财务报表出具审计报告为止所经过的审计工作步骤，一般可分为三个阶段，即审计准备阶段、审计实施阶段和审计报告阶段，具体包括接受业务委托、计划审计工作、识别和评估重大错报风险、应对重大错报风险以及完成审计工作和编制审计报告五个阶段。表4-1展示了审计过程各阶段的逻辑顺序及其主要工作内容。

表 4-1 审计过程

审计过程	逻辑顺序	主要工作内容
准备阶段	接受业务委托	考虑是否接受或保持客户关系和具体业务
		就审计约定条款达成一致意见
	计划审计工作	初步业务活动
		制定总体审计策略
		制订具体审计计划
实施阶段	识别和评估重大错报风险	了解被审计单位及其环境
		评估两个层次的重大错报风险（含特别风险和仅通过实质性程序无法应对的风险）
	应对重大错报风险	控制测试
		实质性程序
报告阶段	完成审计工作和编制审计报告	考虑持续经营假设、或有事项和期后事项
		获取管理层书面声明
		汇总审计差异，提请被审计单位调整或披露
		复核审计工作底稿和财务报表
		与管理层和治理层沟通
		评价所有审计证据，形成审计意见
		编制审计报告

二、审计程序的划分

(一)准备阶段

▶ 1. 接受业务委托

会计师事务所应当按照审计准则等职业准则的相关规定，谨慎决策是否接受或保持某客户关系和具体审计业务，以切实落实执业责任和防范职业风险。在接受新客户的业务前，或决定是否保持现有业务或考虑接受现有客户的新业务时，会计师事务所应当执行有关客户接收与保持的程序，以获取如下信息。

(1) 考虑客户的诚信，没有信息表明客户缺乏诚信。

(2) 具有执行业务必要的素质、专业胜任能力、时间和资源。

(3) 能够遵守相关职业道德要求。

会计师事务所执行客户接受与保持的程序的目的，旨在识别和评估会计师事务所面临的风险。例如，如果注册会计师发现潜在客户正面临财务困难，或者发现现有客户曾做出虚假陈述，那么可以认为接受或保持该客户的风险非常高，甚至是不可接受的。会计师事务所除考虑客户的风险外，还需要考虑自身执行业务的能力，如当工作需要时能否获得合适的具有相应资格的员工、能否获得专业化协助、是否存在任何利益冲突、能否对客户保持独立性等。

注册会计师需要做出的最重要的决策之一就是接受和保持客户。一项低质量的决策会导致不能准确确定计酬的时间或未被支付的费用，增加项目合伙人和员工的额外压力使会计师事务所声誉遭受损失，或者涉及潜在的诉讼。

一旦决定接受业务委托，注册会计师应当与客户就审计约定条款达成一致意见。对于连续审计，注册会计师应当根据具体情况确定是否需要修改业务约定条款，以及是否需要提醒客户注意现有的业务约定书。

知识拓展 4-3
审计业务
约定书

▶ 2. 计划审计工作

计划审计工作十分重要。如果没有恰当的审计计划，不仅无法获取充分、适当的审计证据，影响审计目标的实现，而且还会浪费有限的审计资源，影响审计工作的效率。因此，对于任何一项审计业务，注册会计师在执行具体审计程序之前，都必须根据具体情况制订科学、合理的计划，使审计业务以有效的方式得到执行。

一般来说，计划审计工作主要包括：在本期审计业务开始时开展的初步业务活动；制定总体审计策略；制订具体审计计划等。

需要指出的是，计划审计工作不是审计业务的一个孤立阶段，而是一个持续的、不断修正的过程，贯穿整个审计过程的始终。

(二) 实施阶段

▶ 1. 识别和评估重大错报风险

审计准则规定，注册会计师必须实施风险评估程序，以此作为评估财务报表层次和认定层次重大错报风险的基础。风险评估程序是指注册会计师为了解被审计单位及其环境，以识别和评估财务报表层次和认定层次的重大错报风险（无论该错报是由于舞弊或错误导致）而实施的审计程序。风险评估程序是必要程序，了解被审计单位及其环境为注册会计师在许多关键环节做出职业判断提供了重要基础。了解被审计单位及其环境实际上是一个连续和动态地收集、更新与分析信息的过程，贯穿整个审计过程的始终。

一般来说，实施风险评估程序的主要工作包括：了解被审计单位及其环境；识别和评估财务报表层次以及各类交易、账户余额和披露认定层次的重大错报风险，包括确定需要特别考虑的重大错报风险（即特别风险）以及仅通过实施实质性程序无法应对的重大错报风险等。

风险评估程序的详细内容，将在本教材第八章介绍。

▶ 2. 应对重大错报风险

注册会计师实施风险评估程序本身并不足以为发表审计意见提供充分、适当的审计证据，还应当实施进一步审计程序，包括实施控制测试（必要时或决定测试时）和实质性程序。因此，注册会计师在评估财务报表重大错报风险后，应当运用职业判断，针对评估的财务报表层次重大错报风险确定总体应对措施，并针对评估的认定层次重大错报风险设计和实施进一步审计程序，以将审计风险降至可接受的低水平。

有关应对重大错报风险的内容，将在本教材第八章介绍。

(三) 报告阶段

注册会计师在完成财务报表所有循环的进一步审计程序后，还应当按照有关审计准则的规定做好审计完成阶段的工作，并根据获取的各种证据，合理运用专业判断，形成适当的审计意见。本阶段主要工作包括以下几点。

(1) 审计期初余额、比较数据、期后事项和或有事项。

(2) 考虑持续经营问题和获取管理层声明。

(3) 汇总审计差异，并提请被审计单位调整或披露。

(4) 复核审计工作底稿和财务报表。

(5) 与管理层和治理层沟通。

(6) 评价所有审计证据，形成审计意见，编制审计报告等。

知识拓展 4-4
管理层认定
与审计程序

本章小结

1. 财务报表审计目标包括审计总目标和审计具体目标。审计总目标是对被审计单位财务报表的合法性及公允性发表意见。审计的具体目标包括与审计期间各类交易、事项及相关披露相关的审计目标和与期末账户余额及相关披露相关的审计目标。

2. 审计程序可分为三个阶段，即审计准备阶段、审计实施阶段和审计报告阶段，具体包括接受业务委托、计划审计工作、识别和评估重大错报风险、应对重大错报风险以及完成审计工作和编制审计报告五个阶段。

复习思考题

1. 我国财务报表审计的总目标是什么？
2. 管理层对财务报表的认定可划分为哪些具体认定？

实操练习

A 注册会计师负责审计甲公司 2021 年度的财务报表，在审计过程中，实施了如下的审计程序。

A. 检查资产负债表日前后的营业收入是否已经计入恰当的会计期间。

B. 将 2021 年年末产成品账面单位成本与 2022 年年初单位产品可变现净值比较。

C. 将员工工薪表中列示的员工总人数与经实际清点并确认的员工人数比较。

D. 针对资产负债表日后付款事项，检查银行对账单及有关付款凭证。

E. 针对融资租入的固定资产，验证有关租赁合同，证实其并非经营租赁。

要求：

根据上述审计程序，请指明每一项审计程序主要针对的是哪个项目的哪个认定（每个审计程序仅限一个项目的一个认定）。

| 在线自测 |

第五章 审计证据与审计工作底稿

> **学习目标**
>
> 1. 了解审计证据的含义;
> 2. 掌握审计证据的分类和特性;
> 3. 掌握审计程序;
> 4. 了解审计工作底稿的含义、分类和编制目的;
> 5. 掌握审计工作底稿的基本要素;
> 6. 掌握审计工作底稿的编制过程和复核程序;
> 7. 熟悉审计工作底稿的归档和保存。

思政案例

无他唯手熟尔——询问法的应用技巧

在审计工作中,询问法的应用技巧如下。

(1) 谈话应有计划性。最好拟出谈话提纲,事先规划好找什么人谈、谈什么问题、怎么谈等事项。

(2) 注意谈话方式和语气。要想取得好的效果,最好采用单独交谈的方式,并以平等和诚恳的语气进行交谈。

(3) 及时记录。在询问时要认真做好记录,由询问人和被询问人签名后作为审计证据。

(4) 注意保密。对谈话记录必须保密,以免谈话人员受到伤害。

(5) 函证。由于函证回函来自独立的第三方,因而具有较高的可靠性,是受到高度重视的一种证据类型。但是,取得回函要花费较高的成本,并可能会给被函证人带来一定的不便。因此,并不是每一种情况下都需要利用函证。究竟是否应当进行函证,主要取决于在当时情况下所要求的可靠性以及是否有可替代的证据。从传统上说,函证很少用于固定资产增加的审计,因为固定资产增加可以通过文件检查、实物检查来验证。同样,函证一般也不用于验证单位之间的具体业务,如销售业务等,因为可通过检查文件达到这一目的。当然也有例外,假设注册会计师发现,在期末的3天前记录了两笔金额异常大的销售业务,对其进行函证是恰当的。《审计准则说明书》要求:一般注册会计师要对应收账款进行函证,对应收账款以外的其他账户一般不要求进行函证。《中国注册会计师审计准则第

1312号——函证》规定，注册会计师应当对银行存款、借款（包括零余额账和在本期内注销的账户）及与金融机构往来的其他重要信息实施函证；注册会计师应当对应收账款实施函证，除非有充分证据表明应收账款对财务报表不重要，或函证很可能无效；如果认为函证很可能无效，注册会计师应当实施替代审计程序，获取相关、可靠的审计证据；如果不对应收账款函证，注册会计师应当在工作底稿中说明理由。函证的内容通常还涉及下列账户余额或其他信息：短期投资，应收票据，其他应收款，预付账款，由其他单位代为保管、加工或销售的存货，长期投资，委托贷款，应付账款，预收账款，保证、抵押或质押，或有事项，重大或异常的交易。

资料来源：何秀英. 审计学[M]. 大连：东北财经大学出版社，2021.

案例思考：
注册会计师在执行审计工作时可以通过哪些审计程序来获取充足适当的审计证据？

启示：
《中国注册会计师行业人才胜任能力指南》对注册会计师胜任能力提出了系统的要求，描述了注册会计师应该具备的专业素质和实务能力。注册会计师在执行审计业务时应全程保持应有的职业怀疑并且熟练地运用职业判断，这些能力都是注册会计师通过不断更新自身的专业知识和积累相关的实践经验来获得的。

第一节 审 计 证 据

一、审计证据的含义

《中国注册会计师审计准则第1301号——审计证据》将审计证据定义为"注册会计师为了得出审计结论和形成审计意见而使用的信息。审计证据包括构成财务报表基础的会计记录所含有的信息和从其他来源获取的信息"。

（一）财务报表依据的会计记录中含有的信息

依据会计记录编制财务报表是被审计单位管理层的责任，审计人员应当测试会计记录以获取审计证据。会计记录主要包括会计的证、账、卡和未在记账凭证中反映的对财务报表的其他调整，以及支持成本分配、计算、调节和披露的手工计算表和电子计算表。这些会计记录是编制财务报表的基础，构成审计人员执行财务报表审计业务所需获取的审计证据的重要部分。

（二）其他的信息

可用作审计证据的其他信息包括以下几个方面。

（1）审计人员从被审计单位内部或外部获取的会计记录以外的信息，如被审计单位会议记录、内部控制手册、询证函、分析师的报告、与竞争者的比较数据等。

（2）通过询问、观察和检查等审计程序获取的信息，如通过检查存货获取存货存在性的证据等。

（3）自身编制或获取的可以通过合理推断得出结论的信息，如审计人员编制的各种计算表、分析表等。

财务报表依据的会计记录中含有的信息和其他的信息共同构成了审计证据,两者缺一不可。如果没有前者,审计工作将无法进行;如果没有后者,可能无法识别重大错报风险。只有将两者结合在一起,才能将审计风险降至可接受的低水平,为审计人员发表审计意见提供合理基础。

二、审计证据的分类

(一) 按审计证据的表现形态分类

审计证据按其表现形态分类,可以分为实物证据、书面证据、口头证据和环境证据。

▶ 1. 实物证据

实物证据是指审计人员通过实地观察或清查盘点所取得的、用以确定某些实物资产是否确实存在的证据。例如,对于库存现金可以通过实地的监督盘点来对其数额进行验证;对于各种存货和固定资产也可以通过实地的观察和清点来确定其是否实际存在。对实物进行盘点后,通常要根据盘点记录编制盘点表,如库存现金盘点表、存货盘点表等,这些盘点表虽然以书面形式表现出来,但却属于实物证据。

实物证据是审计人员通过亲自观察或者在其监督下得到的第一手证据,可以有效地证实资产的状态、数量、特征等,具有很强的说服力和证明力。但也有其局限性,通过观察或监盘,实物证据并不能确切了解资产的质量,从而对资产的价值无法做出判断;当企业存放的资产中有已经销售,但对方尚未提货的代保管资产时,实物证据并不能说明资产所有权的归属。可见,实物证据只是证明了实物资产的存在与否,而对于资产的价值和所有权的归属还须通过其他程序得到的审计证据加以证明。

▶ 2. 书面证据

书面证据是指审计人员获取的各种以书面文件形式表现的审计证据。书面证据数量多,而且是审计证据的主要组成部分,构成了审计证据的基本证据。最常见的书面证据主要包括以下几个方面。

1) 会计记录

会计记录包括各种自制的原始凭证、记账凭证、账簿记录等,是审计人员取自被审计单位内部的一类非常重要的审计证据。审计人员在检查财务报表项目时,往往须追溯检查被审计单位的会计账簿和各种凭证。它们通常须由分类账追查至日记账与记账凭证,然后再追查至支票、发票及其他原始凭证。会计记录的可靠性,主要取决于被审计单位在填制时内部控制的完善程度。除各种会计凭证、会计账簿外,可作为这一类审计证据的还有各种试算表和汇总表等。

2) 被审计单位管理层声明书

被审计单位管理层声明书是审计人员从被审计单位管理层所获取的书面声明,其主要内容是以书面的形式确认被审计单位在审计过程中所做的各种重要的陈述或保证。被审计单位管理层声明书属于可靠性较低的内部证据,不可替代审计人员实施其他必要的审计程序。

3）其他书面文件

其他书面文件是指其他有助于审计人员形成审计结论和意见的书面文件，如被审计单位董事会及股东大会会议记录、重要的计划、文件、通知书、合同资料、报告及往来函件、被审计单位的或有损失、关联方交易等。

需要注意的是，上述会计记录和非会计记录可能是纸质资料，也可能是电子资料，它们只是记录的载体不同，均属于书面证据。

书面证据的可靠性取决于以下两个因素。①证据本身是否易于涂改或伪造。对于容易被涂改或伪造的书面证据，其可靠性差，审计人员在执行审计的过程中要特别注意。②书面证据的来源。通常来自企业外部的书面证据比来自企业内部的书面证据可靠性高。

▶ 3. 口头证据

口头证据是指被审计单位员工或其他有关人员对审计人员的提问做口头答复所形成的证据。例如，审计人员询问其实物资产、会计记录、文件等的存放地点，采用特殊会计政策的理由，内部控制制度的设计和执行情况，收回逾期应收账款的可能性等。

知识拓展 5-1
口头证据

审计人员应将各种重要的口头证据形成书面记录，并注明是何人、何时、何地、在何种情况下提供的，必要时还应取得被询问者的签名确认。

需要注意的是，口头证据通常以书面记录形式表现，但是不能认为它是一种书面证据，因为口头证据实质上是被询问人所做的口头答复，只不过是以书面形式记录下来。

▶ 4. 环境证据

环境证据是指对被审计单位产生影响的各种环境事实，因此也称状况证据。它主要包括：被审计单位面临的外部环境情况，如社会经济形势、被审计单位所在行业的发展状况、竞争对手综合实力发生的变化等；被审计单位的内部状况，包括被审计单位管理条件和管理水平、内部控制的运行情况、中高层管理人员的素质和水平等。

环境证据一般不属于主要的审计证据，但它有助于审计人员从整体上了解被审计单位所处的环境，以将各种孤立的审计事项联系起来综合考虑，同时为进一步审计提供线索。

（二）按审计证据的相关程度分类

审计证据按其相关程度分类，可以分为直接证据和间接证据。

▶ 1. 直接证据

直接证据是指对审计事项具有直接证明力，能单独、直接地证明审计事项真相的资料和事实。例如，在审计人员亲自监督实物和现金盘点情况下的盘点实物和现金的记录，就是证明实物和现金实存数的直接证据。审计人员有了直接证据，无须再收集其他证据，就能根据直接证据得出审计事项的结论。

▶ 2. 间接证据

间接证据又称旁证，是指对审计事项只起间接证明作用，需要与其他证据结合起来经过分析、判断、核实才能证明审计事项真相的资料和事实。例如，应证明事项是财务报表的公允性，就凭证而言，虽然凭证是财务报表的基础资料，但两者并没有直接的关系，所以凭证是对财务报表公允性证明的间接证据。

在审计工作中，单凭直接证据就能直接影响审计人员的意见和结论的情况并不多见。因此在一般情况下，除直接证据以外，往往需要一系列的间接证据才能对审计事项做出完整的结论。当然，直接和间接是相对的，仍以凭证为例，凭证对于财务报表是间接证据，而对于会计账簿则是直接证据。

(三) 按获取审计证据的来源分类

审计证据按其来源分类，可以分为内部证据、外部证据和亲历证据。

▶ 1. 内部证据

内部证据是指由被审计单位内部机构或职员编制和提供的审计证据。内部证据主要包括被审计单位的会计记录、被审计单位管理层声明书，以及其他各种由被审计单位编制提供的有关书面文件，如职工工时记录卡、收货单等。内部证据由被审计单位制作、处理和保存，容易被歪曲，客观性较差，所以可靠性和证明力相对较低。按照证据的处理过程可以将内部证据进一步地划分为：

(1) 只在被审计单位内部流转的证据。

(2) 由被审计单产生，但在被审计单位外部流转，并获其他单位或个人承认的内部证据。

一般而言，内部证据不如外部证据可靠，但如果内部证据在外部流转，并获得其他单位或个人的承认(如销货发票、付款支票等)，则具有较强的可靠性。即使是只在被审计单位内部流转的书面证据，其可靠程度也因被审计单位内部控制的好坏而异。若内部证据(如收料单与发料单)经过了被审计单位不同部门的审核、签章，且所有凭据预先都有连续编号并按序号依次处理，则这些内部证据也具有较强的可靠性；相反，若被审计单位的内部控制不健全，审计人员就不能过分地信赖其内部自制的书面证据。

▶ 2. 外部证据

外部证据是指由被审计单位以外的组织机构或人士编制和处理的证据，如采购时的购置发票、函证回函等，一般具有较强的证明力。按照证据的处理过程，外部证据包括以下两种。

(1) 由被审计单位以外的机构或人士编制，并由其直接递交给审计人员的外部证据，如应收账款函证回函，被审计单位律师与其他独立的专家关于被审计单位资产所有权和或有负债等的证明函件，保险公司、寄售企业、证券经纪人的证明等。这类证据不仅由完全独立于被审计单位的外界机构或人士提供，而且未经被审计单位有关职员之手，从而排除了伪造、更改凭证或业务记录的可能性，其证明力最强。

(2) 由被审计单位以外的机构或人士编制，但为被审计单位持有并递交给审计人员的书面证据，如银行对账单、购货发票、应收票据、客户订购单、有关的契约及合同等。由于这类证据经过被审计单位职员之手，在评价其可靠性时，审计人员应考虑被涂改或伪造的难易程度及其已被涂改的可能性。当获取的书面证据有被涂改或伪造的痕迹时，审计人员应予以高度警觉。尽管如此，在一般情况下，外部证据仍是较被审计单位的内部证据更具证明力的一种书面证据。

▶ 3. 亲历证据

亲历证据是指由审计人员亲自获得的证据，如通过亲自监盘或清点后编制的盘点表、通过现场观察或调查所获得的环境证据、实质性测试时编制的各种明细表等。这类证据的可信程度取决于审计人员观察误差的风险大小。在通常情况下，我们认为审计人员具有专业胜任能力，因此，其亲自获得的证据也具有较强的可靠性。

知识拓展 5-2
不同来源证据的比较

三、审计证据的特性

审计证据的特性是指审计人员在审计过程当中用以决策某个信息是否能够作为审计证据的标准。审计证据的特性包括充分性和适当性。审计人员应当保持职业怀疑，运用职业判断，评价审计证据的充分性和适当性。受成本的约束，审计人员不可能检查和评价所有可能获取的证据，因此对审计证据充分性和适当性的判断是非常重要的。图 5-1 列示了审计证据的特性。

图 5-1　审计证据的特性

（一）审计证据的充分性

审计证据的充分性是指审计证据的数量足以支持审计人员的审计意见，是对审计人员为形成审计意见所需证据数量的最低要求。审计证据的充分性是对审计证据数量的衡量，主要与审计人员确定的样本量有关。客观公正的审计意见必须建立在有足够数量的审计证据的基础之上。但这并不是说审计证据的数量越多越好，审计人员在获取审计证据过程中，要考虑成本效益原则。为提高审计效率，审计人员通常将需要足够数量审计证据的范围降到最低限度。审计人员需要获取的审计证据的数量受错报风险的影响，错报风险越大，需要的审计证据可能越多。每一审计项目对审计证据的需要量以及取得这些证据的途径和方法，应当根据该项目的具体情况来确定。在某些情况下，由于时间、空间和成本的限制而不能获取最为理想的审计证据时，可考虑通过其他的途径或利用其他的审计证据来替代。只有通过不同的渠道和方法取得足够的审计证据时，审计人员才能据以发表审计意见。

在实务中，审计人员判断审计证据的充分性一般应当考虑以下因素。

▶ 1. 重大错报风险

审计风险由固有风险、控制风险和检查风险三部分组成，其中固有风险和控制风险统被称为重大错报风险。审计人员判断审计证据充分性应当考虑其中重大错报风险。一般来说，如果审计人员对会计报表层次和认定层次的重大错报风险估计得越严重，那么所需收集的证据的数量就越多；反之，所需收集的证据数量就少。

▶ 2. 具体审计项目的重要性

越是重要的审计项目，审计人员就越需要获取充分的审计证据以支持其审计结论或意见；否则一旦出现判断失误，就会影响审计人员对会计报表整体的判断。相对而言，对于不太重要的审计项目，即使审计人员出现判断上的偏差，也不至于引发审计人员的整体判断失误，审计人员就可以减少审计证据的数量。

▶ 3. 审计人员的审计经验

丰富的审计经验，可以使审计人员从较少的审计证据中判断被审事项是否存在错误或舞弊行为。相对来说，此时就可减少对审计证据数量的依赖程度；相反，当审计人员缺乏审计经验时，少量的审计证据就不一定能使其发现被审事项是否存在错误或舞弊行为，因而应增加审计证据的数量。

▶ 4. 审计过程中是否发现错弊

一旦审计过程中发现了被审事项存在错误或舞弊的行为，被审计单位会计报表整体存在问题的可能性就会增加，因此审计人员需要增加审计证据的数量，以确保做出合理的审计结论，形成恰当的审计意见。

▶ 5. 审计证据的类型与获取途径

如果大多数审计证据都是从独立于被审计单位的第三者所获得的，而且这些证据本身不易伪造，则审计证据的质量就较高。相对而言，审计人员所需获取的审计证据的数量就可减少；反之，审计证据的数量就应增加。

▶ 6. 总体规模与特征

在现代审计中，审计人员会对很多会计报表项目采用抽样的方法来收集证据。通常，抽样总体规模越大，所需审计证据的数量就越多。这里的总体规模是指包括在总体中的项目数量，比如赊销交易数、应收账款明细账数量及账户余额的金额数量等。总体的特征是指总体中各组成项目的同质性或变异性。审计人员对不同质的总体需要较大的样本量和更多的信息。

▶ 7. 成本问题

成本问题虽然不是影响证据充分性的重要因素，但却必须加以考虑。由于审计工作受到成本限制，审计人员必须以合理的时间和合理的成本取得充分的证据，因此，审计人员常常面临一种决策，那就是增加时间和成本能否给审计证据的质量和数量带来相当的效益。如审计人员增加时间和成本之后，并没有带来相应的效益，就应考虑采用更有效的审计程序来收集高质量的足够的审计证据。

(二) 审计证据的适当性

审计证据的适当性，是对审计证据质量的衡量，即审计证据在支持审计意见所依据的结论方面具有的相关性和可靠性。相关性和可靠性是审计证据适当性的核心内容，只有相关且可靠的审计证据才是高质量的。

▶ 1. 审计证据的相关性

审计证据的相关性是指审计证据应与审计目标相关。审计人员只有获取与审计目标相关联的审计证据，才能据以证明或否定被审计单位在会计报表中认定的相关事项。例如，假设审计人员怀疑被审计单位已经发货却没有向顾客开票（即"完整性"目标），如果审计人员从销售发票副本中选取样本，并追查每张发票相应的发货单，由此所获得的证据与"完整性"目标就不相关。与"完整性"目标相关的手续应当是从发货单中选取样本，并追查每张发货单相应的销售发票副本，以确定每张发货单是否均已开票。

审计证据是否相关必须结合具体审计目标来考虑。在确定审计证据的相关性时，审计人员应当考虑以下情形。

（1）特定的审计程序可能只为某些认定提供相关的审计证据，而与其他认定无关。同一证据与某一目标相关，但与另一目标可能就不相关。例如，函证程序通常与应收账款的存在认定相关，而与准确性、计价和分摊认定无关；监盘程序通常主要针对存货的存在认定，是否有毁损和短缺，而对准确性、计价和分摊认定的证明力有限。

（2）针对同一项认定可以从不同来源获取审计证据或获取不同性质的审计证据。例如，为了获取与坏账准备计价有关的审计证据，可以分析应收账款的账龄、债务人的财务状况、应收账款的期后收款情况。

（3）只与特定认定相关的审计证据并不能替代与其他认定相关的审计证据。例如，有关固定资产实物存在的审计证据并不能够替代与固定资产所有权相关的审计证据。

▶ 2. 审计证据的可靠性

审计证据的可靠性是指审计证据的可信程度或者值得信任的程度。审计证据的可靠性受其来源和性质的影响，并取决于获取审计证据的具体环境。审计人员在判断审计证据的可靠性时，通常会考虑下列原则。

（1）从外部独立来源获取的审计证据比从其他来源获取的审计证据更可靠。从外部独立来源获取的审计证据由完全独立于被审计单位以外的机构或人士编制或提供，未经被审计单位有关职员之手，从而减少了伪造、更改凭证或业务记录的可能性，因而其证明力最强。例如，银行询证函回函、应收账款询证函回函、保险公司等机构出具的证明等。相反，从其他来源获取的审计证据，由于证据提供者与被审计单位存在经济或行政关系等原因，其可靠性应受到质疑，如被审计单位内部的会计记录、会议记录等。

（2）内部控制有效时内部生成的审计证据比内部控制薄弱时内部生成的审计证据更可靠。如果被审计单位有着健全的内部控制且在日常管理中得到一贯的执行，会计记录的可信赖程度将会增加。如果被审计单位的内部控制薄弱，甚至不存在任何内部控制，被审计单位内部凭证记录的可靠性就大为降低。例如，如果与销售业务相关的内部控制有效，审计人员就能从销售发票和发货单中取得比内部控制不健全时更加可靠的审计证据。

（3）直接获取的审计证据比间接获取或推论得出的审计证据更可靠。例如，审计人员观察某项内部控制的运行得到的证据比询问被审计单位某项内部控制的运行得到的证据更可靠。间接获取的证据有被涂改及伪造的可能性，降低了可信赖程度。推论得出的审计证据，其主观性较强，人为因素较多，可信赖程度也受到影响。

(4) 以文件、记录形式(无论是纸质、电子或其他介质)存在的审计证据比口头形式的审计证据更可靠。例如，会议的同步书面记录比对讨论事项事后的口头表述更可靠。口头证据本身并不足以证明事实的真相，仅仅提供一些重要线索，为进一步调查确认所用如审计人员在对应收账款进行账龄分析后，可以向应收账款负责人询问逾期应收账款收回的可能性。如果该负责人的意见与审计人员自行估计的坏账损失基本一致，则这一口头证据就可成为证实注册会计师对有关坏账损失判断的重要证据。但在一般情况下，口头证据往往需要得到其他相应证据的支持。

(5) 从原件获取的审计证据比从传真件或复印件获取的审计证据更可靠。注册会计师可审查原件是否有被涂改或伪造的迹象，排除伪证，提高证据的可信赖程度；而传真件或复印件容易是变造或伪造的结果，可靠性较低。

审计人员在按照上述原则评价审计证据的可靠性时，还应当注意可能出现的重要例外情况。例如，审计证据虽是从独立的外部来源获得的，但如果该证据是由不知情者或不具备资格者提供，审计证据也可能是不可靠的。同样，如果审计人员不具备评价证据的专业能力，那么即使是直接获取的证据，也可能不可靠。

在对审计证据的适当性(质量)进行衡量时，需要注意的是，只有相关且可靠的审计证据才是高质量的审计证据，仅仅相关或者仅仅可靠，均不能称为高质量的审计证据。

(三) 充分性和适当性之间的关系

充分性和适当性是审计证据的两个重要特征，两者缺一不可，只有充分且适当的审计证据才是有证明力的。

审计人员需要获取的审计证据的数量也受审计证据质量的影响。审计证据质量越高，需要的审计证据数量可能越少。也就是说，审计证据的适当性会影响审计证据的充分性。例如，被审计单位内部控制健全时生成的审计证据更可靠，注册会计师只需获取适量的审计证据，就可以为发表审计意见提供合理的基础。

需要注意的是，尽管审计证据的充分性和适当性相关，但如果审计证据的质量存在缺陷，那么注册会计师仅靠获取更多的审计证据可能无法弥补其质量上的缺陷。例如，注册会计师应当获取与销售收入完整性相关的证据，实际获取到的却是有关销售收入真实性的证据，审计证据与完整性目标不相关，即使获取的证据再多，也证明不了收入的完整性。同样的，如果注册会计师获取的证据不可靠，那么证据数量再多也难以起到证明作用。

知识拓展 5-3
评价充分性和
适当性时的
特殊考虑

四、审计证据的获取

(一) 获取审计证据的程序

审计程序是审计人员收集审计证据，并据以形成审计结论和意见的各种专门手段。在审计过程中，审计人员可根据需要单独或综合运用审计程序，以获取充分、适当的审计证据，得出合理的审计结论，作为形成审计意见的基础。审计人员可以采用的审计程序包括：检查、观察、询问、函证、重新计算、重新执行和分析程序。

1. 检查

检查是指审计人员对被审计单位内部或外部生成的，以纸质、电子或其他介质形式存在的记录和文件进行审查，或对资产进行实物审查。在实际工作中，检查包括检查记录或文件和检查有形资产。

检查记录或文件是指审计人员对被审计单位内部或外部生成的，以纸质、电子或其他介质形式存在的记录或文件进行检查。检查记录或文件可以提供可靠程度不同的审计证据，审计证据的可靠性取决于记录或文件的性质和来源。

检查有形资产是指审计人员对资产实物进行检查。检查有形资产可为其存在提供可靠的审计证据，但不一定能够为权利和义务或计价等认定提供可靠的审计证据。

2. 观察

观察是指审计人员查看相关人员正在从事的活动或实施的程序。例如，审计人员对被审计单位人员执行的存货盘点或控制活动进行观察。观察可以提供执行有关过程或程序的审计证据，但观察所提供的审计证据仅限于观察发生的时点，而且被观察人员的行为可能因被观察而受到影响，这也会使观察提供的审计证据受到限制。

3. 询问

询问是指审计人员以书面或口头方式，向被审计单位内部或外部的知情人员获取财务信息和非财务信息，并对答复进行评价的过程。作为其他审计程序的补充，询问广泛应用于整个审计过程中。知情人员对询问的答复可能为审计人员提供尚未获悉的信息或佐证证据，也可能提供与获悉信息存在重大差异的信息，审计人员应当根据询问结果考虑修改审计程序或实施追加的审计程序。但需要注意的是，询问本身不足以发现认定层次存在的重大错报，也不足以测试内部控制运行的有效性，审计人员还应当实施其他审计程序以获取充分、适当的审计证据。

4. 函证

函证，是指审计人员直接从第三方（被询证者）获取书面答复以作为审计证据的过程，书面答复可以采用纸质、电子或其他介质等形式。例如，对应收账款余额或银行存款的函证。通过函证获取的证据可靠性较高，因此，函证是受到高度重视并经常被使用的一种重要程序。

5. 重新计算

重新计算是指审计人员对记录或文件中的数据计算的准确性进行核对。重新计算可通过手工或电子方式进行。重新计算通常包括计算销售发票和存货的总金额、加总日记账和明细账、检查折旧费用和预付费用的计算、检查应纳税额的计算等。

6. 重新执行

重新执行是指审计人员独立执行原本作为被审计单位内部控制组成部分的程序或控制。例如，审计人员利用被审计单位的银行存款日记账和银行对账单，重新编制银行存款余额调节表，并与被审计单位编制的银行存款余额调节表进行比较。

7. 分析程序

分析程序，是指审计人员通过分析不同财务数据之间以及财务数据与非财务数据之间的内在关系,对财务信息做出评价。分析程序还包括在必要时对识别出的、与其他相关信息不一致或与预期值差异重大的波动或关系进行调查。例如,审计人员可以对被审计单位的财务报表和其他会计资料中重要比率及其变动趋势运用分析程序,以发现其异常变动项目。对于异常变动项目,审计人员应重新考虑其所采用的升级方法是否合适;必要时,应追加适当的审计程序,以获取相应的审计证据。

上述具体审计程序单独或者组合起来,可用作风险评估程序、控制测试和实质性程序。

(二) 审计程序的分类

由于现代财务报表审计要求首先进行风险评估,再根据风险评估的结果决定如何进行控制测试和实质性程序,因此,上述审计程序按其运用目的可以分为以下三类。

▶ **1. 风险评估程序**

风险评估程序是指审计人员为了解被审计单位及其环境(包括内部控制),以识别和评估财务报表层次和认定层次的重大错报风险(无论该风险由于舞弊或错误导致)而实施的审计程序。审计人员应当利用风险评估程序所获取的信息,作为支持风险评估结果的审计证据。审计人员应当实施风险评估程序,为识别和评估财务报表层次和认定层次的重大错报风险提供基础。但是,风险评估程序本身并不能为形成审计意见提供充分、适当的审计证据,审计人员还需要实施进一步的审计程序,包括控制测试(如果需要)和实质性程序。

▶ **2. 控制测试**

控制测试是指用于评价内部控制在防止或发现并纠正认定层次重大错报方面的运行有效性的审计程序。控制测试与了解内部控制所需要的审计证据是不同的。在设计和实施控制测试时,审计人员应当:①将询问与其他审计程序结合使用,以获取有关控制运行有效性的审计证据;②确定拟测试的控制是否依赖其他控制(间接控制)。如果依赖其他控制,确定是否有必要获取支持这些间接控制有效运行的审计证据。比如,假定控制程序规定"现金应每天如数送存银行",那么,审计人员就可以通过观察实际送存过程和检查有效的存款单据,以测试该项内部控制的有效性。值得注意的是,尽管大多数的财务报表审计都执行控制测试程序,但并不一定每次财务报表审计都必须执行这一程序。

▶ **3. 实质性程序**

实质性程序,是指用于发现认定层次重大错报的审计程序。实质性程序包括下列两类程序:①对各类交易、账户余额和披露的细节测试;②实质性分析程序。实质性程序在每次报表审计中都必须执行。交易的细节测试和余额的细节测试是有区别的,前者是为了审定某类或某项交易认定的恰当性,而后者则是为了审定某账户余额认定的恰当性。比如,追查购货发票至分类账,以确定有关分录的正确性和完整性,就属于购货业务交易的细节测试。

知识拓展 5-4
具体审计
程序的分类

再如审计人员函证某债务人,以决定某项应收账款余额的正确性,则属于应收账款账户余额的细节测试。细节测试和实质性程序在审计中各有其独特的作用,不可相互替代。实质性程序的结果往往可以为细节测试提供一定的有益的向性指导。

第二节　审计工作底稿

一、审计工作底稿的概念和编制目的

(一) 审计工作底稿的概念

审计工作底稿,是指审计人员对制订的审计计划、实施的审计程序、获取的相关审计证据,以及得出的审计结论做出的记录。审计工作底稿是审计证据的载体,是注册会计师在审计过程中形成的审计工作记录和获取的资料。它形成于审计过程,也反映整个审计过程。

(二) 审计工作底稿的编制目的

审计工作底稿在计划和执行审计工作中发挥着关键作用。它提供了审计工作实际执行情况的记录,并形成审计报告的基础。审计工作底稿也可用于复核项目质量、监督会计师事务所对审计准则的遵循情况以及第三方的检查等。在会计师事务所因执业质量而涉及诉讼或有关监管机构进行执业质量检查时,审计工作底稿能够提供证据,证明会计师事务所是否按照《中国注册会计师审计准则》(以下简称《审计准则》)的规定执行了审计工作。

因此,审计人员应当及时编制审计工作底稿,以实现下列目的。

(1) 提供充分、适当的记录,作为出具审计报告的基础。

(2) 提供证据,证明审计人员已按照《审计准则》和相关法律法规的规定计划与执行了审计工作。

除上述目的外,编制审计工作底稿还可以实现下列目的。

(1) 有助于项目组计划和执行审计工作。

(2) 有助于负责督导的项目组成员按照相关规定,履行指导、监督与复核审计工作的责任。

(3) 便于项目组说明其执行审计工作的情况。

(4) 保留对未来审计工作持续产生重大影响的事项的记录。

(5) 便于实施项目质量复核与检查。

(6) 便于监管机构和注册会计师协会根据相关法律法规或其他相关要求,实施执业质量检查。

值得注意的是,编制审计底稿的目的虽然包括保留对未来审计工作持续产生重大影响的事项的记录,对未来审计业务具有参考作用,后任审计人员可以通过查阅前任的工作底稿,取得相应的审计证据,但前任审计人员在编制审计工作底稿时,其目的并非是为给后任工作提供便利。

二、审计工作底稿的内容和分类

(一) 审计工作底稿的内容

审计工作底稿可以以纸质、电子或其他介质形式存在。

随着信息技术的广泛运用,审计工作底稿的形式从传统的纸质形式扩展到电子或其他介质形式。但无论审计工作底稿以哪种形式存在,审计机构(如会计师事务所)都应当对审计工作底稿设计和实施适当的控制,以使审计工作底稿清晰地显示其生成、修改及复核的时间和人员。

审计工作底稿通常包括总体审计策略、具体审计计划、分析表、问题备忘录、重大事项概要、询证函回函和声明、核对表、有关重大事项的往来函件(包括电子邮件),注册会计师还可以将被审计单位文件记录的摘要或复印件(如重大的或特定的合同和协议)作为审计工作底稿的一部分。

此外,审计工作底稿通常还包括业务约定书、管理建议书、项目组内部或项目组与被审计单位举行的会议记录、与其他人士(如其他注册会计师、律师、专家等)的沟通文件及错报汇总表等。但是,审计工作底稿并不能代替被审计单位的会计记录。

审计工作底稿通常不包括已被取代的审计工作底稿的草稿或财务报表的草稿、反映不全面或初步思考的记录、存在印刷错误或其他错误而作废的文本,以及重复的文件记录等。由于这些草稿、错误的文本或重复的文件记录不直接构成审计结论和审计意见的支持性证明,因此,审计人员通常无须保留这些记录。

(二)审计工作底稿的分类

关于审计工作底稿的分类,目前还没有一个统一的标准。通常按照审计工作底稿的取得方式、性质和作用的不同进行分类。

▶ 1. 按照取得方式不同分类

审计工作底稿按其取得方式的不同,可以分为自编的审计工作底稿和直接获取的审计工作底稿两大类。

(1)自编的审计工作底稿是指审计人员自己编制形成的审计工作底稿,如审计计划、审计日程表、内部控制制度评价表、各种明细账、试算表等。

(2)直接获取的审计工作底稿是指审计人员直接从被审计单位或其他有关单位取得的审计工作底稿,或者是要求被审计单位有关人员代为编制的有关会计账项的明细分类或汇总底稿。这类底稿只有经过审核合格后才能作为审计工作底稿。

▶ 2. 按照审计工作底稿的性质和作用不同分类

审计工作底稿按其性质和作用的不同,可以分为综合类审计工作底稿、业务类审计工作底稿和备查类审计工作底稿。

(1)综合类审计工作底稿是审计人员在审计计划和审计报告阶段,为规划、控制和总结整个审计工作,发表审计意见,而形成的审计工作底稿,主要包括审计业务约定书、审计计划、审计报告书未定稿、审计总结及审计调整分录汇总表等综合性的审计工作记录。

(2)业务类审计工作底稿是指注册会计师在审计实施阶段执行具体审计程序所编制和取得的工作底稿,主要包括审计人员执行与被调查、符合性测试和实质性测试等审计程序时形成的工作底稿。这类工作底稿一般在外勤工作现场编制或取得。

(3)备查类审计工作底稿是指注册会计师在审计过程中形成的,对审计工作仅具备备查作用的审计工作底稿,主要包括与审计业务预定事项有关的重要法律文件、重要会议记录与纪要、重要经济合同与协议、企业营业执照、公司章程等原始资料的副本或复印件。审计人员在审计准备、实施和报告三个阶段均可形成备查类审计工作底稿。

三、审计工作底稿的编制

(一) 审计工作底稿的构成要素

审计工作底稿的形成方式主要有两种:一是审计人员直接编制;二是取得。一般而言,审计人员直接编制的审计工作底稿主要包括以下基本要素。

▶ 1. 被审计单位名称

被审计单位名称用以明确审计客体,防止混淆。如果被审计单位有子公司,或业务单元等,则应同时注明子公司或业务部门的名称。

▶ 2. 审计项目名称

审计项目名称是某一会计报表项目名称或某一审计程序及实施对象名称,用以明确审计内容。例如,审查财务报表中的存款项目、对购货及付款循环进行控制测试等。

▶ 3. 审计项目时间或地点

审计项目时间或地点或期间用以明确审计范围。

▶ 4. 审计过程记录

审计过程记录是审计工作底稿的核心要素,用以记载审计人员实施的审计测试的性质、范围、样本选择等重要内容。其简繁程序受制于审计项目的性质、目的和要求,被审计单位的经营规模等诸多因素。在记录审计过程时,应当特别注意以下几个重点方面。

(1) 记录特定项目或事项的识别特征。

(2) 识别特征是指被测试的项目或事项表现出的征象或标志。识别特征通常具有唯一性,可以使其他人员根据识别特征在总体中识别该项目或事项并重新执行该测试。

(3) 重大事项。

(4) 记录针对重大事项如何处理矛盾或不一致的情况。

(5) 其他准则中的相关记录要求。

▶ 5. 审计结论

审计工作的每一部分除了应包含与已实施审计程序的结果及其是否实现既定审计目标相关的结论之外,还应包含审计程序识别出的例外情况和重大事项如何得到解决的结论。审计人员恰当地记录审计结论非常重要。在记录审计结论时须注意在审计工作底稿中记录的审计程序和审计证据是否足以支持所得出的审计结论。

▶ 6. 审计标识及其说明

审计工作底稿可使用各种审计标识,但应说明其含义,并保持前后一致。表5-1是审计人员在审计工作底稿中常用的审计标识举例。在实务中,审计人员也可以依据实际情况运用更多的审计标识。

表 5-1 审计标识

顺序号	标识	含义	顺序号	标识	含义
1	√	已核对	7	G	与总分类账核对一致
2	?	疑问待查	8	S	与明细账核对一致
3	∧	纵加核对	9	T/B	与试算平衡表核对一致
4	<	横加核对	10	C	已发询证函
5	B	与上年结转数核对一致	11	C\	已收回询证函
6	T	与原始凭证核对一致	12	?√	疑问已查清

▶ 7. 索引号及页次

为了便于整理和查阅，在每张审计工作底稿上都要注明索引号及页次。索引号也称编号，是审计人员为整理利用审计工作底稿，将具有同一性质或反映统一具体审计事项的审计工作底稿分别归类所形成的互相联系、互相控制的特定编号。页次是在同一索引号下不同的审计工作底稿的顺序编号。如 A1-2 可以表示库存现金盘点核对表。其中，A 代表资产类工作底稿，1 代表资金工作底稿，2 代表货币资金类的第 2 张底稿。

▶ 8. 编制者姓名及编制日期

▶ 9. 复核者姓名及复核日期

对复核者而言，在履行必要的复核程序后，除签名外，还应将相应的复核意见、复核中发现的问题及处理意见书面记录下来，以利于编制者修正或明确审计责任划分。

知识拓展 5-5
××会计师事务所
工作底稿

▶ 10. 其他应说明的事项

(二) 审计工作底稿的编制要求

审计人员编制的审计工作底稿，应当使未曾接触该项审计工作的有经验的专业人士清楚地了解以下内容。

(1) 按照《审计准则》和相关法律法规的规定实施的审计程序的性质、时间安排和范围。

(2) 实施审计程序的结果和获取的审计证据。

(3) 审计中遇到的重大事项和得出的结论，以及在得出结论时做出的重大职业判断。

有经验的专业人士，是指会计师事务所内部或外部的具有审计实务经验，并且对下列方面有合理了解的人士。

(1) 审计过程。

(2)《审计准则》和相关法律法规的规定。

(3) 被审计单位所处的经营环境。

(4) 与被审计单位所处行业相关的会计和审计问题。

审计工作底稿编制要求中提及的"有经验的专业人士"，不仅包括事务所内部的专业人士，还包括事务所外部的专业人士，如监管机构的专家等。

四、审计工作底稿的复核

(一)审计工作底稿复核的作用

审计工作底稿是审计人员发表审计意见、得出审计结论、出具审计报告的依据,必须进行复核以防止差错。审计工作底稿的作用主要有三个方面:第一,减少或者解除认为的审计误差,降低审计风险,提高审计质量;第二,及时发现和解决问题,保证审计计划顺利执行,协调审计进度,节约审计时间,提高审计效率;第三,便于对审计人员进行质量监控,进行工作业绩考评。

(二)审计工作底稿复核的要点

审计工作底稿的复核基本包括以下几点。
(1) 审计工作是否已按照法律法规、职业道德规范和《审计准则》的规定执行。
(2) 所获取的审计证据是否充分、适当。
(3) 重大事项是否已提请进一步考虑。
(4) 已执行的审计工作是否支持形成的结论,并已得到适当的记录。
(5) 审计程序的目标是否实现。
(6) 所引用的有关资料是否详细、可靠。

(三)审计工作底稿复核的基本要求

复核审计工作底稿是对审计项目质量控制的一项重要程序,必须有严格和明确的规则。一般来说,复核审计工作底稿时应做好以下工作。
(1) 做好复核记录。审计人员应当记录审计工作的复核人员及复核的日期和范围。
(2) 复核人的签名和日期。
(3) 书面表示复核意见。
(4) 督促审计工作底稿编制人及时修改、完善审计工作底稿。

(四)审计工作底稿三级复核制度

▶ 1. 项目经理的复核

项目经理(或者项目负责人)复核是三级复核制度中的第一级复核,称为详细复核。它要求项目经理对下属审计助理人员形成的审计工作底稿逐张复核,发现问题及时指出,并督促审计人员及时修改完善。

▶ 2. 部门经理的复核

部门经理(或者是签字注册会计师)是三级复核制度中的第二级复核,称为一般复核。它是在项目经理完成详细复核之后,再对审计工作底稿中重要会计账项的审计、重要审计程序的执行,以及审计调整事项等进行复核。部门经理复核是对项目经理复核的一种再监督,也是对重要审计事项的重点把握。

▶ 3. 主任会计师的复核

主任会计师(或者合伙人)复核是三级复核中的最后一级复核,又称为重点复核。它是对审计过程中的重大会计师审计问题、重大审计调整事项及其重要的审计工作底稿进行的复核。主任会计师复核既是对前面两级复核的再监督,也是对整个审计工作的计划、进度和质量的重点把握。

五、审计工作底稿的归档

▶ 1. 审计档案的分类

审计档案按其使用期限的长短和作用大小可分为永久性档案和当期档案。

永久性档案是指由那些记录内容相对稳定,具有长期使用价值,并对以后审计工作具有重要影响和直接作用的审计工作底稿所组成的审计档案。永久性档案主要由综合类审计工作底稿和备查类审计工作底稿组成。在这些工作底稿中,有些记录内容十分重要,诸如审计报告书副本等;有些记录内容则是可供以后年度直接使用,诸如重要的法律性文件、合同及协议等。因此,应把它们归入永久性档案进行管理。

当期档案又称一般档案,是由那些记录内容在各年度之间经常发生变化,只供当期审计使用和下期审计参考的审计工作底稿所组成的审计档案。一般档案主要由业务类审计工作底稿组成,诸如控制测试工作底稿、具体会计账项实质性程序的工作底稿等。这些工作底稿所记录的内容,在各年度之间是不同的,因此,主要供当期审计使用。

▶ 2. 审计档案的所有权

审计工作底稿是注册会计师对其执行的审计工作所做的完整记录。从一般意义上讲,审计档案的所有权应属于执行该项业务的注册会计师。但是,我国注册会计师不能独立于会计师事务所之外承揽审计业务,审计业务必须以会计师事务所的名义承接。因此,审计档案的所有权属于承接该项业务的会计师事务所。

▶ 3. 审计工作底稿归档期限

审计工作底稿的归档期限为审计报告日后60天内。如果注册会计师未能完成审计业务,审计工作底稿的归档期限为审计业务终止后的60天内。如果针对客户的同一财务信息执行不同的委托业务,出具两个或多个不同的报告,会计师事务所应当将其视为不同的业务,根据会计师事务所内部制定的政策和程序,在规定的归档期限内分别将审计工作底稿规整为最终审计档案。

▶ 4. 审计工作底稿归档的性质

在出具审计报告前,注册会计师应完成所有必要的审计程序,取得充分、适当的审计证据并得出适当的审计结论。由此,在审计报告日后将审计工作底稿归整为最终审计档案是一项事务性的工作,不涉及实施新的审计程序或得出新的结论。

如果在归档期间对审计工作底稿做出的变动属于事务性的,注册会计师可以做出变动,主要包括:①删除或废弃被取代的审计工作底稿;②对审计工作底稿进行分类、整理和交叉索引;③对审计档案归整工作的完成核对表签字认可;④记录在审计报告日前获取的、与审计项目组相关成员进行讨论并取得一致意见的审计证据。

在完成最终审计档案的归整工作后,不应在规定的保存期限届满前删除或者废弃任何性质的审计工作底稿。在归档期后,审计人员需要变动审计工作底稿的情形:①审计人员已实施了的必要的审计程序，取得了充分、适当的审计证据并得出了恰当的审计结论，但审计工作底稿的记录不够充分；②审计报告日后，发现例外情况要求实施新的或者追加审计程序，或导致审计人员得出新的结论。

▶ 5. 审计工作底稿的保存期限

审计工作底稿的保存期限为自审计报告日起至少保存 10 年，如果注册会计师未能完成审计业务，审计工作底稿的归档期限为审计业务终止后起至少保存 10 年。对于连续审计的情况当期归整的档案中可能包括以前年度获取的资料（有可能是 10 年以前）。注册会计师应视为当期取得并至少保存 10 年。如果这些资料在某一个审计期间被替换，被替换资料应当从被替换的年度起至少保存 10 年。在完成最终审计档案的归整工作后，注册会计师不应在规定的保存期届满前删除或废弃任何性质的审计工作底稿。对于保管期限届满的审计档案，审计组织可以决定将其销毁。销毁时，应履行必要的手续。

本章小结

1. 审计证据是指审计人员为了得出审计结论和形成审计意见而使用的信息。审计证据包括构成财务报表基础的会计记录所含有的信息和从其他来源获取的信息。

2. 审计证据按其表现形态分类，可以分为实物证据、书面证据、口头证据和环境证据。按其相关程度分类，可以分为直接证据和间接证据。按其来源分类，可以分为内部证据、外部证据和亲历证据。

3. 审计人员获取审计证据的审计程序包括检查、观察、询问、函证、重新计算、重新执行和分析程序。

4. 审计人员应当保持职业怀疑，运用职业判断，评价审计证据的充分性和适当性。审计证据的充分性是对审计证据数量的衡量；适当性是对审计证据质量的衡量，对适当性进行衡量时，只有相关且可靠的审计证据才是高质量的审计证据。审计证据的适当性会影响充分性，但如果适当性（质量）存在缺陷，那么仅靠获取更多的审计证据可能无法弥补其质量上的缺陷。

5. 审计工作底稿是指审计人员对制订的审计计划、实施的审计程序、获取的相关审计证据，以及得出的审计结论做出的记录。审计工作底稿是审计证据的载体，是注册会计师在审计过程中形成的审计工作记录和获取的资料。

6. 审计人员直接编制的审计工作底稿主要包括以下基本要素：被审计单位名称，审计项目名称，审计项目时点或时间，审计过程记录，审计标识及其说明，审计结论，索引号及页次，编制者、复核者姓名及日期，其他应说明的事项。

7. 审计工作底稿三级复核制度：项目经理的复核、部门经理的复核、主任会计师的复核。

8. 审计工作底稿归档期限：自审计报告日后 60 天内。

9. 审计工作底稿的保存期限：自审计报告日起至少保存 10 年。

复习思考题

1. 如何理解审计证据的充分性与适当性？
2. 审计程序有哪些？
3. 审计档案的所有权归谁？
4. 在归档期间对审计工作底稿出现何种变动，审计人员可以对审计工作底稿做出变动？
5. 在归档期后，审计人员需要变动审计工作底稿哪两种情形？
6. 审计工作底稿归档和保存期限分别是多久？如出现中断或中止情况，时限该如何变动？

实操练习

1. 注册会计师在对昌盛公司进行审计时，发现该公司内部控制制度具有严重缺陷，与管理层沟通相关问题时，管理者眼神飘忽不定，逻辑混乱。在此情况下，注册会计师能否依赖下列证据，并简要说明理由。

（1）销售发票副本。

（2）监盘客户的存货（不涉及检查相关的所有权凭证）。

（3）外部律师提供的声明书。

（4）管理层出具的书面声明。

（5）会计记录。

2. ABC 会计师事务所负责对甲公司 2020 年度财务报表进行审计。2021 年 2 月 15 日，注册会计师完成审计业务并出具审计报告。4 月 1 日，在归整审计工作底稿时，A 注册会计师将原制订的审计计划的初步思考的文件记录删除。5 月 30 日，B 注册会计师完成对甲公司 2020 年审计工作底稿的归档工作。6 月 10 日，项目合伙人 C 注册会计师在审计固定资产时发现某项重要资产因为疏漏而没有记录，于是私下修改了审计工作底稿，并未做任何记录。要求：根据以上资料，回答下列问题：

（1）A 注册会计师的做法是否正确？如不正确，简要说明理由。

（2）B 注册会计师完成审计工作底稿的归档期限是否符合要求？如不符合要求，简要说明理由。

（3）C 注册会计师的做法是否正确？如不正确，简要说明理由。

（4）简述在归档期后，注册会计师需要变动审计工作底稿的两种情形。

在线自测

第六章 审计计划与审计方法

> **学习目标**
> 1. 明确审计计划的内容;
> 2. 掌握七种审计方法;
> 3. 了解审计抽样的基本步骤。

思政案例

摒弃侥幸之念,必取百炼成钢——奥林巴斯事件

历史总是惊人的相似。安然帝国轰然倒塌10年后,地球的另一端又再次上演了相似的一幕。通过财务造假在20年间掩盖约18亿美元的损失,使得奥林巴斯事件成为日本历史上最严重的会计丑闻之一。大型企业财务丑闻的曝出,不仅动摇了日本企业的形象,也反映出其公司治理及审计监察等多方面的问题。

审计在其中扮演的角色:

(1)毕马威未能及时发现奥林巴斯资产负债表外存在的损失,是由于被审计单位做了很多巧妙的操作,使得他们无法掌握全部的信息,这一点与奥林巴斯调查报告的结论是一致的。

(2)毕马威未采取积极的函证方式与境外银行就资产抵押等事项进行确认,对于银行的未答复也没有进一步调查,这在当时的实务操作中是正常的,不需要因此而承担责任。这一点与奥林巴斯的调查报告结论也是一致的。

(3)奥林巴斯调查报告中认为毕马威在与奥林巴斯存在重大分歧的情况下仍出具无保留审计意见,没有根据J—SOX(内部控制)法则履行相应的提示义务,应该承担责任。

(4)奥林巴斯的调查报告中同样认为新日本轻信了松本的调查报告,没有对并购中的商誉部分进行详细核算,发现给中介机构的报酬也被计入商誉部分中,因此存在过失。

(5)关于更换审计事务所这一点,奥林巴斯的调查委员会认为两家事务所应该知道存在购买审计意见的可能性,但毕马威没有尽到提示义务,新日本也没有提出疑问和阻止奥林巴斯进行更换。

作为日本历史上最严重的财务丑闻之一,奥林巴斯事件不仅反映了该公司的一些缺陷问题,更引起了人们对会计制度和审计工作的反思。在此次审计中,毕马威在执行审计程序时没有严谨客观,存有侥幸心理,减少了必要的审计方法实施,最终导致了审计的

失败。

这一案例从反面警示：在从事审计工作时，注册会计师应严格按照审计程序实施审计方法，不存丝毫侥幸心理。

资料来源：张晨婉. 奥林巴斯财务造假审计问题分析[J]. 商场现代化，2012，8(693)：112-115.

案例思考：

审计人员在执行审计程序时，应该实施哪些审计方法？

启示：

审计能够维护社会主义市场秩序，保护社会公共利益。推进审计工作高质量发展，必须加强顶层设计、谋好长远。在上述案例中审计人员没有进行充分的计划和监督，这对审计来说是极其危险的。在审计工作中要坚持以习近平新时代中国特色社会主义思想为指导，深入学习贯彻党的二十大精神，完整、准确、全面贯彻新发展理念，聚焦全局性、长远性、战略性问题，加强审计领域战略谋划与顶层设计，进一步推进新时代审计工作高质量发展，以有力有效的审计监督服务保障党和国家工作大局。

第一节 审计计划

一、审计计划的含义与作用及分类

(一) 审计计划的含义与作用

▶ 1. 审计计划的含义

审计计划是指注册会计师为了完成审计业务，实现预期审计目标，在具体执行审计程序之前编制的工作计划。计划审计工作是一项持续的过程，注册会计师通常在承接审计业务后即开始开展审计计划工作，直到本期审计工作结束为止。

▶ 2. 审计计划的作用

计划审计工作有利于注册会计师执行财务报表审计工作，具体包括以下几个方面。

(1) 恰当关注重要的审计领域。

(2) 及时发现和解决潜在的问题。

(3) 恰当组织和管理审计业务，以有效的方式执行审计业务。

(4) 选择具备必要的专业素质和胜任能力的项目组成员应对预期的风险，以及向项目组成员分派适当的工作。

(5) 指导和监督项目组成员并复核其工作。

(6) 协调组织部分注册会计师和专家的工作。

(二) 审计计划的分类

在计划审计工作时，注册会计师需要进行初步业务活动、制定总体审计策略和具体审计计划。在此过程中，需要做出很多关键决策，包括确定可接受的审计风险水平和重要性、配置项目人员等。

知识拓展 6-1
总体审计策略与
具体审计计划

计划审计工作包括针对审计业务制定总体审计策略和具体审计计划。图 6-1 列示了计划审计工作的两个层次。注册会计师应当针对总体审计策略中所识别的不同事项，制订具体审计计划，并考虑通过有效利用审计资源以实现审计目标。

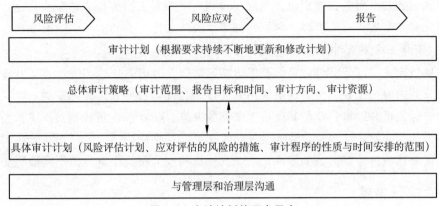

图 6-1　审计计划的两个层次

二、初步业务活动

(一)初步业务活动的作用和主要内容

注册会计师开展初步业务活动，有助于在计划审计工作时达到下列要求：第一，具备执行业务所需的独立性和能力；第二，识别管理层诚信问题，决策是否保持该项业务；第三，与被审计单位就业务约定条款达成一致。

初步业务活动主要包括：一是针对保持客户关系和具体审计业务实施相应的质量控制程序；二是评价遵守职业道德规范的情况，特别是该业务是否会影响注册会计师的独立性；三是就审计业务约定条款与被审计单位达成一致意见，签订或修改审计业务约定书，以避免双方对审计业务的理解产生分歧。

(二)审计业务约定书

审计业务约定书是指事务所与被审计单位签订的、用以记录和确认审计业务的委托与受托关系、审计目标和范围、双方的责任以及报告的格式等事项的书面协议。事务所承接任何审计业务，都应与被审计单位签订审计业务约定书。

▶ 1. 审计业务约定书的基本内容

审计业务约定书的具体内容和格式可能因被审计单位的不同而不同，但应当包括以下主要内容：①财务报表审计的目标与范围；②注册会计师的责任；③管理层的责任；④编制财务报表所适用的财务报告编制基础，如《企业会计准则》或者《事业单位会计准则》；⑤拟出具审计报告的形式和内容，以及可能遇到的特殊情况。

审计业务约定书还可能包括以下主要方面：①审计范围，包括适用的法律法规、审计准则以及职业道德守则和其他公告；②审计业务结果的其他沟通形式；③审计风险提示，即说明由于审计和内部控制的固有限制，即使严格按照审计准则的规定，恰当计划和执行了审计工作，仍不可避免地存在某些重大错报未被发现的风险；④计划和执行审计工作的安排，包括项目组的构成；⑤管理层须为注册会计师提供的必要工作条件和协助；⑥管理层确认将提供书面声明；⑦管理层同意向注册会计师及时提供财务报表草稿和其他所有附带信息，以使注册会计师能够按照预定的时间表完成审计工作；⑧管理层同意告知注册会计师在审计报告日至财务报表报出日之间注意到的可能影响财务报表的事实；⑨审计收费的计算基础和收费安排；⑩管理层确认收到审计业务约定书并同意其中的条款。

▶ 2. 审计业务约定书的特殊考虑

在某些情况下，注册会计师可能要考虑特定需要，此时，还应当考虑在审计业务约定书中列明下列内容：①在某些方面对利用其他注册会计师和专家工作的安排；②与审计涉及的内部审计人员和被审计单位其他员工工作的安排；③在首次审计的情况下，与前任注册会计师沟通的安排；④列明对注册会计师责任可能存在的限制；⑤注册会计师与被审计单位之间需要达成进一步协议的事项；⑥向其他机构或人员提供审计工作底稿的义务。

三、总体审计策略

注册会计师应当为审计工作制定总体审计策略。总体审计策略用以确定审计范围、时间和方向，并指导具体审计计划的制订。在制定总体审计策略时，应当考虑以下事项：①确定审计业务的特征，以界定审计范围；②明确审计业务的报告目标，以计划审计的时间安排和所需沟通的性质；③根据职业判断，考虑用以指导项目组工作方向的重要因素；④考虑初步业务活动的结果以及执行其他业务获得的经验；⑤确定执行业务所需资源的性质、时间安排和范围。

（一）审计范围

注册会计师应当确定审计业务的特征，包括采用的会计准则和相关会计制度、特定行业的报告要求以及被审计单位组成部分的分布等，以确定审计范围。在确定审计范围时，需要考虑下列具体事项。

（1）编制拟审计的财务信息所依据的财务报告编制基础，包括是否需要将财务信息调整至按照其他财务报告编制基础编制。

（2）特定行业的报告要求，如某些行业的监管机构要求提交的报告。

（3）预期审计工作涵盖的范围，包括应涵盖的组成部分的数量及所在地点。

（4）母公司和集团组成部分之间存在的控制关系的性质，以确定如何编制合并财务报表。

（5）由组成部分注册会计师审计组成部分的范围。

（6）拟审计的经营部分的性质，包括是否需要具备专门知识。

（7）外币折算，包括外币交易的会计处理、外币财务报表的折算和相关信息的披露。

（8）除为合并目的进行的审计工作之外，对个别财务报表进行法定审计的需求。

（9）内部审计工作的可获得性及对注册会计师拟信赖内部审计工作的程度。

（10）被审计单位使用服务机构的情况，以及注册会计师如何取得有关服务机构内部控制设计和运行有效性的证据。

（11）对利用在以前审计工作中获取的审计证据（如获取的与风险评估程序和控制测试

相关的审计证据)的预期。

(12) 信息技术对审计程序的影响,包括数据的可获得性和对使用计算机辅助审计技术的预期。

(13) 协调审计工作与中期财务信息审阅的预期涵盖范围和时间安排,以及中期审阅所获取的信息对审计工作的影响。

(14) 与被审计单位人员的时间协调和相关数据的可获得性。

(二)审计目标和审计内容

总体审计策略的制定应当包括明确审计业务的报告目标,以计划审计的时间安排和所需沟通的性质,包括提交审计报告的时间要求,预期与管理层和治理层沟通的重要日期等。

为计划报告目标、时间安排和所需沟通,注册会计师需要考虑下列事项。

(1) 被审计单位对外报告的时间表,包括中间阶段和最终阶段。

(2) 与管理层和治理层举行会谈,讨论审计工作的性质、范围和时间安排。

(3) 与管理层和治理层讨论拟出具的报告类型和时间安排以及沟通的其他事项(口头或书面沟通),包括审计报告、管理建议书和向治理层通报的其他事项。

(4) 与管理层关于审计工作进展进行的沟通。

(5) 与组成部分注册会计师沟通拟出具的报告的类型和时间安排,以及与组成部分审计相关的其他事项。

(6) 项目组成员之间预期沟通的性质和时间安排,包括项目组会议的性质和时间安排,以及复核已执行工作的时间安排。

(7) 预期是否需要和第三方进行其他沟通,包括与审计相关的法定或约定的报告责任。

(三)审计方向和审计资源

制定总体审计策略,应当考虑影响审计业务的所有重要因素,以确定项目组工作方向,包括:确定适当的重要性水平;初步识别重大错报风险较高的领域;初步识别重要的组成部分和账户余额;评价是否需要针对内部控制的有效性获取审计证据;识别被审计单位、所处行业、财务报告要求及其他相关方面最近发生的重大变化等。

同时,注册会计师应当在总体审计策略中清楚地说明审计资源的规划和调配,包括审计资源的性质、时间和范围。例如,项目组成员的选择以及对项目组成员工作的分派,包括分派经验丰富的人员去审计重大错报风险较高的领域;项目的时间预算,包括为重大错报风险较高的领域预留适当的工作时间。

四、具体审计计划

注册会计师应当制订具体审计计划。具体审计计划比总体审计策略更加详细,其主要内容为获取充分、适当的审计证据,项目组成员拟实施的审计程序的性质、时间和范围。具体审计计划应当包括风险评估程序、计划实施的进一步审计程序和其他审计程序。

(一) 风险评估程序

具体审计计划应当包括按照《中国注册会计师审计准则第1211号——了解被审计单位及其环境并评估重大错报风险》的规定，为了充分识别和评估财务报表重大错报风险，注册会计师应计划实施的风险评估程序的性质、时间和范围。

(二) 计划实施的进一步审计程序

进一步审计程序包括为应对认定层次的重大错报风险而实施的控制测试和实质性程序。需要强调的是，随着审计工作的推进，对审计程序的计划会一步步深入，并贯穿整个审计过程。例如，计划风险评估程序通常在审计开始阶段进行，计划进一步审计程序则需要依据风险评估程序的结果进行。因此，为达到制订具体审计计划的要求，注册会计师需要完成风险评估程序，识别和评估重大错报风险，并针对评估的认定层次的重大错报风险，计划实施进一步审计程序的性质、时间和范围。

知识拓展6-2
进一步审计程序表

(三) 计划实施的其他审计程序

计划实施的其他审计程序即根据审计准则的规定，注册会计师针对审计业务需要实施的其他审计程序，这是进一步程序计划中没有涵盖的、根据其他审计准则的要求应当执行的程序。例如，审阅含有已审计财务报表的文件中的其他信息（如上市公司年度报告中的其他内容，特别是董事会报告），与被审计单位律师直接沟通等。

五、指导、监督与复核

注册会计师应当就对项目组成员工作的指导、监督与复核的性质、时间和范围制订计划。对项目组成员工作的指导、监督与复核的性质、时间和范围主要取决于下列因素：被审计单位的规模和复杂程度，审计领域，评估的重大错报风险，执行审计工作的项目组成员的专业素质和胜任能力。

通常，被审计单位的规模越大、业务越复杂，或者评估的重大错报风险越高，或者项目组成员审计经验、专业胜任能力越缺乏，注册会计师就越应扩大指导与监督的范围，并增强及时性，以便执行更详细的复核工作。

六、审计过程中对方案的修改

计划审计工作并非审计业务的一个孤立阶段，而是一个持续的、不断修正的过程，贯穿整个审计业务的始终。由于未预期事项、条件的变化或在实施审计程序中获取的审计证据等，注册会计师在必要时应当对总体审计策略和具体审计计划做出更新和修改。

审计过程可以分为不同阶段，通常已完成审计工作结果会对后面阶段的工作计划产生一定的影响，而在后面阶段的工作过程中又可能发现需要对已制订的相关计划进行相应的更新和修改，如对重要性水平的修改，对某类交易、账户余额和列报的重大错报风险的评估和进一步审计程序的更新和修改等。一旦计划被更新和修改，审计工作也应当进行相应修正。

七、与管理层和治理层的沟通

注册会计师应当就计划审计工作的基本情况与被审计单位治理层和管理层进行沟通，以便获得他们的协调与帮助，使审计业务更易于执行和管理，从而提高审计效率与效果。沟通的内容可以包括审计的时间安排和总体策略、审计工作中受到的限制及治理层和管理层对审计工作的额外要求等。但在沟通过程中，注册会计师应当保持职业谨慎，防止具体审计程序被管理层或治理层预见，否则会损害审计工作的有效性。

第二节 审计方法

在实施风险评估程序、控制测试、实质性程序时，注册会计师可根据需要单独或综合运用以下方法，获取充分适当的审计证据。

一、检查

检查是指注册会计师对被审计单位内部或外部生成的，以纸质、电子或其他介质形式存在的记录和文件进行审查，或对资产进行实物审查，即包括两部分：检查记录或文件，检查有形资产。

（一）检查记录或文件

检查记录或文件是指注册会计师对被审计单位内部或外部生成的，以纸质、电子或其他介质形式存在的记录和文件进行审查。

检查记录或文件可以提供可靠程度不同的审计证据，审计证据的可靠性取决于记录或文件的性质和来源，而在检查内部记录或文件时，其可靠性则取决于生成该记录或文件的内部控制的有效性。

检查程序具有方向性，按照检查顺序与账务处理程序的关系，可分为顺查法和逆查法。

▶ 1. 顺查法

顺查法是指注册会计师按照交易或事项发生的会计处理程序依次检查的方法。即以原始凭证为起点，经过记账凭证、明细账和总账，最终追查到财务报表。顺查法主要针对完整性的认定。顺查法的实施流程如图 6-2 所示。

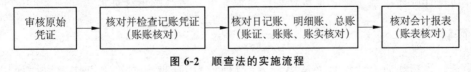

图 6-2 顺查法的实施流程

▶ 2. 逆查法

逆查法是指注册会计师按照交易或事项发生的会计处理程序反向检查的一种方法。即以分析检查会计报表为起点，发现疑点，确定重点审计问题和重点审计领域，然后追查至相关的明细账和总账，通过账账、账实的检查核对，进一步确定需要检查的记账凭证。最后，核对记账凭证直至原始凭证，查明问题的原因和过程。逆查法主要针对"发生"和"存在"认定。逆查法的实施流程如图6-3所示。

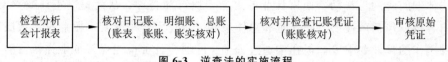

图6-3 逆查法的实施流程

在审计具体项目时，一般会结合使用顺查法和逆查法，不过通常会有侧重点。

（二）检查有形资产

检查有形资产是指注册会计师对实物资产的审查，一般用于对现金、存货和固定资产的审计，也适用于对有价证券、应收票据等的验证。检查有形资产可为其存在提供可靠的审计证据，但不一定能为权利和义务或计价等认定提供可靠的审计证据。例如，对个别存货项目进行的检查，可以与存货监盘一起实施。

检查有形资产时同样可以用顺查或逆查的方法，只是在顺查时，有形资产是起点，在逆查时，有形资产是终点。

二、观察

观察是指注册会计师查看相关人员正在从事的活动或实施的程序。例如，注册会计师对被审计单位人员执行的存货盘点或控制活动进行观察。观察可以提供执行有关过程或程序的审计证据，但观察所提供的审计证据仅限于观察发生的时点，而且被观察人员的行为可能因被观察而受到影响，这也会使观察提供的审计证据受到限制。

三、询问

询问是指注册会计师以书面或口头方式，向被审计单位内部或外部的知情人员获取财务信息和非财务信息，并对答复进行评价的过程。作为其他审计程序的补充，询问广泛应用于整个审计过程中。

一方面，知情人员对询问的答复可能为注册会计师提供尚未获悉的信息或佐证证据；另一方面，对询问的答复也可能提供与注册会计师已获取的其他信息存在重大差异的信息，注册会计师可能考虑修改审计程序或实施追加的审计程序。

询问本身不足以发现认定层次存在的重大错报，也不足以测试内部控制运行的有效性，注册会计师还应当实施其他审计程序获取充分、适当的审计证据。

四、函证

函证，是指注册会计师直接从第三方（被询证者）获取书面答复以作为审计证据的过程。书面答复可以采用纸质、电子或其他介质等形式。

▶ 1. 函证的形式

注册会计师可采用积极或消极的函证方式实施立证，也可将两种方式结合使用。

(1)积极的函证方式。如果采用积极的函证方式,注册会计师应当要求被询证者在所有情况下必须回函,确认询证函所列示信息是否正确,或填列询证函要求的信息。

(2)消极的函证方式。如果采用消极的函证方式,注册会计师只要求被询证者仅在不同意询证函列示信息的情况下才予以回函。当同时存在下列情况时,注册会计师可考虑采用消极的函证方式:重大错报风险评估为低水平;涉及大量余额较小的账户;预期不存在大量的错误;没有理由相信被询证者不认真对待函证。

▶ 2. 函证的对象

(1)注册会计师应当对银行存款(包括零余额账户和在本期内注销的账户)、借款及与金融机构往来的其他重要信息实施函证程序,除非有充分证据表明某一银行存款、借款及与金融机构往来的其他重要信息对财务报表不重要且与之相关的重大错报风险很低。如果不对这些项目实施函证程序,注册会计师应当在审计工作底稿中说明理由。

(2)注册会计师应当对应收账款实施函证程序,除非有充分证据表明应收账款对财务报表不重要,或函证很可能无效。如果认为函证很可能无效,注册会计师应当实施替代审计程序,获取相关、可靠的审计证据。如果不对应收账款函证,注册会计师应当在审计工作底稿中说明理由。

(3)注册会计师可以根据具体情况和实际需要对下列内容(包括但并不限于)实施函证:交易性金融资产;应收票据;其他应收款;预付账款;由其他单位代为保管、加工或销售的存货;长期股权投资;应付账款;预收账款;保证、抵押或质押;或有事项;重大或异常的交易。

▶ 3. 函证程序实施的范围

如果采用审计抽样的方式确定函证程序的范围,无论是采用统计抽样方法,还是非统计抽样方法,选取的样本应当足以代表总体。根据对被审计单位的了解、评估的重大错报风险以及所测试总体的特征等,注册会计师可以确定从总体中选取特定项目进行测试。选取的特定项目可能包括:金额较大的项目;账龄较长的项目;交易频繁但期末余额较小的项目;重大关联方交易;重大或异常的交易;可能存在争议、舞弊或错误的交易。

▶ 4. 函证的时间

注册会计师通常以资产负债表日为截止日,在资产负债表日后适当时间内实施函证。如果重大错报风险评估为低水平,注册会计师可选择资产负债表日前适当日期为截止日实施函证,并对所函证项目自该截止日起至资产负债表日止发生的变动实施实质性程序。

▶ 5. 管理层要求不实施函证时的处理

当被审计单位管理层要求对拟函证的某些账户余额或其他信息不实施函证时,注册会计师应当考虑该项要求是否合理,并获取审计证据予以支持。如果认为管理层的要求合理,注册会计师应当实施替代审计程序,以获取与这些账户余额或其他信息相关的充分、适当的审计证据。如果认为管理层的要求不合理,且被其阻挠而无法实施函证,注册会计师应当视为审计范围受到限制,并考虑对审计报告可能产生的影响。

五、重新计算

重新计算是指注册会计师对记录或文件中的数据计算的准确性进行核对。重新计算可通过手工或电子方式进行。只能验证计算结果本身是否正确,不能说明据以计算的数据是否准确。

六、重新执行

重新执行是指注册会计师独立执行原本作为被审计单位内部控制组成部分的程序或控制。重新执行只能用于控制测试。例如,重新编制银行存款余额调节表。

七、分析程序

分析程序是指注册会计师通过分析不同财务数据之间以及财务数据与非财务数据之间的内在关系,对财务信息做出评价。分析程序还包括在必要时对识别出的、与其他相关信息不一致或与预期值差别重大的波动或关系进行调查。

▶ 1. 分析程序的适用性

(1) 分析程序应用于风险评估程序,以了解被审计单位及其环境。例如,分析程序可以帮助注册会计师发现财务报表中的异常变化,或者预期发生而未发生的变化,识别存在潜在重大错报风险的领域。

(2) 分析程序可用于实质性程序。当使用分析程序比细节测试能更有效地将认定层次的检查风险降至可接受的水平时,注册会计师可以考虑单独或结合细节测试,运用实质性分析程序。此时运用分析程序可以减少细节测试的工作量,节约审计成本,降低审计风险,使审计工作更有效率和效果。

(3) 分析程序应用于在审计结束或临近结束时对财务报表进行总体复核。这是对财务报表整体合理性的最终把关,评价报表仍然存在重大错报风险而未被发现的可能性,考虑是否需要追加审计程序,以便为发表审计意见提供合理基础。

从以上表述可以看出,注册会计师在风险评估阶段和审计结束时的总体复核阶段必须运用分析程序;在实施实质性程序阶段可选用分析程序;在控制测试时不会用到分析程序,因为分析程序运用的条件是要有财务数据,而在内部控制中并不涉及财务数据。

▶ 2. 分析程序的方法

(1) 在实施分析程序时,注册会计师应当考虑将被审计单位的财务信息与下列各项信息进行比较:①以前期间的可比信息;②被审计单位的预期结果或者注册会计师的预期数据;③所处行业或同行业中规模相近的其他单位的可比信息。

知识拓展 6-3
存货监盘程序

(2) 注册会计师实施分析程序可以使用不同的方法,包括:①简单比较;②比率分析;③结构百分比分析;④趋势分析;⑤回归分析;等等。

第三节 审计抽样

一、审计抽样的概念和种类

(一) 审计抽样的概念

所谓审计抽样(audit sampling),是指注册会计师对具有审计相关性的总体中低于百分之百的项目实施审计程序,使所有抽样单元都有被选取的机会,为注册会计师针对整体得出结论提供合理的基础。审计抽样能够使注册会计师获取和评价有关所选取项目某一特征的审计证据,以形成或有助于形成有关总体的结论。这里所说的总体是指注册会计师从中获取样本并据此得出结论的整套数据。抽样单元是指构成总体的个体项目。注册会计师在进行控制测试和实质性程序时一般都采用此种方法。

(二) 审计抽样的种类

对于审计抽样,学术界主要有两种分类标准,即按审计抽样的发展过程分类和按审计抽样的运用方法分类。

▶ 1. 按审计抽样的发展过程,可将其分为随意抽样、判断抽样和统计抽样

(1)随意抽样。可以说,抽样是从需求发展而来的,因为注册会计师不可能对一个大的企业的每一笔业务都进行审计。在对账户余额或交易的审查中,只要审核的数量少于百分之百,就意味着使用了抽样技术。此种查看"少数账簿项目"的提法,于1917年在美国会计师协会(美国注册会计师协会的前身)编写的备忘录中提出。但这时的审计抽样属于最初形式的随意抽样。这里的"随意",是指从总体中抽取样本时带有很大的随意性,抽取多少、怎样抽取,对注册会计师而言都没有什么客观的标准和依据。这种抽样方式虽然简单易行,提高了工作效率,但因抽取的样本往往具有片面性,不能反映被查总体的真实情况,从而其审计结论的正确性难以保证,甚至会形成错误的结论。

(2)判断抽样。随着时间的推移,审计抽样技术得到了广泛应用。一方面,审计理论界在深入实际进行周密调查和研究的同时,注册会计师对抽样技术的运用也越来越熟练,积累的工作经验也日益丰富,极大提高了对问题的判断能力;另一方面,注册会计师也意识到随意抽样弊端的严重性,为了做出正确的判断,达到预期的效果,注册会计师合理运用了专业判断,在此基础上产生了判断抽样。所谓判断抽样,是指注册会计师根据审计工作目标,结合自己的经验,有目的、有重点地选择有关账项进行审查,并以样本的测试结果推断总体特征的审计方法。这种方法的优点是:重点突出,针对性强且简便灵活、易于操作,可以充分发挥注册会计师的实践经验和判断能力,提高审计工作效率。其缺点是:由于注册会计师全凭主观标准和个人经验来确定样本规模和评价样本结果,判断抽样不能客观地定量表示抽样风险。在决定样本数量、选择样本或评价抽样结论时可能不知不觉地加入个人的偏见。但是,如果注册会计师素质较高,判断抽样设计得当,就会收到良好的审计效果。

(3)统计抽样。现代企业规模扩大,业务频繁,为节省审计资源,注册会计师广泛采用统计抽样。所谓统计抽样(statistical sampling),是指同时具备下列特征的抽样方法:随机选取样本项目;运用概率论评价样本结果,包括计量抽样风险。不同时具备前面提及的两个特征的抽样方法为非统计抽样。统计抽样方法的优点:采用统计抽样,能够科学地确定样本规模;采用统计抽样,总体中各项目被抽中的机会是均等的,可以防止主观臆断;统计抽样能计算抽样误差在预先给定的范围内的概率有多大,并可根据抽样推断的要求,把这种误差控制在预先给定的范围之内;统计抽样有利于促使审计工作规范化。这种方法的缺点是:统计抽样经常被认为是昂贵的,因为需要对注册会计师进行抽样技术培训。

在审计过程中,无论是统计抽样还是非统计抽样(随意抽样和判断抽样),都离不开注册会计师的专业判断。那种认为统计抽样能够减少审计过程中的专业判断或者取代专业判断的观点是错误的,因为在运用统计抽样过程中存在许多不确定的因素,这些不确定因素需要注册会计师凭借正确的判断来解决。在实际工作中,往往把上述几种抽样方法结合运用,才能取得较好的审计效果。

▶ 2. 按审计抽样的运用方法,可将其分为属性抽样和变量抽样

属性抽样是指在精确度和可靠程度一定的条件下,为测试总体特征的发生频率而采用的一种方法。对内部控制进行的控制测试所采用的审计抽样通常是属性抽样。变量抽样是指用来估计总体金额而采用的一种方法。对账、证、表等资料进行的实质性程序采用的审计抽样通常是变量抽样。

知识拓展 6-4
属性抽样和变量抽样有哪些区别

在审计实务中,经常出现同时进行控制测试和实质性程序的情况,在此情况下采用的审计抽样称为双重目的抽样。

二、获取审计证据时采用审计抽样的适用情形

注册会计师获取审计证据的程序可能用于三个方面,即风险评估、控制测试和实质性程序,但不是所有的审计程序都能采用审计抽样,这要求注册会计师应根据审计准则的要求进行合理判断。

(一)风险评估

在进行财务报表审计过程中,注册会计师应当实施询问、分析程序、检查和观察等方法来了解被审计单位及其环境,以识别和评估重大错报风险。按照《中国注册会计师审计准则第 1314 号——审计抽样和其他选取测试项目的方法》的规定,注册会计师在实施上述风险评估程序时通常不涉及审计抽样。但是,注册会计师若了解内部控制的同时计划和实施控制测试,在这种双重目的的测试中注册会计师可以考虑使用审计抽样,但应当明确,此时审计抽样是针对控制测试进行的。

(二)控制测试

如果显示控制有效运行的特征留下了书面证据,即控制的运行留下了踪迹,注册会计师通常可以在控制测试中采用审计抽样或其他选取测试项目的方法。例如,销售部门应根据客户订单填制销售单,并得到有关主管人员的签字。对这样留下运行轨迹的控制,注册

会计师可以采用审计抽样来选取测试项目。对于未留下运行轨迹的控制实施测试时,注册会计师应当考虑采用询问、观察等审计程序以获取有关控制运行有效的审计证据,此时不涉及审计抽样。

(三)实质性程序

实质性程序包括细节测试和实质性分析程序。注册会计师在实施细节测试时,可以使用审计抽样,但在实施实质性分析程序时,不宜使用审计抽样和其他选取测试项目的方法。

三、审计抽样的基本步骤

审计抽样包括样本设计、确定样本规模、样本选取、实施审计程序并分析样本误差、推断总体误差和评价抽样结果五个主要步骤。

(一)样本设计

在设计审计样本时,注册会计师应当根据拟实现的具体审计目标,在考虑总体特征的基础上确定实现该目标的审计程序组合,以及如何在实施审计程序时运用审计抽样。注册会计师在样本设计时,应注意以下几个问题。

▶ 1. 正确理解总体的含义

在实施审计抽样之前,注册会计师应确定抽样总体的范围,构成总体的各单位要具有相同的特征。总体可以包括构成某类交易或账户余额的所有项目,也可以只包括某类交易或账户余额中的部分项目。例如,如果审计的具体目标是审查应收账款的存在性,审计对象总体可以对应收账款账面余额进行抽样,则总体包括构成应收账款余额的所有项目。如果注册会计师已将个别余额较大或关联交易的重要的明细账挑选出来单独测试,只对剩余的应收账款余额进行抽样,则总体只是部分应收账款余额。

▶ 2. 正确理解总体的特征

这里的总体具有适当性和完整性两个特征。总体的适当性是指注册会计师应确定总体适合特定的审计目标,包括适合测试的方向。例如,在应付账款的细节测试时,如果测试的目标是完整性目标,总体可以定义为后来支付的证明、未付款的发票、供货商的对账单、没有销售发票对应的收货报告,或能提供低估应付账款的审计证据的其他总体。总体的完整性是指注册会计师应当从总体项目内容和涉及时间等方面确定总体的完整性。例如,注册会计师对发运凭单的完整性进行测试,则总体应指被查期间的所有发运凭单。

▶ 3. 对总体采用合适的方法分类

注册会计师在进行细节测试时,可以对总体进行分层或金额加权选样。

(1)分层。此法先按一定标准,如按金额大小、数量多少等,将总体(全部样本)分成若干组(层次),然后,在各组中,按照不同要求,运用各种选样方法(如随机数表选样、等距选样),抽取一定数量的样本项目进行综合分析。根据分析结果,对总体做出审计结论。例如,将应收账款明细账按照余额大小,分为三组,采用不同选样方法,抽取样本,如表6-1所示。

表 6-1 分层选样举例

组别（层次）	分组标准（余额）	明细账数量/个	抽样率/%	抽取样本数量/个	抽样方法
1	30 000 元以上	100	100	100	全部审查
2	10 000~30 000 元	1 000	20	200	系统选样
3	10 000 元以下	500	10	50	随机数表选样

（2）金额加权选样。此法是将构成某类交易或账户余额的每一货币单位（如人民币）作为抽样单元，然后检查包含这些货币单位的特定项目。使用这种方法定义抽样单元时，大额项目因被选取的机会更大而获得更多的审计资源，且样本规模降低。这种方法可以与系统选样法结合使用，且在计算机辅助审计技术选取项目时效率更高。

根据以上各层抽取样本的结果进行综合分析，做出总体判断。

（二）确定样本规模

在审计抽样中，注册会计师要抽取一定数量的样本进行审查。究竟需要抽取多少样本，则需要注册会计师科学地确定样本抽取的最优数量。概括地讲，决定样本规模的基本因素有预计总体误差、可容忍误差、抽样风险、总体变异性和总体规模等。

▶ 1. 预计总体误差

注册会计师应根据前期审计中发现的误差、被审计单位的经济业务和经营环境的变化、对内部控制的评价以及分析性程序的结果等，来确定审计对象的总体的预期误差。如果预期总体误差增加，则应选择较大的样本规模。在控制测试中，预计总体误差是指预计总体偏差率；在细节测试中，预计总体误差是指预计总体错报。

▶ 2. 可容忍误差

可容忍误差是指注册会计师认为抽样结果可以达到审计目的而愿意接受的审计对象总体的最大误差。注册会计师应当在计划审计工作阶段，根据审计重要性原则，合理确定可容忍误差的界限。可容忍误差越小，须选取的样本规模越大。注册会计师在进行控制测试时，可容忍误差指的是可容忍偏差率。在进行细节测试时，可容忍误差是注册会计师在能够对某一账户余额或某类经济业务总体特征做出合理评价的条件下愿意接受的最大金额误差。

▶ 3. 抽样风险

样本规模受注册会计师可接受的抽样风险水平的影响。可接受的抽样风险与样本量成反比。注册会计师可接受的抽样风险越低，样本规模通常越大；注册会计师愿意接受的抽样风险越高，样本规模越小。

控制测试中的抽样风险包括信赖不足风险和信赖过度风险。信赖不足风险是指注册会计师推断的控制有效性低于其实际有效性的风险。信赖不足风险与审计的效率有关。信赖过度风险是指推断的控制有效性高于其实际有效性，信赖过度风险与审计的效果有关。

细节测试中的抽样风险包括误拒风险和误受风险。误拒风险是指注册会计师推断某一重大错报存在而实际不存在的风险。与信赖不足风险类似,误拒风险影响审计效率。误受风险是指注册会计师推断某一重大错报不能存在而实际上存在的风险。与信赖过度风险类似,误受风险影响审计效果。

▶ 4. 总体变异性

总体变异性是指总体的某一特征(如金额)在各项目之间的差异程度。在控制测试中,注册会计师在确定样本规模时一般不考虑总体变异性。在细节测试中,注册会计师确定适当的样本规模时要考虑特征的变异性。总体项目的变异性越低,样本规模通常越小。

▶ 5. 总体规模

注册会计师通常将抽样单元超过5 000个的总体视为大规模总体。对大规模总体而言,总体的实际容量对样本规模几乎没有影响。对小规模总体而言,审计抽样比其他选择测试项目的方法的效率低。

注册会计师应综合考虑这些影响因素,利用数理统计知识,合理确定选取样本的数量。

(三) 样本选取

在实际工作中,选取样本的方法很多,主要包括随机选样、系统选样、随意选样等。

(1) 随机选样,也称随机数表选样,即利用随机数表进行随机选择,具体做法是先将总体中各项目(个体)依次进行连续编号,也可沿用原项目的号码,如账页号、支票号等。而后,确定随机起点和随机路线,通过查找随机数表选取样本,直至选够预定的样本数量为止。

(2) 系统选样,也称等距选样。此方法首先根据总体容量与样本规模计算选样间隔数(或等距数),而后,在第一个间隔内选取样本项目。以后,在每一个选样间隔内,依次序、同比例地抽取样本项目。例如,样本容量为500,样本规模为50,选样间隔数为10,则等距系列为(1~10)(11~20)(21~30)(31~40)(41~50)…然后,在第一个等距序列(1~10)中随机抽取一数,假定其中间数5,则以后在每一个选样间隔中,即等距离地抽取其样本项目为15、25、35、45…这些样本项目即可组成等距离样本。由于各个号码之间的距离是相等的,所以,也叫等距选样。

系统选样也可在抽样个体数(假定为100)与样本总体数(假定为1 000)之间确定其比例数为10∶1,并在样本中任取一个顺序号,假定为101,则以此数为基础,以10向上递增为111、121、131、141…或以10向下递减为91、81、71、61…这些编号的原始凭证,即为抽样样本。

应该指出,此方法要求总体特征必须分布均匀,这样抽取的样本才有代表性。

(3) 随意选样,也叫任意选样。此法操作非常简单,注册会计师可以不考虑样本项目的性质、大小、外观、位置等特征,不带任何偏见地、任意地选取样本。

可以说,三种方法各有优势。其中,随机数表选样和系统选样可以在统计抽样中使用,而随意选样只能在非统计抽样中使用。

(四) 实施审计程序并分析样本误差

注册会计师应当对选取的每一个样本项目实施适合审计目标的审计程序,对选取的样本实施审计程序后旨在发现并记录样本中存在的误差。根据预先确定的构成误差的条件,将某一有问题的项目可确定为一项误差。在分析样本误差时,还应考虑误差的性质、原因及对其他相关审计工作的影响。

(五) 推断总体误差和评价抽样结果

知识拓展 6-5
构建绿色审计
信息共享平台

注册会计师分析样本误差后,应根据抽样中发现的误差采用适当的方法,推断审计对象的总体误差。在此基础上,重估抽样风险。注册会计师在细节测试中运用审计抽样推断总体误差后,应将总体误差同可容忍误差进行比较。如果推断的总体误差明显小于可容忍误差,表明抽查的样本符合统计抽样的要求,同时也表明抽查的样本数量偏多,但审计工作已完成,不可能缩减样本规模;如果推断的总体误差接近可容忍误差,注册会计师应考虑是否增加样本量或执行替代程序。如果推断的总体误差大于可容忍误差,说明经重估后的抽样风险不能接受,注册会计师应增加样本量或执行替代程序。最后,形成结论。注册会计师在抽样评价的基础上,应根据所获取的证据形成审计结论。

本章小结

1. 计划审计工作对于注册会计师顺利完成审计工作和控制审计风险具有非常重要的意义。计划审计工作包括初步业务活动、制定总体审计策略和具体审计计划。

2. 在财务报表审计中,注册会计师的主要工作就是运用审计方法,获取充分、适当的审计证据来对财务报表发表审计意见。目前较通用的审计方法包括检查、观察、询问、函证、重新计算、重新执行和分析程序等。

3. 审计抽样的步骤主要包括样本设计、确定样本规模、样本选取、实施审计程序并分析样本误差、推断总体误差和评价抽样结果。

复习思考题

1. 什么是审计计划?在制定总体审计策略时,应当考虑哪些事项?
2. 审计抽样的步骤有哪些?

实操练习

假若被审计单位应收账款的编号为 1~3 000 号,注册会计师利用表 6-2 随机数表选择其中的 150 个明细账进行函证。

注册会计师以从第一行第一列为起点,从上至下,然后进入第二列、第三列……以各数的后四位为准。假如您是该注册会计师,最先选择的 5 个号码分别是多少?

表 6-2　随机数表

编　号	(1)	(2)	(3)	(4)	(5)
1	76 921	06 907	110 08	42 751	27 756
2	99 564	72 905	56 420	66 994	98 875
3	94 301	91 977	05 463	07 972	18 876
4	88 759	14 342	63 660	10 281	17 453
5	85 475	36 857	53 342	53 988	53 060
6	28 017	69 577	88 230	33 276	70 997
7	63 552	40 961	48 235	03 427	49 626
8	00 034	93 069	52 636	92 737	88 975
9	00 116	61 129	00 089	00 689	48 237
10	00 099	97 336	71 048	08 178	77 244

在线自测

第七章　重要性与审计风险

> **学习目标**
> 1. 掌握重要性及重要性的定义；
> 2. 掌握重要性水平的确定和运用；
> 3. 掌握审计风险的构成及审计风险模型；
> 4. 理解重要性与审计风险之间的关系。

思政案例

勤勉尽责、做好资本市场的"看门人"——安然事件的反思

安然公司曾经是全美最大的能源公司，它的破产是美国历史上最大的公司破产案件之一。尽管它曾以750亿美元的市值在《财富》500强中名列第7，但它却很快就倒下了。其陨落始于2001年10月，当时安然公司宣布了一个令人震惊的消息，其季度亏损达到6.18亿美元，据说与神秘、隐蔽的内部人关联方有关。随后，2001年11月初，公司高层被迫承认他们曾于1997年虚报近6亿美元的利润，为此，他们必须重编过去4年的已审财务报表。2001年年底，安然公司破产。

在安然公司破产以后，许多人都想知道为什么如此严重的财务丑闻在这样漫长的时间里没有被发现。很多人指出这源于安然公司难以置信的、复杂的业务结构和它们相互关联、模糊不清的财务状况。"这是我们这里所看到的最复杂的财务报告的例子"，来自密歇根州的国会议员说道。一些人甚至声称，即使是掌管该公司的人也从来不了解他们的业务框架，因为它太复杂了。

安然公司业务和财务报表的复杂性以及不确定性也明显地愚弄了他们的审计人员。安然公司的审计人员正面临着一场猛烈攻击和集体诉讼。在国会听证会上，为安然公司进行审计的事务所CEO承认，事务所的职业判断被证明出现了差错，当关联实体应该合并时，他们错误地允许安然公司使它们保持独立。

资料来源：李雪. 审计基础与实务[M]. 上海：立信会计出版社，2021.

案例思考：

如何了解被审计单位及其环境？这对识别与评估被审计单位财务报表重大错报风险有什么作用？

第七章 重要性与审计风险

启示:

从安然事件中,我们需要吸取一些沉痛的教训。审计人员必须加强的工作之一就是深入了解客户的业务和行业状况,做到勤勉尽责和应有的关注,时刻保持职业谨慎和怀疑。否则的话,就无法确定相关业务的重要性水平,几乎不可能识别影响客户财务报表的重大经营风险,进而增加审计失败的风险。

第一节 重 要 性

一、重要性的含义及理解

审计重要性是审计学中十分重要的一个概念。重要性原则始终贯穿财务报表编制和审计实务的全过程,是风险导向审计理论和审计实务的核心关键。

国内外各类审计机构对审计重要性的概念和内涵进行了相关界定,具体如表 7-1 所示。

表 7-1 审计重要性的概念

机 构	准则名字	重要性的概念
国际会计准则委员会(IASC)	《财务报表编制与列报框架》(1989)	如果合理预期错报单独或汇总起来可能影响财务报表使用者做出的经济决策,则通常认为错报是重大的。重要性提供的是一个开端或截止点,对重要性的判断是根据具体环境做出的,并受错报金额或性质的单独或共同作用影响
国际审计实务委员会(IAPC)	《国际审计准则第 25 号——重要性和审计风险》(1987)	信息的错报或漏报足以影响使用者根据财务报表所做出的经济决策,该信息就具有重要性。重要性涉及财务资料误报(包括遗漏)的数量或性质,不论是个别的还是合计的,根据周围的环境,作为这种误报的结果,将会对人们依靠这些资料做出尽可能合理的判断产生影响或影响到他们的决策
国际会计准则委员会(IASC)	《关于编制和提供财务报表的框架》(1989)	信息的错报或漏报会影响使用者根据财务报表做出的经济决策,信息就具有重要性
国际审计与鉴证准则委员会(IAASB)	《国际审计准则第 320 号——计划和实施审计工作时的重要性》(2004)	如果一项错报(包括漏报)单独或连同其他错报(包括漏报)预期会影响财务报表使用者依据财务报表做出的经济决策,则该项错报(包括漏报)是重大的;对重要性的判断取决于周围的环境以及错报金额大小或错报的性质,或者两者兼而有之
中国注册会计师协会(CICPA)	《独立审计具体准则第 10 号——审计重要性》(1996)	审计重要性指被审计单位会计报表错报或漏报的严重程度,这一程度在特定环境下可能影响会计报表使用者的判断或决定

续表

机 构	准则名字	重要性的概念
中国注册会计师协会(CICPA)	《中国注册会计师审计准则第1221号——重要性》(2006)	重要性是指鉴证对象信息中存在错报的严重程度,取决于在具体环境下对错报金额和性质的判断。如果一项错报单独或连同其他错报可能影响财务报表使用者依据财务报表做出的经济决策,则该项错报是重大的

由上述关于审计重要性的概念与内涵表述可知,各国并未对重要性做出统一明确的定义,我国也如此。本书采用《中国注册会计师审计准则第1221号——重大错报风险的识别和评估》中对重要性的相关定义:如果一项错报单独或连同其他错报可能影响财务报表使用者依据财务报表做出的经济决策,则该项错报是重大的。

知识拓展 7-1
对审计重要性概念的理解

二、重要性水平

(一) 重要性水平的含义

审计重要性包括性质与数量(金额)两个方面。审计重要性水平指的是从数量(金额)方面衡量的审计重要性,它专门从数量方面衡量报表中的错报或者漏报的严重程度是否会影响报表使用者的判断或决策。即当审计人员运用审计重要性原则,针对不同错(漏)报可能对财务报表使用者的相关决策产生的影响程度进行判断时,须对错(漏)报的程度设置一个阈值即临界点,超过临界点的错(漏)报是重要的;反之,则该项错(漏)报并不重要。这个阈值、临界点就是重要性水平。

在审计实务中,重要性水平实质上是对被审计单位会计信息中可能存在的错(漏)报事项金额的最大容忍度——临界点,也是衡量构成错判的具体指标,故重要性水平的实质是对错(漏)报事项进行金额判断时所使用的一种量化标定工具,是审计重要性的量化体现。具体如图 7-1 所示。

图 7-1 重要性与重要性水平

(二) 重要性水平的意义

审计人员使用整体重要性水平(将财务报表作为整体)的意义如下。
(1) 决定风险评估程序的性质、时间安排和范围。
(2) 识别和评估重大错报风险。
(3) 确定进一步审计程序的性质、时间安排和范围。

在整个业务过程中,随着审计工作的进展,审计人员应当根据所获得的新信息更新重要性。在形成审计结论阶段，要使用整体重要性水平和为了特定类别交易、账户余额和披露而确定的较低金额的重要性水平来评价已识别的错报对财务报表的影响和对审计报告中审计意见的影响。从审计的整个过程中可以看出，合理确定重要性水平，能够帮助审计人员提高审计效率，节约审计成本，避免一定的审计风险，提高审计质量。

(三) 重要性水平的确定

▶ **1. 对重要性水平做出初步判断时应考虑的因素**

审计人员在确定计划的重要性水平时，需要考虑以下主要因素。

(1) 对被审计单位及其环境的了解。被审计单位的行业状况、法律环境与监管环境等其他外部因素，以及被审计单位业务的性质、对会计政策的选择和应用，被审计单位的目标、战略及相关的经营风险，被审计单位的内部控制等因素，都将影响审计人员对重要性水平的判断。

如果企业内部控制较为健全，可信赖程度高，则可以将重要性水平定得高一些；反之，则低一些。若审计风险较高，则重要性水平应确定得相对较低；反之，则应较高。

(2) 审计的目标。审计的目标包括特定报告要求、信息使用者的要求等因素影响审计人员对重要性水平的确定。例如，对特定报表项目进行审计的业务，其重要性水平可能需要以该项目金额确定，而不是以财务报表的一些汇总性财务数据为基础加以确定。

(3) 财务报表各项目的性质及其相互关系。财务报表使用者对不同的财务报表项目的关心程度不同。一般而言，对流动性较高的项目应从严确定重要性水平，另外，由于财务报表各项之间是相互联系的，审计人员在确定重要性水平时，必须考虑这种相互关系。

(4) 财务报表项目的金额及其波动幅度。财务报表项目的金额及其波动幅度可能成为财务报表使用者做出反应的信号，因此审计人员在确定重要性水平时，应当深入研究这些金额及其波动幅度。总之，只要影响预期财务报表使用者决策的因素，都可能对重要性水平产生影响。

审计人员应当在计划阶段充分考虑这些因素，并采取合理方法确定重要性水平。

▶ **2. 财务报表整体重要性**

由于财务报表审计的目标是审计人员通过执行审计工作对财务报表发表审计意见，因此，审计人员应当考虑财务报表整体的重要性。只有这样，才能得出财务报表是否公允反映的结论。审计人员在制定总体审计策略时，应当确定财务报表整体的重要性水平。

确定重要性需要运用职业判断。通常先选定一个基准，再乘以某一百分比作为财务报表整体的重要性。在选择基准时，需要考虑的因素包括以下几个方面。

(1) 财务报表要素(如资产、负债、所有者权益、收入和费用)。

(2) 是否存在特定会计主体的财务报表使用者特别关注的项目(如为了评价财务业绩，使用者可能更关注利润、收入或净资产)。

(3) 被审计单位的性质、所处的生命周期阶段以及所处行业和经济环境。

(4) 被审计单位的所有权结构和融资方式(例如，如果被审计单位仅通过债务而非权益进行融资，财务报表使用者可能更关注资产及资产的索偿权，而非被审计单位的收益)。

(5) 基准的相对波动性。

审计人员经常采用资产总额、净资产、营业收入、净利润等财务指标，但是适当基准取决于被审计单位的具体情况。例如，对以营利为目的的被审计单位，来自经常性业务的税前利润或税后净利润可能是一个适当的基准；而对收益不稳定的被审计单位或非营利组织来说，选择税前利润或税后净利润作为判断重要性水平的基准就不合适。

为选定的基准确定百分比需要运用职业判断（见式 7-1）。实务界常用的判断重要性水平的百分比有：税前净利润的 5%~10%，资产总额的 0.5%~1%，营业收入的 0.5%~1%等。

审计人员在确定重要性水平时，无须考虑与具体项目计量相关的固有不确定性。例如，财务报表含有高度不确定性的大额估计，审计人员不会因此而确定一个比不含有该估计的财务报表更高或更低的财务报表整体重要性。

知识拓展 7-2
常规性重要性水平参考

$$重要性水平＝恰当的基准值×合理百分比 \qquad (7-1)$$

【例 7-1】

甲审计人员和乙审计人员对 ABC 股份有限公司 2021 年度会计报表进行审计，其未经审计的有关会计报表项目金额如表 7-2 所示。

表 7-2　ABC 股份有限公司 2021 年度未经审计的会计报表项目　　单位：万元

会计报表项目	金　额
资产总额	18 000
净资产	9 800
主营业务收入	24 000
净利润	2 412

要求：

如果以资产总额、净资产、主营业务收入和净利润作为判断基础，采用固定比率法，并假定资产总额、净资产、主营业务收入和净利润的固定百分比数值分别为 0.5%、1%、0.5% 和 5%，请代甲审计人员和乙审计人员计算确定 ABC 股份有限公司 2021 年度财务报表层次的重要性。

解析：

计算结果列示如表 7-3 所示，所以应选择其中最低者 90 万元作为财务报表层次的重要性水平。

表 7-3　ABC 股份有限公司 2021 年度财务报表层次重要性水平判断结果

判断基础	金额/万元	固定百分比数值/%	乘积/万元	财务报表层次的重要性水平/万元
资产总额	18 000	0.5	90	
净资产	9 800	1	98	90
主营业务收入	24 000	0.5	120	
净利润	2 412	5	120.6	

3. 特定类别的交易、账户余额或披露的重要性

根据被审计单位的特定情况，下列因素可能表明存在一个或多个特定类别的交易、账户余额或披露，其发生的错报金额虽然低于财务报表整体的重要性，但合理预期将影响财务报表使用者依据财务报表做出的经济决策。

（1）法律法规或适用的财务报告编制基础是否影响财务报表使用者对特定项目（如关联方交易、管理层和治理层的薪酬及对具有较高估计不确定性的公允价值会计估计的敏感性分析）计量或披露的预期。

（2）与被审计单位所处行业相关的关键性披露（如制药企业的研究与开发成本）。

（3）财务报表使用者是否特别关注财务报表中单独披露的业务的特定方面（如关于分部或重大企业合并的披露）。

在根据被审计单位的特定情况考虑是否存在上述交易、账户余额或披露时，了解治理层和管理层的看法和预期通常是有用的。

【例 7-2】

接【例 7-1】，甲审计人员和乙审计人员综合分析，决定将报表层次的重要性水平 90 万元分配给资产项目，提出两种分配方案，如表 7-4 所示。

表 7-4 重要性水平分配表　　　　　　　　　　单位：万元

资产项目	金 额	A 方案	B 方案	金 额
货币资金	80	0.4	0.2	80
应收账款	7 568	37.84	40.2	7 568
存货	8 178	40.89	43	8 178
其他流动资产	265	1.325	1.6	265
固定资产	1 909	9.545	5	1 909
资产合计	18 000	90	90	18 000

要求：

从一般情况出发，试判断 A、B 两种方案中哪一种方案更好些。

解析：

如表 7-4 所示，A 方案是按资产总额 0.5% 确定重要性水平的比例进行同比例分配的。一般来说，这并不可行，审计人员必须对其进行修正。在一般情况下，应收账款和存货错报或漏报的可能性较大，所以应分配较高的重要性，可以节省成本，B 方案着重强调了应收账款和存货的重要性水平，所以 B 方案好一些。

4. 实际执行的重要性

实际执行的重要性，是指审计人员确定的低于财务报表整体重要性的一个或多个金额，旨在将未更正和未发现错报的汇总数超过财务报表整体的重要性的可能性降至适当的低水平。如果适用，实际执行的重要性还指审计人员确定的低于特定类别的交易、账户余额或披露的重要性水平的一个或多个金额。

确定实际执行的重要性并非简单机械的计算，需要审计人员运用职业判断，并考虑下列因素的影响。

(1) 对被审计单位的了解（这些了解在实施风险评估程序的过程中得到更新）。

(2) 前期审计工作中识别出的错报的性质和范围。

(3) 根据前期识别出的错报对本期错报做出的预期。

通常而言，实际执行的重要性通常为财务报表整体重要性的50%～75%。

如果存在下列情况，审计人员可能考虑选择较低的百分比（接近50%）来确定实际执行的重要性。

(1) 首次接受委托的审计项目。

(2) 连续审计项目，以前年度审计调整较多。

(3) 项目总体风险较高，例如处于高风险行业、管理层能力欠缺、面临较大市场竞争压力或业绩压力等。

(4) 存在或预期存在值得关注的内部控制缺陷。

如果存在下列情况，审计人员可能考虑选择较高的百分比（接近75%）来确定实际执行的重要性。

(1) 连续审计项目，以前年度审计调整较少。

(2) 项目总体风险为低到中等，例如处于非高风险行业、管理层有足够能力、面临较低的市场竞争压力和业绩压力等。

(3) 以前期间的审计经验表明内部控制运行有效。

▶ 5. 明显微小错报的临界值

注册会计师可能将低于某一金额的错报界定为明显微小的错报，对这类错报不需要累积，因为注册会计师认为这些错报的汇总数明显不会对财务报表产生重大影响。这些明显微小的错报，无论单独或者汇总起来，无论从金额、性质或其发生的环境来看，都是明显微不足道的。如果不确定一个或多个错报是否明显微小，就不能认为这些错报是明显微小的。

注册会计师需要在制定审计策略和审计计划时，确定一个明显微小错报的临界值，低于该临界值的错报视为明显微小的错报，可以不累积。《中国注册会计师审计准则第1251号——评价审计过程中识别的错报》第十六条规定，注册会计师应当在审计工作底稿中记录设定的某一金额，低于该金额的错报视为明显微小。确定该临界值需要注册会计师运用职业判断。在确定明显微小错报的临界值时，注册会计师可能考虑以下因素。

(1) 以前年度审计中识别出的错报（包括已更正和未更正错报）的数量和金额。

(2) 重大错报风险的评估结果。

(3) 被审计单位治理层和管理层对注册会计师与其沟通错报的期望。

(4) 被审计单位的财务指标是否勉强达到监管机构的要求或投资者的期望。

注册会计师可能将明显微小错报的临界值确定为财务报表整体重要性的3%～5%，也可能低一些或者高一些，但通常不超过财务报表整体重要性的10%，除非注册会计师认为有必要单独为重分类错报确定一个更高的临界值。

▶ 6. 审计过程中修改重要性

由于存在下列原因,审计人员可能需要修改财务报表整体的重要性和特定类别的交易、账户余额或披露的重要性水平(如适用)。

(1) 审计过程中情况发生重大变化,如决定处置被审计单位的一个重要组成部分。

(2) 获取新信息。

(3) 通过实施进一步审计程序,审计人员对被审计单位及其经营所了解的情况发生变化。例如,审计人员在审计过程中发现,实际财务成果与最初确定财务报表整体的重要性时使用的预期本期财务成果相比存在很大差异,则需要修改重要性。

三、错报与重要性水平

(一) 错报

错报是指某一财务报表项目的金额、分类或列报,与按照适用的财务报告编制基础应当列示的金额、分类或列报之间存在的差异;或根据审计人员的判断,为使财务报表在所有重大方面实现公允反映,需要对金额、分类或列报做出的必要调整。错报可能是由于错误或舞弊导致的,具体原因如下。

(1) 收集或处理用以编制财务报表的数据时出现错误。

(2) 遗漏某项金额或披露,包括不充分或不完整的披露,以及为满足特定财务报告编制基础的披露目标而被要求做出的披露(如适用)。

(3) 由于疏忽或明显误解有关事实导致做出不正确的会计估计。

(4) 审计人员认为管理层对会计估计做出不合理的判断或对会计政策做出不恰当的选择和运用。

(5) 信息的分类、汇总或分解不恰当。

知识拓展 7-3
事实错报、
判断错报和
推断错报

(二) 重要性水平的运用

《中国注册会计师审计准则第 1221 号——计划和执行审计工作时的重要性》规定,注册会计师在计划和执行审计工作,评价识别出的错报对审计的影响,以及未更正错报对财务报表和审计意见的影响时需要恰当地运用重要性概念。

▶ 1. 计划和执行审计工作时

在编制审计计划时,审计人员应当对重要性水平做出初步判断。重要性的初步判断是指注册会计师认为报表中可能存在错报,而又不至于影响理性使用者决策的最大金额。做出的判断为确定风险评估程序的性质、时间安排和范围,识别和评估重大错报风险,确定进一步审计程序的性质、时间安排和范围等方面提供了基础。

▶ 2. 评价审计结果时

审计人员在评价审计结果时应当汇总已发现但尚未更正的错报或漏报,以考虑尚未更正错报的汇总数是否对财务报表的反映产生重大影响。在做出这种判断时就需要利用重要性水平。但需要注意的是,审计人员在确定重要性水平时是根据对被审计单位财务结果做出估计的,因此可能尚不知道实际的财务结果。因此在评价未更正错报的影响前审计人员可能有必要依据实际的财务结果对重要性做出修改。

1) 累计识别出的错报

审计人员应当累计审计过程中识别出的错报,除非错报明显微小(无论单独或者汇总起来,无论从规模、性质或其发生的环境来看,都是明显微不足道的)(式 7-2)。

$$累计识别出的错报 = 事实错报 + 判断错报 \tag{7-2}$$

值得注意的是,审计人员在汇总时,也可能包括前期尚未调整的错报或漏报。一般而言,如果前期尚未调整的错报或漏报尚未消除,且导致本期财务报表严重失实,审计人员在汇总时就应将其包括进来。此外,在汇总时,审计人员还应考虑期后事项和或有事项是否已进行适当处理。

2) 评价未更正错报的影响

未更正错报是指审计人员在审计过程中累积的且被审计单位未更正的错报(式 7-3)。

$$尚未更正错报(错报或漏报的汇总) = 累计识别出的错报 + 推断错报 \tag{7-3}$$

尚未更正错报与财务报表层次重要性水平相比,可能出现以下三种情况。

(1) 尚未更正错报的汇总数低于重要性水平(并且特定项目的尚未更正错报也低于考虑其性质所设定的更低的重要性水平,下同)。如果尚未更正错报汇总数低于重要性水平,对财务报表的影响不重大,审计人员可以发表无保留意见的审计报告。

(2) 尚未更正错报的汇总数超过重要性水平。如果尚未更正错报或漏报汇总数超过重要性水平,对财务报表的影响可能是重大的,审计人员应当考虑通过审计程序的范围或提请被审计单位调整财务报表,以降低审计风险。即当汇总数超过重要性水平时,为了降低审计风险,审计人员应当考虑采用两种措施:一是扩大实质性程序的范围,以进一步确认汇总数是否重要;二是提请被审计单位调整财务报表,以使汇总数低于重要性水平。如果被审计单位拒绝调整财务报表,或扩大实质性程序的范围后,尚未调整的错报或漏报汇总数仍超过重要性水平,审计人员应当发表保留审计意见或否定审计意见。一般来说,如果尚未调整的错报或漏报的汇总数可能影响某个财务报表使用者的决策,但财务报表的反映就其整体而言是公允的,审计人员应当发表保留审计意见。如果尚未调整的错报或漏报非常重要,可能影响大多数甚至全部财务报表使用者的决策时,审计人员应当发表否定审计意见。

(3) 尚未更正错报的汇总数接近重要性水平。如果尚未调整的错报或漏报汇总数接近重要性水平,由于该汇总数连同尚未发现的错报或漏报可能超过重要性水平,审计人员应当实施追加审计程序,或提请被审计单位进一步调整已发现的错报或漏报,以降低审计风险。被审计单位财务报表的错报或漏报,除了已发现的错报或漏报及推断的错报或漏报之外,还可能存在其他的错报或漏报。当汇总数接近重要性水平时,如考虑该种错报或漏报汇总数可能超过重要水平,审计风险就会增加,为降低审计风险,审计人员应当实施追加审计程序或提请被审计单位进一步调整财务报表。

知识拓展 7-4
对审计报告的影响

第二节 审计风险

审计风险是指当财务报表存在重大错报时,审计人员发表不恰当审计意见的可能性。审计风险是一个与审计过程相关的技术术语,并不是指审计人员执行业务的法律后果,如因诉讼、负面宣传或其他与财务报表审计相关的事项而导致损失的可能性。

审计风险取决于重大错报风险和检查风险。

一、重大错报风险

重大错报风险是指财务报表在审计前存在重大错报的可能性。重大错报风险与被审计单位的风险相关,且独立于财务报表审计而存在。在设计审计程序以确定财务报表整体是否存在重大错报时,审计人员应当从财务报表层次和各类交易、账户余额和披露认定层次方面考虑重大错报风险。

(一) 财务报表层次的重大错报风险

财务报表层次重大错报风险与财务报表整体存在广泛联系,可能影响多项认定。此类风险通常与控制环境有关,如管理层缺乏诚信、治理层形同虚设而不能对管理层进行有效监督等;但也可能与其他因素有关,如经济萧条、企业所处行业处于衰退期等。此类风险难以界定于某类交易、账户余额和披露的具体认定;相反,此类风险增大了认定层次发生重大错报的可能性,与审计人员考虑由舞弊引起的风险尤其相关。

在审计过程中,审计人员应当评估财务报表层次的重大错报风险,并根据评估结果确定总体应对措施。

(二) 认定层次的重大错报风险

审计人员还应同时考虑各类交易、账户余额和披露认定层次的重大错报风险,考虑的结果直接有助于审计人员确定认定层次上实施的进一步审计程序的性质、时间安排和范围。审计人员在各类交易、账户余额和披露认定层次获取审计证据,以便能够在审计工作完成时,以可接受的低审计风险水平对财务报表整体发表审计意见。

认定层次的重大错报风险又可进一步细分为固有风险和控制风险。

(1) 固有风险是指在考虑相关的内部控制之前,某类交易、账户余额或披露的某一认定易于发生错报(该错报单独或连同其他错报可能是重大的)的可能性。这样的可能性既可从该错报单独考虑,也可能是连同其他错报构成的重大错报。某些类别的交易、账户余额和披露及其认定,固有风险较高。例如,复杂的计算比简单计算更可能出错;受重大计量不确定性影响的会计估计发生错报的可能性较大等。产生经营风险的外部因素也可能影响固有风险,例如,技术进步可能导致某项产品陈旧,进而导致存货易于发生高估错报(计价认定)。被审计单位及其环境中的某些因素还可能与多个甚至所有类别的交易、账户余额和披露有关,进而影响多个认定的固有风险。这些因素包括维持经营的流动资金匮乏、被审计单位处于夕阳行业等。

(2) 控制风险是指某类交易、账户余额或披露的某一认定发生错报,该错报单独或连同其他错报是重大的,但没有被内部控制及时防止或发现并纠正的可能性。控制风险取决于与财务报表编制有关的内部控制的设计和运行的有效性。由于控制的固有局限性,某种程度的控制风险始终存在。

需要特别说明的是,由于固有风险和控制风险不可分割地交织在一起,有时无法单独进行评估,本书通常不再单独提到固有风险和控制风险,而只是将这两者合并称为"重大错报风险"。但这并不意味着,审计人员不可以单独对固有风险和控制风险进行评估。相反,审计人员既可以对两者进行单独评估,也可以对两者进行合并评估。

值得注意的是,由于重大错报风险是客观存在的风险,与审计人员是否审计无关,因此只能被审计人员识别、评估和应对,而不能被升高、降低、调节、控制和消除。

二、检查风险

检查风险是指某一认定存在错报,该错报单独或连同其他错报可能是重大的,审计人员为了将审计风险降至可接受的低水平而实施审计程序后没有发现这种错报的风险。检查风险取决于审计程序设计的合理性和执行的有效性。由于审计人员通常并不对所有的交易、账户余额和披露进行检查,以及其他原因(包括注册会计师可能选择了不恰当的审计程序,审计过程执行不当,或者错误解读了审计结论),检查风险不可能降低为零。审计人员可以通过适当计划审计工作,在项目组成员之间进行恰当的职责分配,保持职业怀疑态度以及监督、指导和复核项目组成员执行的审计工作,以降低和控制检查风险。

三、审计风险模型

重大错报风险和检查风险两者之间的关系可以从定性和定量两个角度加以考虑。

(一) 从定量角度看

在既定的审计风险水平下,可接受的检查风险水平与认定层次重大错报风险的评估结果呈反向关系。评估的重大错报风险越高,可接受的检查风险越低;评估的重大错报风险越低,可接受的检查风险就越高。检查风险与重大错报风险的反向关系用数学模型表示如下(见式7-4):

$$审计风险 = 重大错报风险 \times 检查风险 \qquad (7\text{-}4)$$

由于认定层次的重大错报风险由固有风险和控制风险构成,所以该模型可以进一步为(见式7-5):

$$审计风险 = 固有风险 \times 控制风险 \times 检查风险 \qquad (7\text{-}5)$$

这个模型就是审计风险模型。需要注意的是,该模型前提条件为审计风险水平是既定的,换言之,就是在审计风险模型中,既定者为审计风险,在此前提下描述重大错报风险和检查风险的变动关系。式(7-5)中审计风险是指审计人员可接受的审计风险,检查风险是指可接受的检查风险,它不同于实际的检查风险,审计人员将依据其可接受的检查风险实施进一步审计程序。

例如,假设针对某一认定,审计人员将可接受的审计风险水平设定为5%,审计人员实施风险评估程序后将重大错报风险评估为25%，则根据这一模型，可接受的检查风险为20%。当然，实务中，审计人员不一定用绝对数量表示这些风险水平，而是选用"高""中""低"等文字进行定性描述。

(二) 从定性角度看

审计风险的两个构成要素不是独立存在的，而是相互联系、互相作用的。这主要体现在：检查风险与重大错报风险之间存在反比例关系。评估被审计单位的重大错(漏)报风险程度越高，可接受的检查风险水平就越低；反之，评估被审计单位的重大错(漏)报风险程度越低，可接受的检查风险水平就越高。换言之，当重大错报风险水平较高时，审计人员必须扩大审计范围，将检查风险尽量降低，以便使整个审计风险降低至可接受的水平。

第三节 重要性与审计风险

一、重要性与审计风险呈反向关系

我国《独立审计具体准则第10号——审计重要性》第八条规定："注册会计师应当考虑重要性与审计风险之间存在的反向关系。重要性水平越高，审计风险就越低；重要性水平越低，审计风险就越高。"，由此可知，审计重要性与审计风险之间存在反向关系。

基于前述关于审计重要性和重要性水平的概念和内涵分析，可知该准则实质是在强调审计重要性的量化工具——重要性水平与审计风险之间存在反向关系。通常5 000元的重要性水平比2 000元的重要性水平高。在理解两者之间的关系时必须注意，重要性水平是注册会计师从财务报表使用者的角度进行判断的结果。如果重要性水平是5 000元，则意味着低于5 000元的错报不会影响财务报表使用者的决策，此时注册会计师需要通过执行有关审计程序合理保证能发现高于5 000元的错报。如果重要性水平是2 000元，则金额在2 000元以上的错报就会影响财务报表使用者的决策，此时注册会计师需要通过执行有关审计程序合理保证能发现金额在2 000元以上的错报。显然，重要性水平为2 000元时，审计不出这样的重大错报的可能性，即审计风险，要比重要性水平为5 000元时的审计风险高。审计风险越高，越要求注册会计师收集更多更有效的审计证据，以将审计风险降至可接受的低水平。因此，重要性和需要获取的审计证据之间也是反向变动关系。

值得注意的是，审计人员不能通过不合理地人为调高重要性水平，降低审计风险。因为重要性是依据重要性概念中所述的判断标准确定的，而不是由主观期望的审计风险水平决定的。

二、考虑重要性与审计风险的关系对审计程序的影响

审计人员对重要性及其与审计风险的关系的考虑贯穿注册会计师审计工作的全过程。在不同的审计阶段，重要性与审计风险的关系都会对审计程序产生影响。

(一) 在审计计划阶段

在审计计划阶段，审计人员在确定审计程序的性质、时间和范围时，需要考虑计划的

重要性水平。在计划审计工作时，审计人员应该考虑导致财务报表发生重大错报的原因，并应当在了解被审计单位及其环境的基础上，确定一个可接受的重要性水平，即首先为财务报表层次确定重要性水平，同时还应该评估各交易、账户余额及列报认定层次的重要性，以便确定进一步审计程序的程序、时间和范围，将审计风险降至可接受的低水平。审计人员在确定审计程序的性质、时间和范围时应当考虑重要性与审计风险之间的反向关系。

（二）在审计执行阶段

在审计执行阶段，随着审计过程的推进，审计人员应当及时评价计划阶段确定的重要性水平是否仍然合理，并根据具体环境的变化或审计过程中进一步获取的信息，修正计划的重要性水平，进而修改进一步审计程序的性质、时间和范围。例如，随着审计证据的累积，审计人员可能认为初始选用的重要性基准并不恰当，需要选用其他的基准来计算重要性水平。在确定审计程序后，如果审计人员决定接受更低的重要性水平，审计风险将会增加。为将审计风险降低到可接受的低水平，审计人员应选用的方法有：第一，如有可能，通过扩大控制测试范围或实施追加的控制测试，降低评估的重大错报风险，并支持降低后的重大错报风险；第二，通过修改计划实施的实质性程序的性质、时间和范围，降低检查风险。

（三）在评价审计程序结果阶段

在评价审计程序结果时，注册会计师确定的重要性和审计风险，可能与计划审计工作时评估的重要性和审计风险存在差异。在这种情况下，注册会计师应当重新确定重要性和审计风险，并考虑实施的审计程序是否充分。

本章小结

1. 重要性是指如果一项错报单独或连同其他错报可能影响财务报表使用者依据财务报表做出的经济决策，则该项错报是重大的。

2. 审计重要性包括性质与数量（金额）两个方面。审计重要性水平指的是从数量（金额）方面衡量的审计重要性，它专门从数量方面衡量报表中的错报或者漏报的严重程度是否会影响报表使用者的判断或决策。

3. 审计风险是指当财务报表存在重大错报时，审计人员发表不恰当审计意见的可能性。审计风险取决于重大错报风险和检查风险。审计风险模型：审计风险＝重大错报风险×检查风险。由于认定层次的重大错报风险由固有风险和控制风险构成，所以该模型可以进一步为：审计风险＝固有风险×控制风险×检查风险。

4. 重要性与审计风险之间存在反向关系。重要性水平越高，审计风险就越低；重要性水平越低，审计风险就越高。

复习思考题

1. 如何理解重要性及重要性水平的含义？

2. 什么是实际执行的重要性？在确定实际执行的重要性时需要考虑的因素有哪些？
3. 在评价审计结果时如何运用重要性？
4. 什么是审计风险？审计风险包括哪两个组成部分？
5. 试述审计风险与重要性之间的关系。

实操练习

ABC 会计师事务所的注册会计师 X 和 Y 接受指派，审计 XYZ 股份有限公司（以下简称 XYZ 公司）20×3 年度财务报表。现正在编制审计计划。

资料一：XYZ 公司未经审计的财务报表显示，20×3 年度资产总额为 180 000 万元，净资产为 88 000 万元，主营业务收入为 240 000 万元，利润总额为 36 000 万元，净利润为 24 120 万元。

资料二：根据 XYZ 公司的具体情况和审计质量控制的要求，ABC 会计师事务所要求注册会计师 X 和 Y 将 XYZ 公司年报审计业务的可接受审计风险水平控制在 5% 的水平上。按 ABC 会计师事务所的业务指导手册，规定 10%（含）以下的风险水平为低水平，10%～40%（含）的风险水平为中等水平，超过 40% 的风险水平为高水平。

资料三：在编制 XYZ 公司年度报表审计业务的具体审计计划时，为确定财务报表各主要项目的实质性程序，注册会计师 X 和 Y 根据以往经验和控制测试结果，分别确定了各类交易、余额的固有风险和控制风险水平。表 7-5 列示了其中 5 个账户的情况。

表 7-5　XYZ 公司 20×3 年度 5 个账户情况　　　　　　　　　%

风险要素	应收票据	应收账款	固定资产	存货	短期借款
固有风险	难以确定	20	30	30	80
控制风险	6	25	90	40	90

要求：

（1）针对资料一，为了确定财务报表层次的重要性水平，注册会计师 X 和 Y 决定以资产总额、净资产、营业收入以及净利润作为判断基础，采用固定比率法，选定这些判断基础的固定比率分别为 0.5%、1%、0.5% 和 5%，请代为计算并确定 XYZ 公司 20×3 年度财务报表的重要性水平，列示计算过程，简要说明重要性水平与审计风险以及重要性水平与所需审计证据数量之间的关系。

（2）根据资料二及资料三，请代注册会计师 X 和 Y 谨慎地估计应收票据项目的可接受检查风险水平，列示计算过程，并简要说明理由。

（3）针对资料三，请代注册会计师 X 和 Y 确定各财务报表项目的审计风险水平，进而运用审计风险模型计算公司应收账款、固定资产、存货、短期借款项目的可接受检查风险水平，列示计算过程，计算结果保留小数点后 1 位。

在线自测

第八章 风险评估与风险应对

> **学习目标**
> 1. 掌握内部控制的含义及五要素；
> 2. 掌握风险评估的含义及程序；
> 3. 掌握财务报表层次和认定层次重大错报风险的应对措施。

思政案例

木受绳则直，金就砺则利——英国巴林银行为何破产

巴林银行在 20 世纪 90 年代前是英国最大的银行之一，有超过 200 年的历史。由于巴林银行新加坡分行总经理里森从事日本大阪及新加坡交易所之间的日经指数期货套期对冲和债券买卖活动，累积亏损超过 10 亿美元，导致巴林银行破产，最终被荷兰 ING 收购。

调查中发现：巴林银行的高层对里森在新加坡的业务并不了解，在事发 3 年内居然无人看出里森的问题。其实，巴林银行已经发现里森在账上有 5 000 多万英镑的差额，并对此进行了几次调查，但都被里森蒙骗过去。造成巴林银行灾难性厄运的原因是，巴林银行缺乏职责划分的机制，里森身兼巴林新加坡分行的交易员和结算员，这使他有机会伪造存款和其他文件，把期货交易带来的损失瞒天过海，最终造成了不可收拾的局面。

另外一个致命问题是，巴林银行的高层对财务报告不重视。巴林银行董事长 Peter Barings 曾说若以为审视更多资产负债表的数据就可以增加对一个集团的了解，那真是幼稚无知。但如果有人在破产前认真看一下巴林银行任何一天的资产负债表，里面都有明显记录，可以看出里森的问题。遗憾的是，巴林银行高层对财务报表的不重视，使之付出了高昂的代价。

里森在自传中也说："有一群人本来可以揭穿并阻止我的把戏，但他们没有这么做。我不知道他们在监督上的疏忽与罪犯级的疏忽之间的界限何在，也不清楚他们是否对我负有什么责任。"

在这个案例中，英国巴林银行破产的根本原因是银行的内控制度不健全，没有一个健全的内部控制制度，不能及时检查企业自身的经营决策，从而成为不法分子的温床。企业如此，人亦如此。因此，审计人员要遵守《企业内部控制基本规范》，为企业达成经营管理合法合规、资产安全、财务报告及相关信息真实完整、提高经营效率效果以及促进企业实

现发展战略等目标提供合理保证

资料来源：靳毅. 回看巴林银行倒闭 透析银行风险管理[J]. 审计观察，2020(10)：28-32.

案例思考：
1. 企业如何建立健全内部控制制度？
2. 作为审计人员如何做好风险评估和风险应对？

启示：

企业内部控制制度能够保证业务活动的有效进行，保护企业资产的安全和完整，防止、发现、纠正错误和舞弊，保证会计资料的真实、合法和完整。案例中正是因为企业内部控制没有得到执行而发生了巨额亏损。因此，作为审计人员，要遵守《企业内部控制基本规范》，为企业达成经营管理合法合规、资产安全、财务报告及相关信息真实完整、提高经营效率效果，以及促进企业实现发展战略等目标提供合理保证。

第一节 内部控制概述

一、内部控制的含义

2008年5月22日，财政部、中国证监会、审计署、中国银行业监督管理委员会（简称中国银监会）、中国保险监督管理委员会（简称中国保监会）联合发布《企业内部控制基本规范》，是我国企业内部控制建设史上的一大里程碑。《企业内部控制基本规范》提出，内部控制是由企业董事会、监事会、经理层和全体员工共同实施的，旨在为企业达成经营管理合法合规，资产安全，财务报告及相关信息真实完整，提高经营效率效果以及促进企业实现发展战略等目标提供合理保证的过程。

二、内部控制的目标

企业实施内部控制主要期望达成以下五个方面的目标。

(1) 促进企业遵循国家法律法规。守法和诚信是企业健康发展的基石，逾越法律的短期发展终将付出沉重代价。内部控制要求企业必须将发展置于国家法律法规允许的基本框架之内，在守法的基础上实现自身的发展。

(2) 促进企业维护资产安全。资产安全是投资者、债权人和其他利益相关者普遍关注的重大问题，是企业可持续发展的物质基础。良好的内部控制，应当为资产安全提供扎实的制度保障。

(3) 促进企业提高信息报告质量。可靠、及时的信息报告能够为企业提供准确而完整的信息，支持企业经营管理决策和对营运活动及业绩的监控；同时，保证对外披露的信息报告的真实、完整，有利于提升企业的诚信度和公信力，维护企业良好的声誉和形象。

(4) 促进企业提高经营效率和效果。效益性目标要求企业结合自身所处的特定的内外部环境，通过建立健全有效的内部控制，不断提高经营活动的盈利能力和管理效率。

(5) 促进企业实现发展战略目标。这是内部控制的终极目标，它要求企业将近期利益与长远利益结合起来,在企业经营管理中努力做出符合战略要求、有利于提升可持续发展能力和创造长久价值的策略选择。

三、建立内部控制的基本原则

内部控制的基本原则是企业建立与实施内部控制应当遵循的基本要求。企业建立实施内部控制应当遵循以下五大原则。

(1) 全面性原则。内部控制应当贯穿决策、执行和监督的全过程,覆盖企业及其所属单位的各种业务和事项,实现全过程、全员性控制,不存在内部控制空白点。

(2) 重要性原则。内部控制应当在兼顾全面的基础上,关注重要业务事项和高风险领域,并采取更严格的控制措施,确保不存在重大缺陷。重要性原则的应用需要职业判断,企业应当根据所处行业环境和经营特点,从业务事项的性质、涉及金额、后果三方面来考虑是否及如何实行重点控制。

(3) 制衡性原则。内部控制应当在治理结构、机构设置及权责分配、业务流程等方面形成相互制约、相互监督,同时兼顾运营效率。制衡性原则要求企业完成几项工作必须经过互不隶属的两个或两个以上的岗位和环节;同时,还要求履行内部控制监督职责的机构或人员具有良好的独立性。

(4) 适应性原则。内部控制应当与企业经营规模、业务范围、竞争状况和风险水平等相适应,并随着情况的变化加以调整。适应性原则要求企业建立与实施内部控制应当具有前瞻性,适时地对内部控制系统进行评估,发现可能存在的问题,并及时采取措施予以补救。

(5) 成本效益原则。内部控制应当权衡实施成本与预期效益,以适当的成本实现有效控制。成本效益原则要求企业内部控制建设必须统筹考虑投入成本和产出效益之比,对成本效益原则的判断需要从企业整体利益出发。尽管某些控制会影响工作效率,但其可能会避免整个企业遭受更大损失,此时仍应实施相应控制。

四、内部控制的基本要素

企业建立健全内部控制需要考虑内部环境、风险评估、控制活动、信息与沟通、内部监督五大要素。

(一) 内部环境

内部环境规定企业的纪律与架构,影响经营管理目标的制定,塑造企业文化氛围并影响员工的控制意识,是企业建立与实施内部控制的基础。内部环境主要包括治理结构、机构设置及权责分配、内部审计机制、人力资源政策、企业文化等内容。

▶ 1. 治理结构

企业应当根据国家有关法律法规和企业章程,建立规范的公司治理结构和议事规则,明确董事会、监事会和经理层在决策、执行、监督等方面的职责权限,形成科学有效的职责分工和制衡机制。

2. 机构设置及权责分配

企业应当结合业务特点和内部控制要求设置内部机构，明确职责权限，将权力与责任落实到各责任单位。企业内部机构设置虽然没有统一模式，但所采用的组织结构应当有利于提升管理效能，并保证信息通畅流动。

3. 内部审计机制

企业应当加强内部审计工作，保证内部审计机构设置、人员配备和工作的独立性。

4. 人力资源政策

人力资源政策应当有利于企业可持续发展，一般包括员工的聘用、培训、辞退与辞职，员工的薪酬、考核、晋升与奖惩，关键岗位员工的强制休假制度和定期岗位轮换制度；对掌握国家秘密或重要商业秘密的员工离岗的限制性规定等内容。企业应当将职业道德修养和专业胜任能力作为选拔和聘用员工的重要标准，切实加强员工培训和继续教育，不断提升员工素质。

5. 企业文化

企业应当加强文化建设，培育积极向上的价值观和社会责任感，倡导诚实守信、爱岗敬业、开拓创新和团队协作精神，树立现代管理理念，强化风险意识和法治观念。董事、监事、经理及其他高级管理人员应在塑造良好的企业文化中发挥关键作用。

(二) 风险评估

风险评估是企业在及时识别、科学分析经营活动中与实现控制目标相关的风险因素，是合理确定风险应对策略，实施内部控制的重要环节。风险评估主要包括目标设定、风险识别、风险分析和风险应对四个环节。

1. 目标设定

风险是指一个潜在事项的发生对目标实现产生影响的可能性。风险与可能被影响的控制目标相关联。企业必须制定与生产、销售、财务等业务相关的目标，设立可辨认、分析和管理相关风险的机制，以了解企业所面临的来自内部和外部的各种不同风险。

2. 风险识别

企业不仅要识别内部风险，还要识别与控制目标相关的各类外部风险。

企业识别内部风险，一般关注：董事、监事、经理及其他高级管理人员的职业操守，员工专业胜任能力等人力资源因素；组织机构、经营方式、资产管理、业务流程等管理因素；研究开发、技术投入、信息技术运用等自主创新因素；财务状况、经营成果、现金流量等财务因素；营运安全、员工健康、环境保护等安全环保因素；等等。

企业识别外部风险，一般关注：经济形势、产业政策、融资环境、市场竞争、资源供给等经济因素；法律法规、监管要求等法律因素；安全稳定、文化传统、社会信用、教育水平、消费者行为等社会因素；技术进步、工艺改进等科学技术因素；自然灾害、环境状况等自然环境因素；等等。

3. 风险分析

在充分识别各种潜在风险因素后，企业应对固有风险，即不采取任何防范措施可能造成的损失程度进行分析；同时，重点分析剩余风险，即采取相应应对措施之后仍可能造成的损失程度。企业应当采用定性与定量相结合的方法，按照风险发生的可能性及其影响程度等，对识别的风险进行分析和排序，确定关注重点和须优先控制的风险。

4. 风险应对

企业在分析相关风险的可能性和影响程度后，应结合风险承受度，权衡风险与收益，确定风险应对策略。

常用的风险应对策略有：风险规避，即改变或回避相关业务，不承担相应风险；风险承受，即比较风险与收益后，愿意无条件承担全部风险；风险降低，即采取一切措施降低产生不利后果的可能性；风险分担，即通过购买保险、外包业务等方式来分担一部分风险。

风险应对策略的选择与企业风险偏好密切相关，为此，企业应当合理分析，掌握董事、经理及其他高级管理人员、关键岗位员工的风险偏好，采取适当的控制措施，避免因个人风险偏好给企业经营带来重大损失。风险应对策略往往需结合运用。

（三）控制活动

控制活动是指企业根据风险应对策略，采用相应的控制措施，将风险控制在可承受范围之内，它是实施内部控制的具体方式。常见的控制措施有不相容职务分离控制、授权审批控制、会计系统控制、财产保护控制、预算控制、运营分析控制和绩效考评控制等。企业应当根据内部控制目标，结合风险应对策略，综合运用控制措施，对各种业务和事项实施有效控制。

1. 不相容职务分离控制

所谓不相容职务，是指那些如果由同一人担任既可能发生错误和舞弊行为，又可能掩盖其错误和舞弊行为的职务。不相容职务一般包括授权批准与业务经办、业务经办与会计记录、会计记录与财产保管、业务经办与稽核检查、授权批准与监督检查等。对于不相容的职务如果不实行相互分离的措施，就容易发生舞弊等行为。不相容职务分离的核心是"内部牵制"，因此，企业在设计内部控制系统时，首先应确定哪些岗位和职务是不相容的；其次要明确规定各个机构和岗位的职责权限，使不相容岗位和职务之间能够相互监督、相互制约，形成有效的制衡机制。

2. 授权审批控制

授权审批是指企业在办理各项经济业务时，必须经过规定程序的授权批准。授权审批形式通常有常规授权和特别授权之分。常规授权是指企业在日常经营管理活动中按照既定的职责和程序进行的授权，用以规范经济业务的权力、条件和有关责任者，其时效性一般较长。特别授权是企业在特殊情况、特定条件下对办理例外的、非常规性交易事项的权力、条件和责任的应急性授权。企业必须建立授权审批体系，编制常规授权的权限指引，规范特别授权的范围、权限、程序和责任，严格控制特别授权。对于重大的业务和事项，企业应当实行集体决策审批或者联签制度，任何个人不得单独进行决策或擅自改变集体决策。

▶ 3. 会计系统控制

会计系统控制主要是通过对会计主体所发生的各项能用货币计量的经济业务进行记录、归集、分类、编报等而进行的控制。其内容主要包括：依法设置会计机构，配备会计从业人员，建立会计工作的岗位责任制，对会计人员进行科学、合理的分工，使之相互监督和制约；按照规定取得和填制原始凭证；设计良好的凭证格式；对凭证进行连续编号；规定合理的凭证传递程序；明确凭证的装订和保管手续责任；合理设置账户，登记会计账簿，进行复式记账；按照《会计法》和国家统一的会计准则与制度的要求编制、报送、保管财务会计报告。

▶ 4. 财产保护控制

保障财产安全特别是资产安全，是内部控制的重要目标之一。财产保护控制的措施主要包括以下几种。

（1）财产记录和实物保管。关键是要妥善保管涉及资产的各种文件资料，避免记录受损、被盗、被毁。对重要的文件资料，应当留有备份，以便在遭受意外损失或毁坏时重新恢复，这在计算机处理条件下尤为重要。

（2）定期盘点和账实核对。定期对实物资产进行盘点，并将盘点结果与会计记录进行比较。盘点结果与会计记录如不一致，可能说明资产管理上出现错误、浪费、损失或其他不正常现象，应当分析原因、查明责任、完善管理制度。

（3）限制接近。严格限制未经授权的人员对资产的直接接触，只有经过授权批准的人员才能接触该资产。限制接近包括限制对资产本身的接触和通过文件批准方式对资产使用或分配的间接接触。在一般情况下，对货币资金、有价证券、贵重物品、存货等变现能力强的资产必须限制无关人员的直接接触。

▶ 5. 预算控制

预算控制的内容涵盖了企业经营活动的全过程，企业通过预算的编制和检查预算的执行情况，可以比较、分析内部各单位未完成预算的原因，并对未完成预算的不良后果采取改进措施。在实际工作中，预算编制无论是采用自上而下还是自下而上的方法，其决策权都应落实在内部管理的最高层，由这一权威层次进行决策、指挥和协调。预算确定后由各预算单位组织实施，并辅之以对等的权、责、利关系，由内部审计等部门负责监督预算的执行。

▶ 6. 运营分析控制

运营分析是指对企业内部各项业务、各类机构的运行情况进行独立分析或综合分析，进而掌握企业运营的效率和效果，为持续的优化调整奠定基础。运营分析控制要求企业建立运营情况分析制度，综合运用生产、购销、投资、筹资、财务等方面的信息，通过因素分析、对比分析、趋势分析等，定期开展运营情况分析，从而发现存在的问题，及时查明原因并加以改进。

▶ 7. 绩效考评控制

绩效考评是对所属单位及个人占有、使用、管理与配置企业经济资源的效果进行的评价。绩效考评控制要求企业建立和实施绩效考评制度,科学设置考评指标体系,对企业内部各责任单位和全体员工的业绩进行定期考核和客观评价,将考评结果作为确定员工薪酬以及职务晋升、评优、降级、调岗、辞退等的依据。

除上述常见控制措施外,企业还需建立重大风险预警机制和突发事件应急处理机制,明确风险预警标准,对可能发生的重大风险或突发事件,制订应急预案,明确责任人员、规范处理程序,确保突发事件得到及时妥善处理。

(四) 信息与沟通

信息与沟通是指企业及时、准确地收集,传递与内部控制相关的信息,以确保信息在企业内部、企业与外部之间进行有效沟通,它是实施内部控制的重要条件。

▶ 1. 信息的收集与筛选

企业日常生产经营需要收集各种内部信息和外部信息,并对这些信息进行合理筛选、核对、整合,以提高信息的有用性。企业既可以通过财务会计资料、经营管理资料、调研报告、专项信息、内部刊物、办公网络等渠道,获取内部信息,也可以通过行业协会组织、社会中介机构、业务往来单位、市场调查、来信来访、网络媒体以及有关监管部门等渠道,获取外部信息。

▶ 2. 信息的沟通与反馈

信息的价值必须通过传递和使用才能体现。企业应当建立信息传递机制,将内部控制相关信息在企业内部各管理层级、责任单位、业务环节之间,以及企业与外部投资者、债权人、客户、供应商、中介机构和监管部门等有关方面之间进行沟通和反馈。重要信息须及时传递给董事会、监事会和经理层。

▶ 3. 信息的集成与共享

为提高控制效率,企业可以运用信息技术加强内部控制,建立与经营管理相适应的信息系统,促进内部控制流程与信息系统的有机结合,实现对业务和事项的自动控制,减少或消除人为操纵因素。企业在利用信息技术对信息进行集成和共享的同时,还应加强对信息系统开发与维护、访问与变更、数据输入与输出、文件储存与保管、网络安全等方面的控制,以保证信息系统安全稳定运行。

▶ 4. 建立反舞弊机制

企业应当建立反舞弊机制,坚持惩防并举、重在预防的原则,明确反舞弊工作的重点领域、关键环节和有关机构在反舞弊工作中的职责权限,规范舞弊案件的举报、调查、处理、报告和补救程序。为确保反舞弊工作落到实处,企业应当建立举报投诉制度和举报人保护制度,设置举报专线,明确举报投诉处理程序、办理时限和办理要求,确保举报、投诉成为企业有效掌握信息的重要途径。举报投诉制度和举报人保护制度应当及时传达至全体员工。

(五) 内部监督

内部监督是指企业对内部控制的建立与实施情况进行监督检查,评价内部控制的有效性,对发现的内部控制缺陷及时加以改进,它是实施内部控制的重要保证。

内部监督包括日常监督和专项监督。日常监督是指企业对建立与实施内部控制的情况进行常规、持续的监督检查。专项监督是指企业在发展战略、组织结构、经营活动、业务流程、关键岗位员工等发生较大调整或变化的情况下，对内部控制的某一方面或某些方面进行有针对性的监督检查。

知识拓展 8-1
内部控制对环保企业绿色创新的影响

日常监督和专项监督情况应当形成书面报告，并在报告中揭示存在的内部控制缺陷。内部监督形成的报告应当有畅通的报告渠道，确保发现的重要问题能被及时送达治理层和管理层；同时，应当建立内部控制缺陷纠正、改进机制，充分发挥内部监督效力。企业应当在日常监督和专项监督的基础上，定期对内部控制的有效性进行自我评价，出具自我评价报告。

第二节 风险评估

一、重大错报风险评估的含义与程序

（一）重大错报风险评估的含义

风险评估是指注册会计师在了解被审计单位及其环境的基础上，对其财务报表层次以及认定层次重大错报风险进行识别、评价和估计，以便分析错报风险的发生领域、发生的可能性以及风险是否重大。

财务报表层次重大错报风险是指与财务报表整体广泛相关，并潜在影响多项认定的风险。它不限于某类交易、账户余额或披露层次的特定认定风险，而在一定程度上代表了可能增加认定层次重大错报风险的情况，如管理层凌驾于内部控制之上。

认定层次重大错报风险是指与某类交易、账户余额、列报与披露层次相关的特定风险。它通常限于特定的某类交易、账户余额或列报与披露。

（二）重大错报风险评估的程序

注册会计师了解被审计单位及其环境，目的是识别和评估财务报表重大错报风险。为了解被审计单位及其环境而实施的程序称为"风险评估程序"。注册会计师应当依据实施这些程序所获取的信息，评估重大错报风险。

注册会计师应当实施下列风险评估程序，以了解被审计单位及其环境：询问管理层和被审计单位内部其他相关人员；分析程序；观察和检查；考虑其他信息。

▶ 1. 询问管理层和被审计单位内部其他相关人员

（1）询问管理层和被审计单位内部其他相关人员是注册会计师了解被审计单位及其环境的一个重要信息来源。注册会计师可以考虑向管理层和财务负责人询问下列事项：①管理层所关注的主要问题，如新的竞争对手、主要客户和供应商的流失、新的税收法规的实施以及经营目标或战略的变化等；②被审计单位最近的财务状况、经营成果和现金流量；③可能影响财务报告的交易和事项，或者目前发生的重大会计处理问题，如重大的购并事宜等；④被审计单位发生的其他重要变化，如所有权结构、组织结构的变化，以及内部控

制的变化等。

(2)注册会计师也可以通过询问被审计单位内部的其他不同层级的人员获取信息，或为识别重大错报风险提供不同的视角。例如，注册会计师可以询问下列人员以获取信息。①直接询问治理层，可能有助于注册会计师了解编制财务报表的环境。②直接询问内部审计人员，可能有助于获取有关以下事项的信息：本年度针对被审计单位内部控制设计和运行有效性而实施的内部审计程序，管理层是否根据实施这些程序的结果采取了适当的应对措施等。③询问参与生成、处理或记录复杂、异常交易的员工，可能有助于注册会计师评价被审计单位选择和运用某项会计政策的恰当性。④直接询问内部法律顾问，可能有助于注册会计师了解有关信息，如诉讼、遵守法律法规的情况、影响被审计单位的舞弊或舞弊嫌疑、产品保证、售后责任、与业务合作伙伴的安排（如合营企业），以及合同条款的含义等。⑤直接询问营销或销售人员，可能有助于注册会计师了解被审计单位营销策略的变化、销售趋势或与客户的合同安排。

▶ 2. 分析程序

分析程序是指注册会计师通过研究不同财务数据之间以及财务数据与非财务数据之间的联系，对财务信息的合理性做出评价的过程。分析程序还包括调查识别出的与其他相关信息不一致或与预期数据严重偏离的波动和关系。

分析程序既可用于风险评估程序和实质性程序，也可用于对财务报表的总体复核。注册会计师实施分析程序有助于识别异常的交易或事项，以及对财务报表和审计产生影响的金额、比率和趋势。在实施分析程序时，注册会计师应当预期可能存在的合理关系，并与被审计单位记录的金额，依据记录金额计算的比率或趋势比较。如果发现存在未预期的关系，注册会计师应当在识别重大错报风险时考虑这些比较结果。

▶ 3. 观察和检查

观察和检查程序可以支持对管理层和其他相关人员的询问结果，并可以提供有关被审计单位及其环境的信息，注册会计师应当实施下列观察和检查程序。

(1) 观察被审计单位的经营活动。

(2) 检查文件、记录和内部控制手册。

(3) 阅读由管理层和治理层编制的报告。

(4) 实地查看被审计单位的生产经营场所和厂房设备。

(5) 追踪交易在财务报告信息系统中处理过程（穿行测试）。

▶ 4. 考虑其他信息

(1) 其他审计程序。除了采用上述程序外，如果根据职业判断认为从被审计单位外部获取的信息有助于识别重大错报风险，注册会计师应当实施其他审计程序以获取这些信息。

(2) 其他信息来源。注册会计师应当考虑在客户接受或保持过程中获取的信息是否与识别重大错报风险相关。通常，对新的审计业务，注册会计师应在业务承接阶段对被审计单位及其环境进行初步了解，以确定是否承接该业务。而对连续审计业务，也应在每年续约过程中对上年审计做总体评价,并更新对被审计单位的了解和风险评估结果,以确定是否续约。注册会计师还应当考虑向被审计单位提供其他服务(如执行中期财务报表审阅业务)所获得的经验是否有助于识别重大错报风险。

二、了解被审计单位及其环境

(一)了解被审计单位及其环境的目的

了解被审计单位及其环境是必要程序,它为注册会计师在下列关键环节做出职业判断时提供了重要依据。

(1)确定重要性水平,并随着审计工作的进程,评估对重要性水平的判断是否仍然适当。

(2)考虑会计政策的选择和运用是否恰当,以及财务报表的列报是否适当。

(3)识别需要特别考虑的领域,包括关联方交易、管理层运用持续经营假设的合理性,或交易是否具有合理的商业目的等。

(4)确定在实施分析程序时使用的预期值。

(5)设计和实施进一步审计程序,以将审计风险降至可接受的水平。

(6)评价所获取审计证据的充分性和适当性。

(二)了解被审计单位及其环境的主要领域

注册会计师全面了解被审计单位及其环境,至少应包括以下方面:被审计单位所在行业的相关状况、法律环境与监管环境及其他外部因素;被审计单位的性质;被审计单位对会计政策的选择和运用;被审计单位的目标、战略及相关经营风险;被审计单位财务业绩的衡量和评价;被审计单位的内部控制。

▶ 1. 了解被审计单位所在行业的相关状况、法律环境与监管环境及其他外部因素

(1)了解被审计单位所在行业状况,有助于注册会计师识别与被审计单位所处行业有关的重大报表风险。注册会计师应当从以下方面了解被审计单位的行业状况:所处行业的市场与竞争,包括市场需求、生产能力和价格竞争;生产经营的季节性和周期性;与被审计单位产品相关的生产技术;能源供应与成本;行业的关键指标和统计数据。

(2)了解被审计单位所在行业的法律环境和监管环境,有助于注册会计师识别和评估被审计单位的法律风险和监管风险,而这些风险会影响被审计单位的发展战略、生产经营,进而影响其财务报表的列报和披露。注册会计师应当从以下方面来了解被审计单位所处行业的法律环境与监管环境:会计原则和行业特定惯例;受管制行业的法规框架;对被审计单位经营活动产生重大影响的法律法规,包括直接的监管活动;税收政策(关于企业所得税和其他税种的政策);目前对被审计单位开展经营活动产生影响的政府政策,如货币政策(包括外汇管制)、财政政策、财政刺激措施(如政府援助项目)、关税或贸易限制政策等;影响行业和被审计单位经营活动的环保要求。

(3)了解被审计单位所在行业的其他外部因素,有助于注册会计师识别和评估可能导致被审计单位财务报表存在重大错报的其他外部因素。注册会计师应当从总体经济情况、

利率、融资的可获得性、通货膨胀水平或币位变动等方面来了解影响被审计单位经营的其他外部因素。具体而言，注册会计师可能需要了解以下情况：当前的宏观经济状况以及未来的发展趋势如何；目前国内或本地区的经济状况（如增长率、通货膨胀率、失业率、利率等）是如何影响被审计单位的经营活动的；被审计单位的经营活动是否受汇率波动或全球市场力量的影响。

▶ 2. 了解被审计单位的性质

可以从所有权结构、治理结构、组织结构、经营活动、投资活动、筹资活动等方面来了解被审计单位的性质。

1）了解被审计单位的所有权结构

注册会计师应当了解所有者与其他人员或实体之间的关系，考虑关联方关系是否已经得到识别，以及关联方交易是否得到恰当核算。

2）了解被审计单位的治理结构

注册会计师应当了解被审计单位的治理结构。例如，董事会的构成情况，董事会内部是否有独立董事；治理结构中是否设有审计委员会或监事会及其运作情况。注册会计师应当考虑治理层是否能够在独立于管理层的情况下对被审计单位事务（包括财务报告）做出客观判断。

3）了解被审计单位的组织结构

注册会计师应当了解被审计单位的组织结构，考虑复杂组织结构可能导致的重大错报风险，包括财务报表合并、商誉减值及长期股权投资核算等问题。

4）了解被审计单位的经营活动

注册会计师应当了解被审计单位的经营活动，主要包括：主营业务的性质；与生产产品或提供劳务相关的市场信息；业务的开展情况；联盟、合营与外包情况；从事电子商务的地区分布与行业细分；生产设施、仓库和办公室的地理位置，存货存放的地点和数量；关键客户；货物和服务的重要供应商；劳动用工安排；研究与开发活动及其支出；关联方交易。

5）了解被审计单位的投资活动

注册会计师应当了解被审计单位的投资活动，主要包括：近期拟实施或已实施的并购活动与资产处置情况，如业务重组或某些业务的终止；并购活动如何与被审计单位目前的经营业务相协调，并考虑它们是否会引发进一步的经营风险；证券投资、委托贷款的发生与处置；资本性投资活动，如固定资产和无形资产投资、近期或计划发生的变动，以及重大的资本承诺等；不纳入合并范围的投资。

6）了解被审计单位的筹资活动

注册会计师应当了解被审计单位的筹资活动，主要包括：债务结构和相关条款，如资产负债表外融资和租赁安排；主要子公司和联营企业（无论是否处于合并范围内）；实际受益方及关联方；衍生金融工具的使用。

▶ 3. 了解被审计单位对会计政策的选择和运用

注册会计师应当了解和关注被审计单位对重要会计政策选择和运用事项包括：当前采

用的会计政策(包括会计估计);重大和异常交易的会计处理方法;缺乏权威性标准或共识、有争议的或新兴领域所采用的重要会计政策及其产生的影响;会计政策的变更;新颁布的财务报告准则、法律法规,以及被审计单位何时采用、如何采用这些规定。

除上述与会计政策的选择和运用相关的事项外,注册会计师还应对被审计单位下列与会计政策运用相关的情况予以关注:是否采用激进的会计政策、方法、估计和判断;财会人员是否拥有足够的运用会计准则的知识、经验和能力;是否拥有足够的资源支持会计政策的运用,如人力资源及培训、信息技术的采用、数据和信息的采集等。

注册会计师应当考虑被审计单位是否按照适用会计准则的规定恰当地进行了列报,并披露了重要事项。列报和披露的主要内容包括:财务报表及其附注的格式、结构安排、内容;财务报表项目使用的术语,披露信息的明细程度;项目在财务报表中的分类以及列报信息的来源等。注册会计师应当考虑被审计单位是否已对特定事项做了适当的列报和披露。

▶ **4. 了解被审计单位的目标、战略及相关经营风险**

注册会计师应当了解被审计单位是否存在与下列方面有关的目标和战略,并考虑相应的经营风险:行业发展;开发新产品或提供新服务;业务扩张;新的会计要求;监管要求;本期及未来的融资条件;信息技术的运用;实施战略的影响,特别是由此产生的需要运用新的会计要求的影响。

知识拓展 8-2
经营风险与
财务报表
重大错报风险

▶ **5. 了解被审计单位财务业绩的衡量和评价**

被审计单位内部或外部对财务业绩的衡量和评价可能对管理层产生压力,促使其采取行动改善财务业绩或歪曲财务报表。注册会计师应当了解被审计单位财务业绩的衡量和评价情况,考虑这种压力是否可能导致管理层采取行动,以至于增加财务报表发生重大错报的风险,具体包括:关键业绩指标;业绩趋势;预测、预算和差异分析;管理层和员工业绩考核与激励性报酬政策;分部信息与不同层次部门的业绩报告;与竞争对手的业绩比较;外部机构提出的报告。

在了解这些信息时,注册会计师应当关注被审计单位内部财务业绩衡量所显示的未预期的结果或趋势,管理层的调查结果和纠正措施,以及相关信息是否显示财务报表可能存在重大错报风险。

▶ **6. 了解被审计单位的内部控制**

内部控制是被审计单位为了合理保证财务报告的可靠性、经营的效率和效果以及对法律法规的遵守,由治理层、管理层和其他人员设计和执行的政策与程序。一方面,由于受领导的主观因素或人为判断失误等因素的影响,内部控制往往存在一定的固有局限性,无论如何设计和执行,只能对财务报告的可靠性提供合理的保证。另一方面,内部控制设计与执行的好坏,直接决定重大错报风险发生的概率。因此,注册会计师应当了解与审计相关的内部控制以识别潜在错报的类型。必须了解的具体内容包括内部环境、风险评估、控制活动、信息与沟通和内部监督。

知识拓展 8-3
注册会计师
了解内部控制
的范围与深度

三、识别和评估重大错报风险

评估重大错报风险是风险评估阶段的最后一个步骤。获取的风险因素将用于评估财务报表层次以及各类交易、账户余额和披露认定层次的重大错报风险。风险的识别与评估有助于确定进一步审计程序的性质、范围和时间安排,以便应对识别的风险。

(一)识别和评估重大错报风险应当实施的审计程序

在评估重大错报风险时,注册会计师应当实施下列审计程序。

(1)在了解被审计单位及其环境(包括与风险相关的控制)的整个过程中,结合对财务报表中各类交易、账户余额和披露的考虑,识别风险。例如,被审计单位因相关环境法规的实施需要更新设备,可能面临原有设备闲置或贬值的风险;宏观经济的低迷可能预示应收账款的回收存在问题;竞争者开发的新产品上市,可能导致被审计单位的主要产品在短期内过时,预示将出现存货跌价和长期资产(如固定资产等)的减值。

(2)结合对拟测试的相关控制的考虑,将识别出的风险与认定层次可能发生错报的领域相联系。例如,销售困难使产品的市场价格下降,可能导致年末存货成本高于其可变现净值而需要计提存货跌价准备,这显示存货的计价认定可能发生错报。

(3)评估识别出的风险,并评价其是否更广泛地与财务报表整体相关,进而潜在地影响多项认定。

(4)考虑发生错报的可能性(包括发生多项错报的可能性),以及潜在错报的重大程度(即是否导致了重大错报)。

注册会计师应当将实施风险评估程序获取的信息,包括在测试和评价内部控制有效性中获取的审计证据,作为支持风险评估结果的审计证据。注册会计师应当根据风险评估结果,确定实施进一步审计程序的性质、时间安排和范围。在对重大错报风险进行识别和评估后,注册会计师应当确定识别的重大错报风险是与特定的某类交易、账户余额和披露的认定相关,还是与财务报表整体广泛相关,进而影响多项认定。某些重大错报风险可能与特定的某类交易、账户余额和披露的认定相关。例如,被审计单位存在复杂的联营或合资,这一事项表明长期股权投资账户的认定可能存在重大错报风险。又如,被审计单位存在重大的关联方交易,该事表明关联方及关联方交易的披露认定可能存在重大错报风险。

(二)可能表明存在重大错报风险的事项和情况

当存在下列事项和情况之一时,被审计单位存在重大错报的风险较高,注册会计师应当予以充分关注:在经济不稳定的国家或地区开展业务;在高度波动的市场开展业务;在严厉、复杂的监管环境中开展业务;持续经营和资产流动性出现问题,包括重要客户流失;融资能力受限制;行业环境发生变化;供应链发生变化;开发新产品或提供新业务,或者进入新的业务领域;开辟新的经营场所;发生重大收购、重组或其他非经常事项;拟出售分支机构或业务分部;复杂的联营或合资;运用表外融资、特殊目的实体以及其他复杂的融资协议;重大的关联方交易;缺乏具备胜任能力的会计人员;关键人员变动;内部控制薄弱;信息技术战略与经营战略不协调;信息技术环境发生变化;安装新的与财务报告有关的重大信息技术系统;经营活动或财务报告受到监管机构的调查;以往存在重大错报或本期期末出现重大会计调整；发生重大的非常规交易；按照管理层特定意图记录的交易；应用新颁布的会计准则或相关会计制度；会计计量过程复杂；事项或交易在计量时存在重大不确定性；存在未决诉讼和或有负债。

注册会计师发现在被审计单位存在上述事项和情况之一时，应当充分考虑其导致的风险是否重大，以及该风险导致财务报表发生重大错报的可能性。

（三）考虑内部控制对重大错报风险的影响

▶ 1. 控制环境财务报表层次重大错报风险的影响

财务报表层次重大错报风险很可能源于薄弱的控制环境。薄弱的控制环境带来的风险可能对财务报表产生广泛影响而不仅限于某类交易、账户余额和披露，注册会计师应当采取总体应对措施。

▶ 2. 将内部控制与特定认定相联系

这是因为内部控制有助于防止或发现并纠正认定层次的重大错报。在评估重大错报发生的可能性时，除了考虑可能的风险外，还要考虑内部控制对风险的抵消和遏制作用。有效的内部控制会减少错报发生的可能性，而内部控制不当或缺乏内部控制，错报就会由可能变成现实。

内部控制可能与某一认定直接相关，也可能与某一认定间接相关。关系越间接，内部控制在防止或发现并纠正认定中错报的作用越小。

第三节 风险应对

审计人员在采用风险评估程序了解被审计单位及其环境，充分认识和评估财务报表的重大错报风险之后，便要考虑如何应对评估的重大错报风险问题，包括针对评估的财务报表层次重大错报风险确定总体应对措施，以及针对评估的认定层次重大错报风险设计和实施进一步审计程序，将审计风险降至可接受的低水平。

一、财务报表层次重大错报风险的总体应对措施

在确定针对财务报表层次重大错报风险的总体应对措施时，注册会计师要运用职业判断。一般来说，针对评估的财务报表层次重大错报风险的总体应对措施包括以下几个方面。

（1）向项目组强调在收集和评价审计证据过程中保持职业怀疑态度的必要性。

（2）分派更有经验或具有特殊技能的审计人员，或利用专家的工作。来自不同行业的审计客户，在经营业务、经营风险、财务报告、法规和监管要求等方面可能各具特点，注册会计师的选派必须针对客户的特殊性，项目组成员中应有一定比例的人员曾经参与过被审计单位以前年度的审计工作，或具有被审计单位所处行业的相关审计经验，必要时，还应考虑利用专家的工作。

（3）提供更多的督导。对财务报表层次重大错报风险较高的被审计单位，项目组的高

级注册会计师应强化对一般注册会计师的督导，严格复核一般会计师的工作。

（4）注意增加进一步审计程序的不可预见性。被审计单位人员，尤其是管理层，如果熟悉注册会计师的审计套路，就可能采取种种规避手段，掩盖财务报告中的舞弊行为。因此，在设计拟实施审计程序的性质、时间和范围时，为了避免既定思维对审计方案的限制，避免对审计效果的人为干涉，从而使得针对重大错报风险的进一步审计程序更加有效，注册会计师要考虑使某些程序不会为被审计单位管理层预见或事先了解。

（5）对拟实施审计程序的性质、时间和范围做出总体修改。根据风险评估结果对拟实施审计程序的性质、时间和范围做适当的调整。

知识拓展 8-4 控制环境对财务报表层次重大错报风险评估的影响

二、针对认定层次重大错报风险的进一步审计程序

注册会计师应当针对评估的认定层次重大错报风险设计和实施进一步审计程序，即控制测试和实质性程序。注册会计师应当考虑进一步审计程序的性质、时间和范围，通过设计合理的方案，以便评价财务报表认定的适当性。

在通常情况下，可供选择的方案有以下几种：一是出于成本效益的考虑采用综合性方案，即控制测试程序与实质性程序结合使用；二是必须实施控制测试程序；三是仅实施实质性程序。在时间上，注册会计师可以选择在期中测试，也可以选择在期末进行。总之，无论选择何种方案或何种时间，注册会计师都应当针对所有重大的各类交易、账户余额、列报设计和实施实质性程序。

（一）实施控制测试

▶ 1. 控制测试的含义

控制测试（tests of control），也叫符合性测试，是指用于评价内部控制防止或发现并纠正认定层次重大错报的运行有效性的审计程序。注册会计师在测试控制运行的有效性时，应当从以下方面获取有关控制是否有效运行的审计证据。

（1）控制在所审计期间的不同时点是如何运行的。
（2）控制是否得到一贯执行。
（3）控制由谁执行。
（4）控制以何种方式运行。

如果被审计单位在所审期间内的不同时期使用了不同的控制，注册会计师应当考虑不同时期控制运行的有效性。

知识拓展 8-5 控制测试与了解内部控制有哪些异同

▶ 2. 控制测试实施的条件

控制测试并非在任何情况下都需要实施。当存在下列情形之一时，注册会计师应当实施控制测试。

（1）在评估认定层次重大错报风险时，预期控制的运行是有效的。注册会计师通过实施风险评估程序，可能发现某项控制的设计是合理的，同时得到了执行。在这种情况下，出于成本效益的考虑，注册会计师可能预期，如果相关控制在不同时点都得到一贯执行，

与该项控制有关的财务报表认定发生重大错报的可能性就不会很大，也就可以考虑通过实施控制测试而减少实施实质性程序。

(2) 仅实施实质性程序不足以提供认定层次充分、适当的审计证据。有时，对于一些重大错报风险，注册会计师仅通过实质性程序无法予以应对。例如，在被审计单位对日常交易或与财务报表相关的其他数据(包括信息的生成、记录、处理、报告)采用高度自动化处理的情况下，审计证据可能仅以电子形式存在，此时审计证据是否充分适当取决于自动化信息系统相关控制是否有效。如果无效，则生成不正确信息或信息被篡改的可能性会大大增加。这时，就必须实施控制测试，而不能单纯考虑成本效益关系。

▶ 3. 控制测试实施的时间

注册会计师应当根据控制测试的目的确定控制测试的时间，并确定拟信赖的相关控制的时点或期间。如果注册会计师仅需要测试控制在特定时点运行的有效性，注册会计师只需获取该时点的审计证据。如果需要获取控制在某一期间有效运行的审计证据，仅获取与时点相关的审计证据是不充分的，注册会计师需要借助其他控制测试，包括测试被审计单位对控制的监督。在决定控制测试实施的时间时，注册会计师需要注意以下两种情况。

(1) 在期中实施控制测试。注册会计师根据具体情况，可能在期中实施控制测试。这时，即使注册会计师已获取有关控制在期中运行有效的证据，还应考察这些控制在剩余期间的变化情况。如果这些控制在剩余期间没有变化，注册会计师可以信赖期中获取的审计证据；如果这些控制在剩余期间有变化，注册会计师需要考虑这些变化对期中审计证据的影响。

(2) 拟利用以前审计获取的审计证据。由于内部控制往往存在一定的稳定性，注册会计师在本次审计中也可以适当考虑利用以前审计获取的有关控制运行有效性的证据。如果拟信赖以前获取的有关控制运行有效性的审计证据，注册会计师应当实施询问、观察、检查等程序，获取这些控制是否已发生变化的审计证据。如果已发生变化，注册会计师应当在本期审计中测试这些控制的有效性。

▶ 4. 控制测试实施的范围

在确定控制测试的性质和时间之后，注册会计师还要决定执行控制测试的范围。控制测试的范围是指某项控制活动的测试次数。注册会计师主要根据以下因素来确定控制测试的范围。

(1) 在整个拟信赖的期间，被审计单位执行控制的频率。控制执行频率越高，控制测试的范围越大。

(2) 在所审计期间，注册会计师拟信赖控制运行有效性的时间长度。拟信赖期间越长，控制测试的范围越大。

(3) 为证实控制能够防止或发现并纠正认定层次重大错报，所需获取审计证据的相关性和可靠性。对审计证据相关性和可靠性的要求越高，控制测试范围越大。

(4) 通过测试与认定相关的其他控制获取的审计证据的范围。由于针对同一认定，可能存在不同的控制。当针对其他控制获取审计证据的充分性和适当性较高时，测试该控制的范围可适当缩小。

(5) 控制的预期偏差。控制的预期偏差是指控制未得到执行的次数占总次数的比重。该比重越大，说明控制的预期偏差越高，需要实施控制测试的范围越大。

(二) 实施实质性程序

▶ 1. 实质性程序的含义与类别

实质性程序(substantive procedures)是指用于发现认定层次重大错报的审计程序，包括对各类交易、账户余额和披露的细节测试以及实质性分析程序。实质性程序包括两大类：一是细节测试，即对各类交易、账户余额、列报的具体细节进行测试，目的在于直接识别财务报表认定层次是否存在错报；二是实质性分析程序，即主要通过研究数据间的关系评价信息，用以识别各类交易、账户余额、列报及相关认定是否存在错报。需要指出的是，注册会计师对重大错报风险的评估是一种判断，可能无法充分识别所有的重大错报风险，并且由于内部控制存在固有的局限性，无论评估的重大错报风险结果如何，注册会计师都应当针对所有重大的各类交易、账户余额、列报实施实质性程序。

▶ 2. 实质性程序的方法与运用

注册会计师应当针对评估的风险设计细节测试，目的是获取充分、适当的审计证据，以达到认定层次所计划的保证水平。例如，在了解被审计单位及其环境时，注册会计师认为管理层面临实现盈利指标的压力而可能提前确认收入，即评估主营业务收入的发生认定方面可能存在重大错报。为此，注册会计师在设计实质性程序时，可考虑采用检查书面文件的方法，从主营业务收入明细账入手一直追查到相关的原始凭证为止。当然，在实际审计测试中，有时也会针对不同认定实施同一种测试，比如向客户函证应收账款，既能证实应收账款余额的真实性目标，又能证实应收账款的完整性目标。因此，对审计测试方法不能孤立地理解，应根据实际情况灵活运用。

注册会计师还可以使用实质性分析程序。为保证使用效果，注册会计师应当考虑以下四个因素：对特定认定使用实质性分析程序的适当性；对已记录的金额或比率做出预期时，所依据的内部或外部数据的可靠性；做出预期的准确程度是否足以在计划的保证水平上识别重大错报；已记录金额与预期值之间可接受的差异额。当实施实质性分析程序时，如果使用被审计单位编制的信息，注册会计师应当考虑测试与信息编制相关的控制，以及这些信息是否在本期或前期经过审计。

知识拓展 8-6
控制测试与
实质性程序有
哪些联系和区别

本章小结

1. 企业建立健全内部控制需要考虑内部环境、风险评估、控制活动、信息与沟通、内部监督五大要素。

2. 风险评估是指注册会计师在了解被审计单位及其环境的基础上，对其财务报表层次以及认定层次重大错报风险进行识别、评价和估计，以便分析错报风险的发生领域、发生的可能性以及风险是否重大。

3. 审计人员在采用风险评估程序了解被审计单位及其环境，充分认识和评估财务报表的重大错报风险之后，便要考虑如何应对评估的重大错报风险问题，包括针对评估的财务报表层次重大错报风险确定总体应对措施，以及针对评估的认定层次重大错报风险设计和实施进一步审计程序，将审计风险降至可接受的低水平。

复习思考题

1. 被审计单位及其环境的内容有哪些？
2. 控制测试与了解内部控制有哪些异同？

实操练习

ABC 会计师事务所正在准备接受甲公司的委托审计 2021 年的财务报表。甲公司以前年度是由 XYZ 事务所审计的，并对 2020 年的财务报表在出具了带强调事项段的保留意见。在接受委托之前，主管此项业务的 ABC 会计师事务所合伙人 A 注册会计师经甲公司的允许与 XYZ 事务所进行沟通后，了解了它对这个客户的一些审计经验。以下是 A 注册会计师了解到的一些主要信息。

（1）甲公司是一家集团公司，有多个子公司从事药品生产，同时也投资房地产、服装、酒店软件等产业。

（2）日益激烈的竞争与我国药品市场的管制使公司受到变现能力和盈利能力恶化的压力。

（3）公司的管理层最大限度的"挤压利润"，竭尽全力地使报告的收入和每股收益最大化。在 2019 年度，甲公司的收入被 XYZ 事务所的注册会计师调减了 1 500 万元，占原报告收入的 30%。

（4）甲公司管理层不愿意接受审计调整；董事会中缺少审计委员会，致使审计人员的工作开展得比较困难。

（5）甲公司大多数交易采用计算管理系统进行核算，核算系统内部控制政策和程序是比较健全的，但对存货的控制很差；最近实习的电算化系统中的永续盘存记录并不是很准确。而且，该公司没有内部审计人员，银行账户也没有定期调整。

（6）甲公司在 2020 年财务报表附注中提到了一起由该公司药物使用者提起的诉讼，该药物被检查发现有可能导致癌症。XYZ 会计师事务所在 2020 年度审计报告中增加了一个说明段，表示了对甲公司持续经营能力的怀疑。

（7）甲公司 2018—2020 年的收益水平持续下降，但 2021 年度未经审计的净收入比 2020 年有大幅上升。

要求：

请结合上述材料回答以下问题。

（1）根据所了解的情况，你认为甲公司财务报表的重大错报风险水平是高、中还是低，为什么？

（2）根据题目所给的信息，你认为甲公司认定层次的重大错报风险集中的领域是哪些？

在线自测

下篇 审计实务

第九章 销售与收款循环审计

> **学习目标**
> 1. 了解销售与收款循环的重大错别风险及相应的内部控制；
> 2. 了解销售与收款循环的主要业务活动及相应的凭证、记录；
> 3. 理解营业收入、应收账款的审计目标；
> 4. 掌握营业收入、应收账款的审计方法。

思政案例

自欺欺人式"契约调整"账户——美国南方保健收入造假舞弊案

2003年3月18日，美国最大的医疗保健公司——南方保健会计造假丑闻败露。南方保健在全球拥有1 229家诊所，为全美最大的保健服务商。该公司在1997—2002年上半年期间，虚构了24.69亿美元的利润，虚假利润相当于该期间实际利润（－1 000万美元）的247倍。这是萨班斯—奥克斯利法案颁布后，美国上市公司曝光的第一大舞弊案，倍受各界瞩目。

从1997年开始，南方保健发展进入瓶颈，便开始对会计账目进行造假，操纵经营利润和资产负债表。南方保健的高管人员每个季度末都要开会，商讨会计造假事宜，他们亲切地称这种独特的会议为"家庭会议"，与会者被尊称为"家庭成员"。在后来的调查中，南方保健的造假手法开始浮出水面。南方保健使用的最主要的造假手段是一种称为"契约调整"的手法。

"契约调整"是一个收入备抵账户，用于估算南方保健向病人投保的医疗保险机构开出的账单与医疗保险机构预计将支付的账款之间的差额，营业收入总额减去"契约调整"的借方余额，作为营业收入净额反映在南方保健的收益表上。由于"契约调整"是一个需要大量估计和判断的账户，南方保健便利用这一特点，通过毫无根据地贷记"契约调整"账户，虚增收入。为了不使虚增的收入露出破绽，南方保健又专门设立了对应的一个汇总账户，用以记录与"契约调整"相对应的资产增加额。

为掩饰会计造假，南方保健动员了几乎整个高管层，共同对付外部审计机构。南方保健的会计人员对审计机构审查各个报表科目所用的"重要性水平"工具了如指掌,并千方百计将造假金额化整为零,确保造假金额不超过外部审计机构确定的"警戒线"。

资料来源:企业内部控制协会.美国上市公司的典型财务舞弊案例[EB/OL].[2023-05-15].http://www.fanwubi.org/Item/200381.aspx

案例思考:

1. 销售与收款循环的舞弊动机是什么?
2. 审计人员该如何防范舞弊风险?

启示:

1. 连续审计中,要及时更新审计计划,增强审计程序的不可预见性

审计计划贯穿于整个审计过程,其意义不言而喻。被审计单位的情况不可能一成不变,审计计划也需要及时根据实际情况进行调整,才能保证审计活动的顺利开展,达到审计目标。实施有效的审计程序,能够确保得到审计证据的充分性和适当性,从而发表恰当的审计意见。连续审计中,相互之间会更加了解、熟悉。众多的舞弊案显示,被审计单位可能因为太了解注册会计师所运用的审计程序而别有用心地设计会计造假的应对和规避措施。通过增加审计程序的不可预见性可以有效规避这一风险。

2. 时刻保持独立性,遵守职业道德

独立性是确保审计质量的关键。保持高度的职业审慎,能够帮助注册会计师敏锐地发现问题、捕捉错弊的蛛丝马迹,提高审计效率,使审计工作事半功倍。相反,如果未能保持应有的职业谨慎,即使按部就班地执行了所有既定的审计程序,审计依然是没有效率,甚至是没有效果的,审计质量也无从谈起。

企业的经营活动是一个围绕货币资金循环往复的过程。在审计中,根据企业经营活动的性质拆分成五类相对独立又相互联系的业务循环。这五类业务循环根据与各财务报表项目间的相关程度,能建立各业务循环与其所涉及的主要财务报表项目之间的对应关系,达到提高审计的逻辑连贯性和审计效率的目的。各业务循环之间的流转关系如图9-1所示。

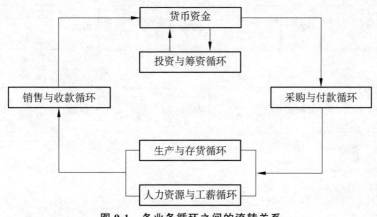

图9-1 各业务循环之间的流转关系

业务循环与主要财务报表项目对照如表9-1所示。

表 9-1　业务循环与主要财务报表项目对照

业务循环	资产负债表项目	利润表项目
销售与收款循环	应收账款、长期应收款、预收款项、应交税费	营业收入、税金及附加、销售费用
采购与付款循环	预付款项、固定资产、在建工程、工程物资、固定资产清理、无形资产、开发支出、商誉、长期待摊费用、应付票据、应付账款、长期应付款	管理费用
生产与存货循环	存货(包括材料采购、在途物资、原材料、材料成本差异、库存商品、发出商品、商品进销差价、委托加工物资、委托供销商品、受托代销商品、周转材料、生产成本、营业成本、制造费用、劳务成本、存货跌价准备、受托代销商品款等)	营业成本
人力资源与工薪循环	应付职工薪酬	营业成本、销售费用、管理费用
投资与筹资循环	交易性金融资产、应收利息、应收股利、其他应收款、其他流动资产、长期股权投资、投资性房地产、递延所得税资产、其他非流动资产、短期借款、交易性金融负债、应付利息、应付股利、其他应付款、其他流动负债、长期借款、应付债券、实收资本(或股本)、资本公积、盈余公积、未分配利润等	财务费用、资产减值损失、公允价值变动、投资收益、营业外收入、营业外支出、所得税费用

第一节　销售与收款循环概述

一、销售与收款循环的主要业务活动

销售与收款循环的主要业务活动如图 9-2 所示。

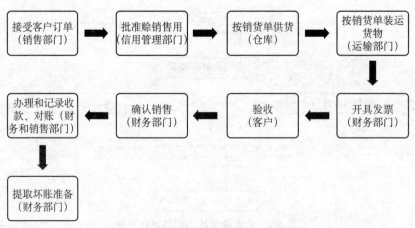

图 9-2　销售与收款循环的主要业务活动

二、销售与收款循环涉及的主要单据及会计记录

以内部控制比较健全的企业为例,列示常见的销售与收款循环所涉及的主要单据与会计记录:

客户订购单、销售单、出库单、销售发票、商品价目表、贷项通知单、应收票据/应收款项融资/应收账款预期信用损失计算表、应收票据/应收款项融资/应收账款/合同资产明细、主营业务收入明细账、可变对价相关会计记录、汇款通知书、库存现金日记账和银行存款日记账、坏账核销审批表、客户月末对账单、转账凭证、现金和银行凭证。具体如表 9-2 所示。

表 9-2 主要业务活动与报表项目、会计记录的对应

交易类别	相关财务报表项目	主要业务活动	常见主要凭证和会计记录
销售	营业收入 应收账款	接受客户订购单 批准赊销信用 按销售单编制发运凭证并发货 向客户开具发票 记录销售(赊销、现金销售等) 办理和记录销售退回、 销售折扣与折让	客户订购单 销售单 发运凭证 销售发票 商品价目表 客户月末对账单 营业收入明细账 转账凭证 贷项通知单 折扣与折让明细账
收款	货币资金 应收账款 (含原值及 坏账准备) 资产减值损失	办理和记录现金、银行存款收入 提取坏账准备 坏账核销	应收账款账龄分析表 应收账款明细账 汇款通知书 库存现金日记账和 银行存款日记账 客户月末对账单 收款凭证 坏账核销审批表 现金和银行凭证

以上各单据的产生、流转及内部控制详见本章第二节。

三、销售与收款循环存在的重大错报风险及评估

(一) 销售与收款循环存在的重大错报风险

以一般制造业的赊销为例,相关重大错报风险通常包括以下几个方面。

(1) 收入确认存在的舞弊风险。收入是利润的来源,直接关系到企业的财务状况和经营成果。有些企业往往为了达到粉饰财务报表的目的而采用虚增("发生"认定)或隐瞒收入("完整性"认定)等方式实施舞弊。在财务报表舞弊案件中,涉及收入确认的舞弊占有很大比例,收入确认已成为注册会计师审计的高风险领域。

(2) 收入的复杂性可能导致的错误。如可变对价安排、特殊的退货约定、特殊的服务期限安排等。

(3) 发生的收入交易未能得到准确记录。

(4) 期末收入交易和收款交易可能未计入正确的期间。

(5) 应收账款坏账准备的计提不完整或不准确。

(二) 收入确认存在的舞弊风险

▶ 1. 舞弊风险假定

(1) 注册会计师在识别和评估与收入确认相关的重大错报风险时，应当基于收入确认存在舞弊风险的假定，评价哪些类型的收入、收入交易或认定导致舞弊风险。

(2) 如果注册会计师认为收入确认存在舞弊风险的假定不适用于业务的具体情况，从而未将收入确认作为由于舞弊导致的重大错报风险领域，注册会计师应当在审计工作底稿中记录得出该结论的理由。

(3) 假定收入确认存在舞弊风险，并不意味着注册会计师应当将与收入确认相关的所有认定都假定为存在舞弊风险。被审计单位不同，管理层实施舞弊的动机或压力不同，其舞弊风险所涉及的具体认定也不同，也就需要做出具体分析。部分与收入舞弊风险的具体分析列举如表9-3所示。

表9-3 收入舞弊风险的具体分析

情　形	分　析	相关认定
管理层通过高估收入以满足资产重组交易中的重组标的存在的业绩承诺或对赌条款	高估收入 记录虚假的收入 提前确认收入	发生认定 截止认定
管理层通过隐瞒收入而降低税负	低估收入	完整性认定
管理层预期难以达到下一年度的销售目标而已经超额实现了本年度的销售目标	推迟确认收入	截止认定

▶ 2. 常见的舞弊手段

通常采用的收入确认舞弊手段举例如下。

1) 为了达到粉饰财务报表的目的而虚增收入或提前确认收入

(1) 虚构销售交易。①在无存货实物流转的情况下，通过与其他方（包括已披露或未披露的关联方、非关联方等）签订虚假购销合同，虚构存货进出库，并通过伪造出库单、发运单、验收单等单据，以及虚开商品销售发票虚构收入。②在多方串通的情况下，通过与其他方（包括已披露或未披露的关联方、非关联方等）签订虚假购销合同，并通过存货实物流转、真实的交易单证票据和资金流转配合，虚构收入。③被审计单位根据其所处行业特点虚构销售交易。例如，从事网络游戏运营业务的被审计单位，以游戏玩家的名义，利用体外资金购买虚拟物品或服务，并予以消费，以虚增收入。

(2) 实施显失公允的交易。通常表现为通过与未披露的关联方或真实非关联方进行显失公允的交易。例如，以明显高于其他客户的价格向未披露的关联方销售商品。与真实非关联方客户进行显失公允的交易，通常会由实际控制人或其他关联方以其他方式弥补客户损失。

（3）不恰当地选择和运用会计政策。其主要包括：①在客户取得相关商品控制权前确认销售收入。例如，在委托代销安排下，在被审计单位向受托方转移商品时确认收入，而受托方并未获得对该商品的控制权。又如，在客户取得相关商品控制权前，通过伪造出库单、发运单、验收单等单据，提前确认销售收入。②通过隐瞒退货条款，在发货时全额确认销售收入。③在被审计单位属于代理人的情况下，被审计单位按主要责任人确认收入。④通过高估履约进度的方法实现当期多确认收入。⑤未对各项履约义务进行恰当核算。

2）为降低税负或转移利润而少计收入或推迟确认收入

（1）被审计单位在满足收入确认条件后，不确认收入，而将收到的货款作为负债挂账，或转入本单位以外的其他账户。

（2）被审计单位采用以旧换新的方式销售商品时，以新旧商品的差价确认收入。

（3）对于应采用总额法确认收入的销售交易，被审计单位采用净额法确认收入。

（4）对于属于在某一时段内履约的销售交易，被审计单位未按实际履约进度确认收入，或采用时点法确认收入等。

▶ 3. 常见的舞弊迹象

舞弊风险迹象，是注册会计师在实施审计过程中发现的、需要引起对舞弊风险警觉的事实或情况。存在舞弊风险迹象并不必然表明发生了舞弊，但了解舞弊风险迹象，有助于注册会计师对审计过程中发现的异常情况产生警觉，从而更有针对性地采取应对措施。注册会计师保持职业怀疑，充分了解被审计单位业务模式并理解业务逻辑，有助于识别舞弊风险迹象。

例如，被审计单位的产品具有一定的销售半径，如果存在超出销售半径而没有合理商业理由的销售交易，则可能表明被审计单位存在收入舞弊风险。又如，被审计单位技术水平处于行业中端，但高端产品却占销售收入比重较大，可能表明被审计单位存在收入舞弊风险。

通常表明被审计单位在收入确认方面可能存在舞弊风险的迹象主要有以下几点。

（1）销售交易方面出现异常情况。①在临近期末时发生了大量或大额的交易。②实际销售情况与订单不符，或者根据已取消的订单发货或重复发货。③销售价格异常。例如，明显高于或低于被审计单位和其他客户之间的交易价格。④已经销售的商品在期后有大量退回。⑤交易之后长期不进行结算等。

（2）销售合同、单据方面出现异常情况。①销售合同未签字盖章，或者销售合同上加盖的公章并不属于合同所指定的客户。②销售合同中重要条款（例如，交货地点、付款条件）缺失或含糊。③销售合同中部分条款或条件不同于被审计单位的标准销售合同，或过于复杂。④销售合同或发运单上的日期被更改。⑤在实际发货之前开具销售发票，或实际未发货而开具销售发票。⑥记录的销售交易未经恰当授权或缺乏出库单、货运单、销售发票等证据支持。

(3) 销售回款方面出现异常情况。①应收款项收回时，付款单位与购买方不一致，存在较多代付款的情况。②应收款项收回时，银行回单中的摘要与销售业务无关。③对不同客户的应收款项从同一付款单位收回。④经常采用多方债权债务抵销的方式抵销应收款项。

需要注意的是，以上情况并未穷尽实务中存在舞弊风险的迹象，被审计单位存在列举的某一迹象也并不意味着其在收入确认方面一定存在舞弊风险。实务中注册会计师应当结合对被审计单位及其环境的了解，对异常情况保持高度警觉和职业怀疑，在此基础上运用职业判断确定被审计单位在收入确认方面是否可能存在舞弊风险。

【例 9-1】

A 注册会计师是 X 公司 20×2 年度财务报表审计项目负责人。在了解 X 公司及其环境，评估重大错报风险时，A 注册会计师注意到 X 公司存在下列与销售业务相关的事项。

(1) X 公司决定自 20×2 年 7 月起对新客户实施 9 折优惠，以提高市场占有率。实施该项优惠政策后，X 公司的毛利率比优惠前提高了 5%。

(2) 自 20×2 年起，X 公司实施网上营销。由于网上展示的商品照片与实物之间存在较大差异，时常发生顾客拒绝收货或要求退货的情况。

(3) X 公司的主要客户 Y 公司遇到重大经营风险，很可能无法足额偿还所欠 X 公司的货款，X 公司正在考虑是否采取法律手段。

(4) A 注册会计师检查了 X 公司编制的 20×2 年上半年主营业务收入明细表，发现其中含有若干笔应当计入其他业务收入的销售业务。

要求：

针对事项(1)至事项(4)，分别考虑上述情况，指出是否可能导致 X 公司财务报表产生重大错报风险，简要说明原因。在认为导致重大错报风险的情况下，指出直接涉及的与销售业务相关的财务报表项目及其认定。

解析：

事项(1)可能导致重大错报风险。实施 9 折优惠意味着部分商品销售价格下降，导致毛利率下降。X 公司毛利率不降反升，可能表明营业收入违反发生认定、营业成本违反完整性认定。

事项(2)可能导致重大错报风险。顾客拒收商品或要求退回商品都可能导致营业收入、营业成本违反发生认定。

事项(3)可能导致重大错报风险。所述情况意味着应收账款的可收回性降低，可能导致应收账款的准确性、计价和分摊认定的重大错报风险。

事项(4)不导致重大错报风险。主营业务收入与其他业务收入均应在财务报表的营业收入项目中列报，不影响预期使用者理解财务报表。

第二节　销售与收款循环的内部控制及其测试

一、销售与收款循环的业务活动和相关内部控制

了解被审计单位重大业务循环的业务活动及其相关内部控制是注册会计师在审计计划阶段实施的一项必要工作，其目的一方面是识别和评估认定层次的重大错报风险，另一方面是使注册会计师对相关内部控制的有效性做出初步判断，以便设计和实施应对重大错报风险的进一步审计程序。

在审计工作的计划阶段，注册会计师应当对销售与收款循环中的业务活动进行充分了解和记录，通过分析业务流程中可能发生重大错报的环节，进而识别和了解被审计单位为应对这些可能的错报而设计的相关控制，并通过诸如穿行测试等方法对这些流程和相关控制加以证实。

（一）接受客户订购单

客户提出订货要求是整个销售与收款循环的起点，是购买某种商品或服务的一项申请。企业可以采用电话、信函和邮件等方式接受订货。

客户订购单只有在符合企业管理层的授权标准时才能被接受。例如，管理层一般设有已批准销售的客户名单。销售部门在决定是否同意接受某客户的订购单时，需要检查该客户是否在名单内。如果该客户未被列入名单，则通常需要由销售部门的主管来决定是否同意销售。此外，由于客户订购单是来自外部的引发销售交易的文件之一，有时也能够为销售交易的"发生"认定提供补充证据。

很多企业在批准了客户订购单之后，会编制一式多联的销售单。销售单作为销售方内部处理客户订购单的凭据，列示客户所订商品的名称、规格、数量等信息。销售单是证明销售交易的"发生"认定的凭据之一，也是此笔销售交易轨迹的起点之一。

（二）批准赊销信用

对于赊销业务的批准是由信用管理部门根据管理层的赊销政策在每个客户的已授权的信用额度内进行的。信用管理部门的员工在收到销售部门的销售单后，应将销售单与该客户已被授权的赊销信用额度以及至今尚欠的账款余额加以比较。执行人工赊销信用检查时，还应合理划分工作职责，以避免销售人员为扩大销售而使企业承受不适当的信用风险。

此环节的主要会计单据是经赊销审批的销售单，设计信用批准控制的目的是降低信用损失风险，因此，这些控制与应收票据、应收款项融资、应收账款、合同资产账面余额的"准确性、计价和分摊"认定有关。

（三）根据销售单编制出库单并发货

企业管理层通常要求仓库管理人员只有在收到经过批准的销售单时才能编制出库单并发货。设立这项控制程序的目的是防止仓库在未经授权的情况下擅自发货。因此，已

批准销售单的一联通常应送达仓库,作为仓库按销售单供货和发货给装运部门的授权依据。

通过信息系统可以协助企业在销售单得到发货批准后才能生成连续编号的出库单,并能按照设定的要求核对出库单与销售单之间相关内容的一致性。

出库单是证明销售交易的"发生"认定的凭据之一。连续编号的出库单与销售交易的"完整性"认定相关。

(四) 按销售单装运货物

将按经批准的销售单供货与按销售单装运货物职责相分离,有助于避免负责装运货物的员工在未经授权的情况下装运产品。装运部门员工在装运之前,通常会进行独立验证,以确定从仓库提取的商品都附有经批准的销售单,且所提取商品的内容与销售单及出库单一致。

运抵指定地点后,由客户验收无误,取得其签署的出库单或验收单,用作确认收入的依据。客户验收单是证明销售交易的"发生"认定的重要凭据。

(五) 向客户开具发票

开具发票是指开具并向客户寄送事先连续编号的销售发票。

负责开发票的员工在开具发票之前,检查是否存在经批准的销售单和出库单,这与销售交易的"发生"认定有关。信息系统生成连续编号的销售发票,与销售交易的"完整性"认定有关。这两步活动生成销售发票,增值税发票的两联(抵扣联和发票联)寄送给客户,一联由企业保留。

为了降低开具发票过程中出现遗漏、重复、错误计价或其他差错的风险,通常需要设立以下控制。

(1) 负责开发票的员工在开具每张销售发票之前,检查是否存在出库单和相应的经批准的销售单。

(2) 依据已授权批准的商品价目表开具销售发票。

(3) 将出库单上的商品总数与相对应的销售发票上的商品总数进行比较。

商品价目表:列示已经授权批准的各种商品的价格清单,这与核对活动与销售交易的"准性"认定有关。

(六) 记录销售

记录销售的关键控制活动包括但不限于以下几项:记录销售的岗位应与处理销售交易的其他岗位职责分离;主营业务收入明细账由记录应收账款之外的员工独立登记;依据有效、充分的出库单和销售单记录销售,登记营业收入明细账、应收账款明细账或库存现金、银行存款日记账。以上控制活动相关的主要单据与会计记录包括应收账款明细账、主营业务收入明细账、现金日记账、银行存款日记账。

由不负责现金出纳和销售及应收账款记账的人员定期向客户寄发对账单,对不符事项进行调查。

以上业务及控制活动与销售交易的多项认定相关。

(七) 办理和记录现金、银行存款收入

这项活动涉及的是货款收回，会导致现金、银行存款增加以及应收账款/合同资产等项目的减少。在办理和记录现金、银行存款收入时，企业最关心的是货币资金的安全。货币资金的失窃或被侵占可能发生在货币资金收入入账之前或入账之后。处理货币资金收入时要保证全部货币资金如数、及时地记录现金、银行存款日记账或应收票据/应收款项融资/应收账款合同资产明细账，并如数、及时地将现金存入银行。企业通过出纳与现金记账的职责分离、现金盘点、编制银行余额调节表、定期向客户发送对账单等控制来实现上述目的。

(八) 确认和记录可变对价的估计与结算情况

如果合同中存在可变对价，企业需要对计入交易价格的可变对价进行估计，并在每一资产负债表日重新估计应计入交易价格的可变对价金额，以如实反映报告期末存在的情况以及报告期内发生的情况变化。

(九) 计提坏账准备

企业一般定期对应收账款等性质的款项估计其预期信用损失，根据估计结果确认信用减值损失并计提坏账准备，管理层对相关估计进行复核和批准。

(十) 核销坏账

无论赊销部门的工作如何主动，客户因经营不善、宣告破产、死亡等原因而不支付货款的事仍可能发生。如有证据表明某项货款已无法收回，企业可通过适当的审批程序注销该笔应收账款。

综合上述业务活动中设计的内部控制，可以看出，在销售与收款循环中，企业通常从以下方面设计和执行内部控制。

▶1. 适当的职责分离

主营业务收入入账如果是由记录应收账款之外的员工独立登记，并由另一位不负责账簿记录的员工定期调节总账和明细账，就构成了一项交互牵制。

销售人员通常有一种追求更大销售数量的固有倾向，而不考虑是否将以巨额坏账损失为代价，赊销的审批则在一定程度上可以抑制这种倾向。因此，赊销批准职能与销售职能的分离，也是一种理想的控制。

▶2. 恰当的授权审批

能够防止企业因向虚构的或者无力支付货款的客户发货而蒙受损失；保证销售交易按照企业定价政策规定的价格开票收款；防止因审批人决策失误而造成严重损失。

▶3. 充分的凭证和记录

企业在收到客户订购单后，编制一份预先编号的一式多联的销售单，分别用于批准赊销、审批发货、记录发货数量以及向客户开具发票等。在这种制度下，通过定期清点销售单和销售发票，可以避免漏开发票或漏记销售的情况。

▶4. 凭证的预先编号

对凭证预先进行编号，旨在防止销售以后遗漏向客户开具发票或登记入账，也可防止

重复开具发票或重复记账。

▶ 5. 定期寄发对账单

由不负责现金出纳和销售及应收款项的人员定期向客户寄发对账单，能促使客户在发现应付账款余额不正确后及时反馈有关信息。为了使这项控制更加有效，最好将账户余额中出现的所有核对不符的账项，指定一位既不负责货币资金也不记录主营业务收入和应收款项主管人员处理，然后由独立人员定期编制对账情况汇总报告并交管理层审阅。

▶ 6. 内部核查程序

由内部审计人员或其他独立人员核查销售与收款交易的处理和记录，检查、核对相关业务流程处理是否得当。

二、销售与收款循环的控制测试

风险评估和风险应对是整个审计过程的核心，注册会计师通常以识别的重大错报风险为起点，选取拟测试的控制并实施控制测试。具体控制测试如表 9-4 所示。

表 9-4 销售与收款循环控制测试

风 险	主要相关认定	存在的内部控制	相关的控制测试程序
可能向没有获得赊销授权或超出信用额度的客户赊销	营业收入 发生 应收账款 存在	(1) 订购单上的客户代码与应收账款主文档记录的代码一致； (2) 目前未偿付余额加上本次销售额在信用限额范围内； (3) 不在主文档中的客户；超过信用额度的客户订购单，需要适当授权批准，才可生成销售单	(1) 询问员工销售单的生成过程； (2) 检查是否所有生成的销售单均有对应的客户订购单为依据； (3) 检查系统生成销售单的逻辑； (4) 对于系统外授权审批的销售单，检查是否经过适当批准
已销售商品可能未实际发运给客户	营业收入 发生 应收账款 存在	要求客户在出库单上签字，以作为收到商品且商品与订购单一致的证据	检查出库单上客户的签名，作为收货的证据
商品发运可能未开具销售发票或已开出发票没有出库单的支持	应收账款 存在 完整性 权利和义务 营业收入 发生 完整性	(1) 发货后系统根据出库单等信息自动生成连续编号的销售发票； (2) 系统自动复核连续编号的发票和出库单的对应关系，并定期生成例外报告； (3) 复核例外报告并调查原因	(1) 检查系统生成发票的逻辑； (2) 检查例外报告及跟进情况

续表

风险	主要相关认定	存在的内部控制	相关的控制测试程序
销售价格不正确或发票金额出现计算错误	营业收入准确性 应收账款准确性、计价和分摊	(1) 通过逻辑登录限制控制定价主文档的更改。只有得到授权的员工才能进行更改； (2) 每张发票的单价、计算、商品代码、商品摘要和客户账户代码均由系统控制。只有得到授权的员工才能进行更改； (3) 核对经授权的有效的价格更改清单与计算机获得的价格更改清单是否一致； (4) 独立复核发票上计算金额的准确性	(1) 检查文件以确定价格更改是否经授权； (2) 检查发票中价格复核人员的签名； (3) 重新执行发票的核对过程
坏账准备的计提可能不充分	应收账款准确性、计价和分摊	(1) 系统自动生成应收账款账龄分析表； (2) 管理层复核财务人员依据预期信用损失模型计算和编制的坏账准备计提表，复核无误后须在坏账准备计提表上签字	(1) 检查财务系统计算账龄分析表的规则是否正确； (2) 询问管理层如何复核坏账准备计提表的计算； (3) 检查是否有复核人员的签字

第三节 销售与收款循环的实质性测试

在完成控制测试之后，注册会计师基于控制测试的结果（即控制运行是否有效），考虑从控制测试中已获得的审计证据及其保证程度，确定是否需要对具体审计计划中设计的实质性程序的性质、时间安排和范围做出适当调整。

本节将从风险对应的具体审计目标和相关认定的角度出发，对较为常见的针对营业收入和应收账款的实质性程序进行阐述。

一、主营业务收入的实质性程序

（一）营业收入的审计目标

确定利润表中记录的营业收入是否已发生且与被审计单位有关——"发生"认定。

确定所有应当记录的营业收入是否均已记录——"完整性"认定。

确定与营业收入有关的金额及其他数据是否已恰当记录，包括对销售退回、可变对价的处理是否适当——"准确性"认定。

确定营业收入是否已记录于正确的会计期间——"截止"认定。

确定营业收入记录于恰当的账户——"分类"认定。

确定营业收入已被恰当地汇总或分解且表述清楚，按照企业会计准则的规定在财务报表中做出的相关披露是相关的、可理解的——"列报"认定。

本节仅对主营业务收入的实质性程序进行详细说明。

(二) 主营业务收入的常规实质性程序

▶ 1. 获取营业收入明细表和应执行的工作

(1) 复核加计是否正确,并与总账数和明细账合计数核对是否相符。

(2) 检查以非记账本位币结算的主营业务收入使用的折算汇率及折算是否正确。

▶ 2. 实施实质性分析程序

(1) 针对已识别需要运用分析程序的有关项目,并基于对被审计单位及其环境的了解,通过进行相应比较,同时考虑有关数据间关系的影响,以建立有关数据的期望值。

这些比较包括:将账面销售收入、销售清单和销售增值税销项清单进行核对;将本期销售收入金额与以前可比期间的对应数据或预算数进行比较;分析月度或季度销售量、销售单价、销售收入金额、毛利率变动趋势;将销售毛利率、应收账款周转率、存货周转率等关键财务指标与可比期间、同行其他企业数据进行比较等。

(2) 确定可接受的差异额。

(3) 将实际金额与期望值相比较,计算差异。

(4) 如果差异额超过确定的可接受差异额,需要对差异额的全额进行调查并获取充分的解释和恰当的、佐证性质的审计证据,而非仅针对超出可接受差异额的部分。

▶ 3. 检查交易价格和主营业务收入确认方法

(1) 判断被审计单位的合同履约业务是在某一时段内履行还是在某一时点履行的。

(2) 对于附有销售退回条件的商品销售,评估对退货部分的估计是否合理,确定其是否按估计不会退货部分确认收入。

(3) 对于附有质量保证条款的销售,评价该质量保证是否在向客户保证所销售商品符合既定标准之外提供了一项单独的服务。

(4) 通过询问管理层、选取和阅读部分合同,判断交易价格的确定(例如可变对价、非现金对价、应付客户对价以及重大融资成分等)和分摊是否恰当。

▶ 4. 逆查

以主营业务收入明细账中的会计分录为起点,检查相关原始凭证,如订购单、销售单、出库单(尤其是客户签收联)、发票等,以评价已入账的营业收入是否真实发生。同时,还要检查原始凭证中的交易日期(客户取得商品控制权的日期),以确认收入计入了正确的会计期间。

▶ 5. 顺查

从出库单(客户签收联)中选取样本,追查至主营业务收入明细账,以确定是否存在遗漏事项。注册会计师必须能够确信全部出库单均已归档,可以通过检查出库单的顺序编号来查明。

▶ 6. 实施销售截止测试

(1) 选取资产负债表日前后若干天的出库单,与主营业务收入明细账进行核对;同时，从主营业务收入明细账选取在资产负债表日前后若干天的凭证，与出库单核对；以确定销售是否存在跨期现象。

（2）复核资产负债表日前后销售和发货水平，确定业务活动水平是否异常，并考虑是否有必要追加实施截止测试程序。

（3）取得资产负债表日后所有的销售退回记录，检查是否存在提前确认收入的情况。

（4）结合对资产负债表日应收账款和合同资产的函证程序，检查有无未取得对方认可的销售。

【例 9-2】

注册会计师对甲公司主营业务收入的发生认定进行审计，编制了审计工作底稿，部分内容摘录如表 9-5 所示。

表 9-5 审计工作底稿　　　　　　　　　　（金额单位：万元）

记账凭证日期	记账凭证编号	记账凭证金额	发票日期	出库单日期
20×2年1月5日	转字10	12	20×2年1月8日	20×2年1月8日
20×2年2月28日	转字45	7	20×2年2月27日	20×2年2月27日
20×2年3月20日	转字40	8	20×2年3月19日	20×2年3月19日
略				
20×2年11月3日	转字4	10	20×2年11月2日	20×2年11月2日
20×2年11月15日	转字28	200	20×2年11月14日	20×2年11月14日
20×2年12月10日	转字50	250	20×2年12月10日	20×2年12月10日
略				

审计说明：
(1) 根据销售合同约定，在客户收到货物、验收合格并签发收货通知后，甲公司取得收取货款的权利。审计中已检查销售合同。
(2) 已检查记账凭证日期、发票日期和出库日期，未发现异常。发票和出库单中的其他信息与记账凭证一致。
(3) 11月转字28号和12月转字50号记账凭证反映的销售额较高，财务经理解释系调整售价所致。

要求：

请你针对资料中的审计说明第(1)至(3)项，逐项指出注册会计师实施的审计程序中存在的不当之处，并简要说明理由。

解析：

第(1)项，注册会计师的审计程序存在不当之处，因为已经说明"在客户收到货物、验收合格并签发收货通知后，甲公司才取得收取货款的权利"，所以此时注册会计师在审计中仅仅检查销售合同是不够的，还应该检查客户签发的收货通知单。

第(2)项，注册会计师的审计程序存在不当之处，对1月转字10号记账凭证未实施进一步检查，该记账凭证的日期早于发票日期和出库单日期，要实施进一步检查；同时还应核对客户签发的收货通知单日期。

第(3)项，注册会计师的审计程序存在不当之处。对11月转字28号和12月转字50号记账凭证未实施进一步检查，上述两笔记账凭证反映的销售额明显高于其他测试项目，有可能表明存在舞弊现象，不应仅依赖管理层的解释。

【例9-3】

注册会计师对甲公司20×2年主营业务收入进行审计，编制了审计工作底稿，部分内容摘录如下：

"主营业务收入"明细账贷方发生额合计为120万元，经审计人员审查并与相关凭证、明细账等核对发现以下问题。

（1）20×2年3月8日，销售多余材料一批，价值3万元，款项存入银行并计入"主营业务收入"的贷方，未结转销售材料的实际成本2.7万元。

（2）20×2年5月12日，收到某单位订购乙产品的订金7.5万元，已存入银行并计入"主营业务收入"的贷方，但未结转主营业务成本。

（3）20×2年11月18日，将乙产品15件拨付给某代销单位，即刻借记"应收账款"，贷记"主营业务收入"，并结转主营业务成本。

（4）20×2年11月28日，向某单位销售乙产品两件。根据合同规定，由本企业提供安装、调试服务，但尚未完成。企业已借记"应收账款"，贷记"主营业务收入"，并结转主营业务成本。乙产品销售单价3 000元，单位成本2 250元。

要求：

指出上述业务处理存在的问题，并编制调整分录。（不考虑相关税费）

解析：

（1）根据会计准则规定，企业销售多余材料应计入其他业务收入，并将成本结转至其他业务成本。调整分录如下：

借：主营业务收入	30 000
贷：其他业务收入	30 000
借：其他业务成本	27 000
贷：原材料	27 000

（2）根据会计准则规定，采用预收账款方式销售商品的，应当于商品发出时确认收入。调整分录为：

借：主营业务收入	75 000
贷：合同负债	75 000

（3）根据会计准则规定，委托代销商品应在收到代销清单时，才能确认收入。调整分录为：

借：主营业务收入	45 000
贷：应收账款	45 000
借：委托代销商品	33 750
贷：主营业务成本	33 750

（4）根据会计准则规定，企业必须随同商品的售出提供安装或检验等售后工作的，只

有在安装完毕并检验合格后才能确认销售。调整分录为：

　　借：主营业务收入　　　　　　　　　　　　　　　　　　　　　　　6 000
　　　贷：应收账款　　　　　　　　　　　　　　　　　　　　　　　　　6 000
　　借：库存商品　　　　　　　　　　　　　　　　　　　　　　　　　　4 500
　　　贷：主营业务成本　　　　　　　　　　　　　　　　　　　　　　　4 500

二、应收账款的实质性程序

(一) 应收账款的审计目标

确定资产负债表中记录的应收账款是否存在——"存在"认定。

确定所有应当记录的应收账款是否均已记录——"完整性"认定。

确定记录的应收账款是否由被审计单位拥有或控制——"权利和义务"认定。

确定应收账款是否可收回，预期信用损失的计提方法和金额是否恰当，计提是否充分——"准确性、计价和分摊"认定。

应收账款及其预期信用损失是否已记录于恰当的账户——"分类"认定。

已被恰当地汇总或分解且表述清楚，按照企业会计准则的规定在财务报表中做出的披露是相关的、可理解的——"列报"认定。

(二) 应收账款的常规实质性程序

▶ 1. 取得应收账款明细表

(1) 复核加计正确。

(2) 检查非记账本位币应收账款的折算汇率及折算是否正确。

(3) 分析有贷方余额的项目，必要时，建议做重分类调整。

▶ 2. 分析与应收账款相关的财务指标

(1) 复核应收账款借方累计发生额与主营业务收入关系是否合理，并将当期应收账款借方发生额占销售收入净额的百分比与被审计单位相关赊销政策比较。

(2) 计算应收账款周转天数等指标，并与被审计单位相关赊销政策、历史情况、行业指标对比。

▶ 3. 检查应收账款账龄分析是否正确

(1) 获取应收账款账龄分析表。

(2) 测试应收账款账龄分析表计算的准确性，并将应收账款账龄分析表中的合计数与应收账款总分类账余额相比较，并抽查重大调节项目。

(3) 从账龄分析表中抽取一定数量的项目，追查至相关销售原始凭证，测试账龄划分的准确性。

分析应收账款的账龄可以采用如下原则。

上年年末 1 年以内的应收账款余额应该不小于本年年末 1～2 年的应收账款余额（由于上年末的应收账款本年可能收回部分或全部）。同样的道理，上年年末 1～2 年以内的应收账款余额应该不小于本年年末 2～3 年的应收账款余额。总的来说，因为应收账款本年可能会被收回,所以上年年末的应收账款在本年年末应该是越来越少。

【例 9-4】

汇通公司主要从事机械零部件的生产和销售,其销售收入主要来源于国内销售和出口销售。ABC 会计师事务所负责汇通公司 20×2 年度财务报表审计,并委派 A 注册会计师担任项目合伙人。汇通公司编制的应收账款账龄分析表摘录如表 9-6 所示。

表 9-6 应收账款分析

客户类别	原币/万元	人民币/万元	账龄			
			1年以内	1~2年	2~3年	3年以上
20×2 年 12 月 31 日账龄分析						
A 客户		41 158	28 183	7 434	4 341	1 200
20×1 年 12 月 31 日账龄分析						
A 客户		31 982	23 953	4 169	3 860	0

要求:

针对给定资料,假定汇通公司 20×2 年不存在合并、分立以及债务重组等事项,也不考虑其他条件,指出应收账款账龄分析表存在的不当之处,并简要说明理由。

解析:

国内客户 20×2 年 12 月 31 日账龄 2~3 年的金额(4 341 万元)大于 20×1 年 12 月 31 日账龄 1~2 年的金额(4 169 万元),不合逻辑。

20×1 年 12 月 31 日账龄分析表中 1~2 年账龄的应收账款一年后变为 2~3 年,并且在这一年中可能会有部分应收账款收回,所以 20×2 年 12 月 31 日 2~3 年的应收账款应该小于或等于(在没有收回的情况下)20×1 年 12 月 31 日 1~2 年应收账款的金额。

▶ **4. 对应收账款实施函证程序**

1) 函证决策

除非有充分证据表明应收账款对被审计单位财务报表而言是不重要的,或者函证很可能是无效的,否则,注册会计师应当对应收账款进行函证。如果注册会计师不对应收账款进行函证,应当在审计工作底稿中说明理由。如果认为函证很可能是无效的,注册会计师应当实施替代审计程序,获取相关、可靠的审计证据。

2) 函证的范围和对象

函证范围的确定是由诸多因素决定的,主要包含以下方面。

(1) 应收账款在全部资产中的重要程度。如果应收账款占资产总额的比重较大,则需要相应扩大函证的范围。

(2) 被审计单位内部控制的有效性。如果相关内部控制有效,则可以相应减少函证范围;反之,则需要扩大函证范围。

（3）以前期间的函证结果。如果以前期间函证中发现过重大差异，或欠款纠纷较多，则需要扩大函证的范围。

注册会计师选择函证项目时，除考虑金额较大的项目之外，还需要考虑风险较高的项目。一般包括：账龄较长的项目；与债务人发生纠纷的项目；重大关联方项目；主要客户（包括关系密切的客户）项目；新增客户项目；交易频繁但期末余额较小甚至余额为零的项目；可能产生重大错报或舞弊的非正常的项目。如果应收账款余额由大量金额较小且性质类似的项目构成，则注册会计师通常采用抽样技术选取函证样本。

3）函证的方式

注册会计师可采用积极的或消极的函证方式实施函证，也可将两种方式结合使用。

（1）积极式函证。采用积极式函证方式，注册会计师应当要求被询证者在所有情况下都必须回函，确认询证函所列示信息是否正确或填列询证函要求的信息。如果是确认信息，被询证者可能未对所列示的信息加以验证即回函。如果是填列信息，可能导致回函率降低。

（2）消极式函证。采用消极式函证方式，注册会计师只要求被询证者仅在不同意询证函所列示信息的情况下才予以回函。而注册会计师未收到回函除了被询证者同意函证所列信息外，可能还包括被询证者不存在、没有收到询证函、没有理会询证函等情况，降低函证程序的可靠性。

故采用消极式函证需要同时满足以下四个条件。①重大错报风险评估为低水平。②涉及大量余额较小的账户。③预期不存在大量的错误。④没有理由相信被询证者不认真对待函证。

由于应收账款通常存在高估风险，且与之相关的收入确认存在舞弊风险假定，因此，实务中通常对应收账款采用积极的函证方式。

知识拓展 9-1
函证范例

4）函证时间的选择

注册会计师通常以资产负债表日为截止日，在资产负债表日后适当时间内实施函证。如果重大错报风险评估为低水平，注册会计师可选择资产负债表日前适当日期为截止日实施函证，并对所函证项目自该截止日起至资产负债表日止发生的变动实施其他实质性程序。

5）函证的控制

注册会计师通常利用被审计单位提供的应收账款明细账户名称及客户地址等资料据以编制询证函，但注册会计师应当对函证全过程保持控制，并对确定需要确认或填列的信息、选择适当的被询证者、设计询证函以及发出和跟进（包括收回）询证函保持控制。注册会计师可通过函证结果汇总表的方式对询证函的收回情况加以汇总。

6）对不符事项的处理

对回函中出现的不符事项，注册会计师需要调查核实原因，确定其是否构成错报。注册会计师不能仅通过询问被审计单位相关人员对不符事项的性质和原因得出结论，而是要在询问原因的基础上，检查相关的原始凭证和文件资料予以证实。必要时与被询证方联系，获取相关信息和解释。

7）对未回函项目实施替代程序

（1）检查资产负债表日后收回的货款。值得注意的是，注册会计师不能仅查看应收账款的贷方发生额，而是要查看相关的收款单据，以证实付款方确为该客户且确与资产负债表日的应收账款相关。

（2）检查相关的销售合同、销售单、出库单等文件。注册会计师需要根据被审计单位的收入确认条件和时点，确定能够证明收入发生的凭证。

（3）检查被审计单位与客户之间的往来邮件，如有关发货、对账、催款等事宜邮件。

8）询证函回函的所有权

注册会计师应当将询证函回函作为审计证据，纳入审计工作底稿管理，询证函回函的所有权归属所在会计师事务所。

本章小结

1. 销售与收款循环对大多数企业而言，都是重大的业务循环。收入是利润的来源，直接关系到企业的财务状况和经营成果。一个企业所处的行业和经营性质决定了该企业的收入来源，以及为获取收入而相应产生的各项费用支出。因此，在审计过程中，注册会计师需要对被审计单位的相关行业活动和经营性质有比较全面的了解，才能因地制宜地对被审计单位收入、支出实施的审计工作。

与该循环相关的财务报表项目主要为主营业务收入和应收账款，此外还有应收票据、预售款项、应交税费、税金及附加等。

与该循环相关的主要凭证包括销售单、赊销审批单、发运凭证、销售发票、验收单及相关账簿等。这些单据主要涉及销售部门、信用管理部门、仓库、会计部门，主要与收入、应收账款等项目的各项认定息息相关。

2. 销售与收款循环的审计流程为，了解销售与收款循环中业务流程和相关控制，关注内部控制存在主要缺陷，并实施控制测试，从而考虑在销售与收款循环中发生错报的可能性以及潜在错报的重大程度是否足以导致重大错报，评估销售与收款循环的相关交易和余额存在的重大错报风险，为设计和实施进一步的审计程序。

该循环相关的内控包括职责分离控制、授权审批控制、会计记录控制、定期核对控制、寄收对账单控制、内部核查程序控制。

3. 收入确认存在舞弊的假设。有些企业为了达到粉饰财务报表的目的往往采用虚增或隐瞒收入等方式实施舞弊。在财务报表舞弊案件中，涉及收入确认的舞弊占有很大比例，收入确认已成为注册会计师审计的高风险领域。

因此注册会计师基于收入确认存在舞弊风险的假定，设计并实施恰当的审计程序，以把与收入确认相关的审计风险降至可接受的低水平。

4. 具体报表项目的实质性程序基本包括：获取营业收入明细表，与总账、报表数核对一致；实施实质性分析程序；实施进一步审计程序。不同报表项目的进一步审计程序需要根据具体科目确定。对利润表项目而言，通常还需要实施截止测试。

5. 函证程序应当保持全程控制，发出前需要确定需函证信息的准确性。发出可以采用跟函、邮寄等方式。如果采用邮寄，邮寄系统须独立于被审计单位。回函须直接邮寄至会计师事务所,不能由被审计单位转交,否则影响询证函的可靠性。回函的评价,需要关注回函是否为原件、邮戳或回函寄出地与发函地是否一致等。

复习思考题

1. 如何实施营业收入的截止性测试?
2. 销售与收款循环的业务活动及相关的会计凭证和记录有哪些?
3. 应收账款函证如何实施?

实操练习

1. 20×1 年 12 月 ABC 会计师事务所接受委托,对甲公司 20×1 年度财务报表实施审计,甲公司主要从事电子产品的生产和销售业务。A 注册会计师担任项目合伙人。A 注册会计师在审计工作底稿中记录了所了解的甲公司情况及其环境,部分内容摘录如下。

资料一:

(1) 由于 20×0 年 W 产品供不应求,甲公司治理层提出 20×1 年将 W 产品销量提高 10%、毛利率提高 4% 的目标,并规定高级管理人员薪酬的升降幅度为毛利率升降幅度的 6 倍。

(2) 20×1 年年初,由于人工成本的上升,甲公司 X 产品的单位成本比 20×0 年上升了 10%,与此同时,X 产品的销售价格也比 20×0 年上升了 5%。

(3) 为实现年度经营目标,提高工作效率,以及各部门之间的相互协调性,甲公司决定由销售经理兼任信用管理部门负责人。

资料二:

A 注册会计师在审计工作底稿中记录了所获取的甲公司财务数据,部分内容摘录如表 9-7 所示。

表 9-7 甲公司财务数据 单位:万元

项 目	20×1 年年末审数	20×0 年已审数
营业收入——X 产品	9 003	8 125
营业成本——X 产品	6 300	6 501

要求:

针对资料一所列事项,结合资料二,假定不考虑其他条件,不考虑税务影响,逐项指出资料一所列事项是否可能表明存在重大错报风险。如果认为可能表明存在重大错报风险,简要说明理由,并说明该风险主要与哪些财务报表项目认定相关。

2. 上市公司甲公司是 ABC 会计师事务所的常年审计客户,主要从事医疗器械的生产和销售。A 注册计师负责审计公司 2020 年度财务报表,确定财务报表整体的重要性 1 000 万元。

资料一:

A 注册计师在审计工作底稿中记录了所了解的甲公司情况及其环境,部分内容摘录如下。

（1）为占领市场，公司2020年对a设备采取新的销售价格，将设备售价由原来每台100万元降为每台70万元。

（2）2020年6月，乙公司与甲公司签订委托代销合同，委托为其销售1 000台专用设备b，每台售价6万元。甲公司是代理人，能收取10%的代销手续费。

（3）2020年5月，甲公司与丁大学合作研发一项新技术，预付研发经费3 000万元。2020年10月，该研发项目进入开发阶段。

（4）2020年7月，甲公司收到当地政府支付的停工损失补助2 000万元。

资料二：

A注册会计师在审计工作底稿中记录了甲公司的财务数据，部分内容摘录如表9-8所示。

表9-8　甲公司财务数据　　　　　　　　　　单位：万元

项目	2020年未审数	2019年审定数
营业收入——a设备	30 000	50 000
营业成本——a设备	36 500	30 000
营业收入——b设备	6 000	0
营业成本——b设备	5 400	0
其他收益——停工损失补助	2 000	0
预付款项——丁大学	3 000	0
存货——a设备	10 000	0
存货——a设备存货跌价准备	100	100
合同资产——c设备经销商	5 000	0

要求：

针对资料一(1)至(4)的事项，结合资料二，假定不考虑其他条件，不考虑税务影响，逐项指出资料一所列事项是否可能表明存在重大错报风险。如果认为可能表明存在重大错报风险，简要说明理由，并说明该风险主要与哪些财务报表项目的哪些认定相关。

在线自测

第十章　采购与付款循环审计

> **学习目标**
> 1. 了解采购与付款循环的重大错报风险及相应的内部控制；
> 2. 了解采购与付款循环的主要业务活动及相应的凭证、记录；
> 3. 理解采购与付款循环进行控制测试的基本方法；
> 4. 掌握应付账款的实质性程序。

思政案例

虚假的繁荣——法尔莫公司的存货造假

美国法尔莫公司存货舞弊的手法属于典型的财务舞弊。法尔莫公司是位于美国俄亥俄州的一家连锁药店，其发展速度远超同行，在十几年的发展历程中，法尔莫从一家药店发展到全美300余家药店。但这一切辉煌都是建立在通过存货造假来制造虚假利润的基础上的，法尔莫公司因舞弊行为最终自食恶果。

法尔莫公司的创始人莫纳斯，通过提供大比例折扣来销售商品，以增加销售扩大经营。但大比例的折扣势必会压缩利润空间，甚至造成亏损。对此，莫纳斯把并不盈利且未经审计的药店报表拿来后，用笔直接为其加上并不存在的存货和利润。这种粗糙且夸张的造假让他在一年之内骗得了足够收购8家药店的资金。

此后长达10年的过程中，莫纳斯的造假手段升级，制造了至少5亿美元的虚假利润。法尔莫公司精心设计的财务造假手法大概是：先将所有的损失归入一个所谓的"水桶账户"，然后再将该账户的金额通过虚增存货的方式重新分配到公司的数百家成员药店中，之后仿造购货发票、制造增加存货并减少销售成本的虚假记账凭证、确认购货却不同时确认负债、多计或加倍计算存货的数量。

多年来，法尔莫公司一直使用两套账簿，一套应付外部审计，一套反映真实情况。此外，财务部门之所以可以隐瞒存货短缺，是因为注册会计师只对300家药店中的4家进行了存货监盘，而且他们会提前数月通知法尔莫公司他们将检查哪些药店。管理人员随之将那4家药店堆满实物存货，而把那些虚增的部分分配到其余的296家药店。如果不进行会计造假，法尔莫公司实际上早已破产。

最终，审计机构为自己的不够谨慎付出了沉重的代价。这项审计失败使相关会计师事务所在民事诉讼中损失了3亿美元。而对于法尔莫公司管理者来说，不可避免牢狱之灾。

财务总监被判 33 个月的监禁,莫纳斯本人则被判入狱 5 年。

资料来源:企业内部控制协会. 美国上市公司的典型财务舞弊案例. http://www.fanwubi.org/Item/200381.aspx

案例思考:

1. 进行虚构采购交易的动机是什么?
2. 审计过程中该如何防范此类风险?

启示:

1. 检查风险导向性审计,关注舞弊的动机和机会

风险导向型审计是指注册会计师通过对被审计单位进行风险职业判断,评价被审计单位风险控制,确定审计风险,执行追加审计程序,将审计风险降低到可接受水平。审计实施过程中的核心是风险评估和风险应对。舞弊的动机和机会也是风险的一部分,注册会计师对舞弊的动机进行分析有助于降低审计风险。

2. 善用分析性程序

分析性程序是一种有效的审计方法,能够从整体全面的角度对客户提供的各种具有内在钩稽关系的数据进行对比分析,有助于发现重大误差。对于存货而言,盘点程序主要为存货的存在提供审计证据,无法对其他认定提供充分、适当的审计证据。若想发现舞弊的蛛丝马迹,还须借助分析性程序。

第一节 采购与付款循环审计

一、采购与付款循环的主要业务活动

采购与付款循环包括购买商品和服务,以及企业在经营活动中为获取收入而发生的直接或间接的支出。采购业务是企业生产经营活动的起点,采购从性质、数量和发生频率上看是多种多样的。主要业务活动如图 10-1 所示。

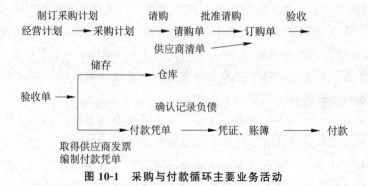

图 10-1 采购与付款循环主要业务活动

二、采购与付款循环涉及的主要单据及会计记录

以一般制造业为例,以下列示了常见的采购与付款循环所涉及的主要单据与会计记

录：采购计划、供应商清单、请购单、订购单、验收及入库单、卖方发票、转账凭证、付款凭证、应付账款明细账、现金日记账和银行存款日记账、供应商对账单。具体如表10-1所示。

表 10-1　业务活动涉及的主要单据与会计记录

各类交易	相关财务报表项目	主要业务活动	主要单据及会计记录
采购	存货、其他流动资产、销售费用、管理费用、应付账款、其他应付款、预付款项等	①编制采购计划 ②维护供应商清单 ③请购商品和服务 ④编制订购单 ⑤验收商品 ⑥储存已验收的商品 ⑦编制付款凭单 ⑧确认与记录负债	①采购计划 ②供应商清单 ③请购单 ④订购单 ⑤验收单 ⑥卖方发票 ⑦付款凭单
付款	应付账款、其他应付款、应付票据、货币资金等	①办理付款 ②记录现金、银行存款支出 ③与供应商定期对账	①转账凭证/付款凭证 ②应付账款明细账 ③现金日记账和银行存款日记账 ④供应商对账单

注：以上各单据的产生、流转及内部控制详见本章第二节。

三、采购与付款循环存在的重大错报风险

采购与付款循环可能存在的重大错报风险可能包括以下方面。

▶ 1. 低估负债或相关费用

(1) 低估负债和漏记交易。在较高盈利水平和营运资本的压力下，被审计单位管理层可能试图低估应付账款等负债。重大错报风险常常集中体现在遗漏交易。例如，未记录已收取货物但尚未收到发票的与采购相关的负债，或未记录尚未付款的已经购买的服务支出，这将对"完整性"等认定产生影响。又如不暂估已收取货物但尚未收到发票的采购相关的负债。

(2) 将本期的费用延迟到下期确认。例如，企业向员工提供备用金，用于对外开展业务和支付款项，员工再使用所取得的发票等凭据冲销备用金。实务中，相关业务已经发生，但是由于员工提交发票等凭据的时间延迟，企业因而未及时确认相关费用支出，进而存在大额员工借款"挂账"的情况。

(3) 将应当及时确认损益的费用性支出资本化。

▶ 2. 错报负债费用支出

(1) 利用关联方之间的费用定价优势制造虚假的收益增长趋势。
(2) 被审计单位管理层把私人费用计入企业费用。

▶ 3. 舞弊和盗窃的固有风险

(1) 采购商品的数量及支付的款项庞大，交易复杂，容易造成商品发运错误，员工和

供应商发生舞弊和盗窃的风险较高。

(2) 通过在应付账款主文档中擅自添加新的账户来虚构采购交易。

第二节 采购与付款循环的内部控制及其测试

一、采购与付款循环的业务活动和相关内部控制

和销售与收款循环一致,注册会计师都应基于在了解被审计单位及其环境的整个过程中所识别的相关风险,结合对采购与付款循环中拟测试控制的了解,考虑在采购与付款循环中发生错报的可能性以及潜在错报的重大程度是否足以导致重大错报,从而评估采购与付款循环的相关交易和余额存在的重大错报风险,为设计和实施进一步审计程序提供基础。具体如图10-2所示。

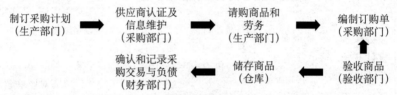

图 10-2 采购与付款循环主要内部控制

(一) 制订采购计划

基于企业的生产经营计划,生产、仓库等部门定期编制采购计划,经部门负责人等适当的管理人员审批后提交采购部门,具体安排商品及服务采购。

该活动产生的主要单据与会计记录是采购计划,与采购交易的"发生"认定、应付账款的"存在"认定相关。

(二) 供应商认证及信息维护

企业通常对于合作的供应商事先进行资质等审核,将通过审核的供应商信息录入系统,形成完整的供应商清单,并及时对其信息变更进行更新。采购部门只能向通过审核的供应商进行采购。此外,询价与确定供应商应当职责分离。

该活动产生的主要单据与会计记录是供应商清单,与采购交易的"发生"认定、应付账款的"存在"认定相关。

(三) 请购商品和服务

生产部门根据采购计划,对需要购买的已列入存货清单的原材料等项目填写请购单,其他部门对所需要购买的商品或服务编制请购单。请购单可由手工编制或系统创建。由于企业内不少部门都可以填列请购单,可以按照部门分别设置请购单的连续编号,每张请购单必须经过对这类支出预算负责的主管人员签字批准。

请购单是证明有关采购交易的"发生"认定的凭据之一,也是采购交易轨迹的起点。该活动同样与采购交易的"发生"认定、应付账款的"存在"认定相关。

（四）编制订购单

采购部门在收到请购单后，只能对经过恰当批准的请购单发出订购单。对每张订购单，采购部门应确定最佳的供应来源。例如，对一些大额、重要的采购项目，采用招标方式确定供应商，以保证供货的质量、及时性和价格的优惠。

订购单应正确填写所需要的商品品名、数量、价格、供应商名称和地址等，预先予以顺序编号并经过被授权的采购人员签名。其正联应送交供应商，副联则送至企业的验收部门、财务部门和编制请购单的部门。

随后，内部审计部门独立检查订购单的处理，以确定是否确实收到商品并正确入账。这项检查与采购交易的"完整性"和"发生"认定有关。

（五）验收商品

采购与验收应当职责分离，验收部门应比较所收商品与订购单上的要求是否相符，如商品的品名、规格型号、数量和质量等，然后再盘点商品并检查商品有无损坏。

验收后，验收部门应对已收货的每张订购单编制一式多联、预先按顺序编号的验收单，作为验收和检验商品的依据。验收人员将商品送交仓库或其他请购部门时，应取得经过签字的收据，或要求其在验收单的副联上签收，以确立他们对所采购的资产应负的保管责任。验收人员还应将其中的一联验收单送交财务部门。这项活动与存货的"存在"和"完整性"、应付账款的"存在"和"完整性"相关。

验收单是支持资产以及与采购有关的负债的"存在"认定的重要凭据。定期独立检查验收单的顺序以确定每笔采购交易都已编制凭单，则与采购交易的"完整性"认定有关。

（六）储存已验收的商品

将已验收商品的保管与采购职责相分离，可减少未经授权的采购和盗用商品的风险。存放商品的仓储区应相对独立，限制无关人员接近。

该项活动会生成入库单，与商品的"存在"认定有关。

（七）确认和记录采购交易与负债

在记录采购交易前，财务部门需要检查订购单、验收单和供应商发票的一致性，确定供应商发票的内容是否与相关的验收单、订购单一致，以及供应商发票的计算是否正确。在检查无误后，会计人员编制转账凭证或付款凭证，经会计主管审核后据以登记相关账簿。如果月末尚未收到供应商发票，财务部门须根据验收单和订购单暂估相关的负债。供应商对账单与"存在""发生""完整性""权利和义务"和"准确性、计价和分摊"等认定有关。

这些控制会生成供应商发票、转账凭证、付款凭证、记账凭证、应付账款明细账等单据与会计记录。

（八）办理付款

企业通常根据国家有关支付结算的相关规定和企业生产经营的实际情况选择付款结算方式。付款前，还应当进行再次检查核对，并依据企业规定进入付款流程。

（九）记录现金、银行存款支出

在各循环中，内部控制的设置方面都有很多类似之处。以下仅就采购交易内部控制的特殊之处进行说明。

▶ 1. 适当的职责分离

企业应当建立采购与付款交易的岗位责任制，明确相关部门和岗位的职责、权限，确保办理采购与付款交易的不相容岗位相互分离、制约和监督。

采购与付款交易不相容岗位至少包括：请购与审批；询价与确定供应商；采购合同的订立与审批；采购与验收；采购、验收与相关会计记录；付款审批与付款执行。这些是有关采购与付款交易相关职责适当分离的基本要求，以确保办理采购与付款交易的不相容岗位相互分离、制约和监督。

▶ 2. 恰当的授权审批

付款需要由经授权的人员审批，审批人员在审批前须检查相关支持文件，并对其发现的例外事项进行跟进处理。

▶ 3. 凭证的预先编号及对例外报告的跟进处理

通过对入库单的预先编号以及对例外情况的汇总处理，被审计单位可以应对存货和负债记录方面的完整性风险。

二、采购与付款循环的控制测试

以一般制造业为例，在通常情况下，注册会计师对采购和付款循环实施的控制测试，具体如表 10-2 所示。

表 10-2 采购与付款循环的控制测试

风险	相关认定	存在的内部控制	内部控制测试程序
新增供应商或供应商信息变更未经恰当的认证	存货：存在 其他费用：发生 应付账款：存在	(1) 采购订单上的供应商代码必须在系统供应商清单中存在匹配的代码，才能生效并发送供应商。 (2) 复核人复核并批准每一对供应商数据的变更请求，包括供应商地址或银行账户的变更以及新增供应商等	(1) 询问复核人复核供应商数据变更请求的过程。 (2) 抽样检查变更需求是否有相关文件支持及有复核人的复核确认。 (3) 检查系统中采购订单的生成逻辑
采购订单与有效的请购单不符	存货：存在；准确性、计价和分摊 其他费用：发生；准确性 应付账款：存在；准确性、计价和分摊	(1) 复核人复核采购订单是否有经适当权限人员签署的请购单支持。 (2) 复核人确认采购订单的价格与供应商协商一致且该供应商已通过审批	(1) 询问复核人复核采购订单的过程，包括复核人提出的问题及其跟进记录。 (2) 抽样检查采购订单是否有对应的请购单及复核人签署确认

续表

风　　险	相关认定	存在的内部控制	内部控制测试程序
接收了缺乏有效采购订单或未经验收的商品	应付账款：存在；完整性 存货：存在；完整性 其他费用：发生；完整性	(1) 入库确认后，系统生成连续编号的入库单。 (2) 收货人员只有完成以下程序后才能在系统中确认商品入库：①检查是否存在有效的采购订单；②检查是否存在有效的验收单；③检查收到的货物的数量是否与发货单一致	(1) 检查系统入库单编号的连续性。 (2) 询问收货人员的收货过程，抽样检查入库单是否有对应一致的采购订单及验收单
临近会计期末的采购未被记录在正确的会计期间	应付账款：存在；完整性 存货：存在；完整性 其他费用：发生；完整性	(1) 系统每月月末生成包含所有已收货但相关发票未录入系统货物信息的例外报告。 (2) 复核人复核该例外报告中的项目，确定采购是否被记录在正确的期间以及负债计提是否有效	(1) 检查系统例外报告的生成逻辑。 (2) 询问复核人对报告的复核过程，核对报告中的采购是否计提了相应负债，检查复核人的签署确认
批准付款的发票上存在价格、数量错误或劳务尚未提供的情形	应付账款：完整性、准确性、计价和分摊 存货：完整性、准确性、计价和分摊	(1) 当入库单录入系统后，系统将其与采购订单进行核对。当发票录入系统后，系统将其详细信息与采购订单及入库单进行核对。对不符事项生成例外报告。 (2) 负责应付账款且无职责冲突的人员负责跟进例外报告中的所有项目。仅当不符信息从例外报告中消除后发票才可以付款	(1) 检查系统报告的生成逻辑。 (2) 与复核人讨论其复核过程，抽样选取例外报告。检查是否存在复核的证据、复核人提出问题的跟进是否适当等。 (3) 抽样选取采购发票，检查是否与入库单和采购订单所记载的价格、供应商、日期、描述及数量一致

【例 10-1】

A 注册会计师是 X 公司 20×2 年度财务报表审计业务的项目合伙人。20×2 年 11 月，A 注册会计师对 X 公司的内部控制进行了测试。

资料一：审计工作底稿中记录了与采购交易相关的内部控制。部分内容摘录如下。

(1) 验收单事先连续编号，一式三联，由验收部门填写后分别交采购部门登记采购流水账、应付凭单部门编制付款凭单和验收部门留底。

(2) 应付凭单部门根据核对一致的验收单和卖方发票编制事先连续编号的付款凭单，并将验收单和卖方发票附在付款凭单的正联后传递给财务部门。

资料二：审计工作底稿中记录了对采购交易相关的内部控制实施控制测试情况。部分内容摘录如下。

(1) 现场观察记录：验收部门职员 B 将订购单与供应商运达的材料进行比对、验收，并填写事先印制好的、连续编号的验收单的日期、编号、供应商名称、材料名称、型号、数量等。

（2）检查记录：检查20×3年年初应付账款贷方记录时，抽取了1月份应付账款明细账中记载的一笔采购业务。该项采购的运输由X公司自行承担，提货日期为20×2年12月30日，卖方发票日期与提货日期相同。该批商品于20×3年1月2日入库。

要求：

（1）指出资料一中所述各项内部控制是否存在设计缺陷。如存在设计缺陷，请进一步指出该缺陷可能导致X公司违反采购交易的哪一项认定。

（2）针对资料二，结合资料一，逐项指出相关内部控制是否得到有效执行。如认为未得以有效执行，请简要说明理由。如未有效执行，请指出该缺陷导致或可能导致X公司违反采购交易的哪一项认定。

解析：

（1）资料一事项(1)中所述内部控制不存在设计缺陷。

资料一事项(2)中所述内部控制存在设计缺陷：编制付款凭单前，没有核对订购单与验收单、卖方发票是否一致。该缺陷可能导致采购交易违反准确性认定。

（2）资料二事项(1)中所述内部控制得到有效执行。

资料二事项(2)中所述情况表明相关内部控制没有得以有效执行。X公司自行承担运输，提货日期及供应商发票日期均为20×2年12月30日，表明该项采购已经于20×2年12月30日完成，交易应当反映在20×2年12月的应付账款中。该缺陷导致X公司违反采购交易的截止认定。

【例10-2】

A注册会计师是X公司20×1年度财务报表审计业务的项目合伙人。20×1年11月，A注册会计师对X公司的内部控制进行了测试。测试记录如下。

（1）内部控制：采购人员将新增供应商信息表递交至采购部高级经理处，审批通过后由系统管理员录入供应商主文档。

控制测试：A注册会计师抽取了本期若干新增供应商信息表，检查是否有采购部高级经理的签字。

（2）内部控制：验收人员在收到商品时在系统中填写入库通知单，计算机将入库通知单与订购单进行比对，对不符事项形成例外报告，并进行后续处理。

控制测试：A注册会计师询问验收人员，以获取本期系统是否生成例外报告的证据。

（3）内部控制：财务人员将原材料订购单、供应商发票和入库单核对一致后，编制记账凭证（附上述单据）并签字确认。

控制测试：A注册会计师抽取了本期若干记账凭证及附件，检查是否经财务人员审批签字。

（4）内部控制：财务总监负责审批金额超过50万元的付款申请单，并在系统中进行电子签署。

控制测试：A注册会计师从系统中导出本期已经财务总监审批的付款申请单，抽取样本进行检查。

要求：

假定不考虑其他条件，指出 A 注册会计师的处理是否恰当。如不恰当，提出改进意见。

解析：

(1) 处理不恰当，注册会计师还应检查新增供应商信息是否经过审核，是否被准确、完整地录入系统。

(2) 处理不恰当，仅通过询问程序无法获取充分适当的审计证据，注册会计师还应检查被授权人员对例外报告的复核，以及是否对不符事项进行了恰当的处理。

(3) 处理不恰当，注册会计师还应当对记账凭证后附的原材料订购单、供应商发票和入库单进行检查。

(4) 处理不恰当，控制测试的总体应为金额超过 50 万元的所有付款申请单。

第三节 采购与付款的实质性测试

一、应付账款的实质性程序

（一）应付账款的审计目标

应付账款的审计目标一般包括以下方面。

确定资产负债表中记录的应付账款是否存在——"存在"认定。

确定所有应当记录的应付账款是否均已记录——"完整性"认定。

确定资产负债表中记录的应付账款是否为被审计单位应当履行的偿还义务——"权利和义务"认定。

确定应付账款是否以恰当的金额包括在财务报表中——"准确性、计价和分摊"认定。

确定应付账款已记录于恰当的账户——"分类"认定。

确定应付账款是否已被恰当地汇总或分解且表述清楚，按照企业会计准则的规定在财务报表中做出的相关披露是相关的、可理解的——"列报"认定。

（二）应付账款的实质性程序

▶ 1. 获取或编制应付账款明细表

(1) 复核加计是否正确。

(2) 检查非记账本位币应付账款的折算汇率及折算是否正确。

(3) 分析出现借方余额的项目，必要时建议做重分类调整。

▶ 2. 函证应付账款

(1) 获取适当的供应商相关清单，选取样本向债权人发送询证函。

(2) 注册会计师应当对询证函保持控制，包括确定需要确认或填列的信息、选择适当的被询证者、设计询证函，包括正确填列被询证者的姓名和地址，以及被询证者直接向注册会计师回函的地址等信息，必要时，再次向被询证者寄发询证函等。

(3) 将询证函余额与已记录金额相比较, 如存在差异, 检查支持性文件。

(4) 对于未做回复的函证实施替代程序, 如检查付款文件(现金支出、电汇凭证和支票复印件)、相关的采购文件(采购订单、验收单、发票和合同)或其他适当文件。

▶ 3. 检查应付账款是否计入了正确的会计期间, 是否存在未入账的应付账款

(1) 对本期发生的应付账款增减变动, 检查至相关支持性文件, 确认会计处理是否正确。

(2) 检查资产负债表日后应付账款明细账贷方发生额的相应凭证, 关注其验收单、购货发票的日期, 确认其入账时间是否合理。

(3) 获取并检查被审计单位与其供应商之间的对账单以及被审计单位编制的差异调节表, 确定应付账款金额的准确性。

(4) 针对资产负债表日后付款项目, 检查银行对账单及有关付款凭证(如银行汇款通知、供应商收据等), 询问被审计单位内部或外部的知情人员, 查找有无未及时入账的应付账款。

(5) 结合存货监盘程序, 检查被审计单位在资产负债表日前后的存货入库资料(验收报告或入库单), 检查相关负债是否计入了正确的会计期间。

▶ 4. 寻找未入账负债的测试

获取期后收取、记录或支付的发票明细, 包括获取银行对账单、入账的发票和未入账的发票等, 从中选取项目(尽量接近审计报告日)进行测试并实施以下程序。

(1) 检查支持性文件, 如相关的发票、采购合同、验收单以及接受服务明细, 以确定收到商品或接受服务的日期, 以及应在期末之前入账的日期。

(2) 追踪已选取项目至应付账款明细账、货到票未到的暂估入账、预提费用明细表等, 关注费用所计入的会计期间。

(3) 评价费用是否被记录于正确的会计期间, 并相应确定是否存在期末未入账负债。

▶ 5. 应付关联方的款项

(1) 了解交易的商业理由。

(2) 检查证实交易的支持性文件(发票、合同、协议及入库和运输单据等相关文件)。

(3) 检查被审计单位与关联方的对账记录或向关联方函证。

【例10-3】

A公司是一家上市公司, 主要从事钢材的生产和销售, ABC会计师事务所的M注册会计师负责审计A公司20×2年度财务报表, 确定的财务报表的整体重要性水平为200万元。审计工作底稿中与负债审计相关的部分内容摘录如下。

(1) A公司各部门使用的请购单均未连续编号, 请购单由部门经理批准, 超过一定金额还需要总经理批准, 而对于大额支出实行集体决策审批制度, 注册会计师M认为该项控制设计良好, 实施了控制测试对结果表示满意。

(2) 因A公司其他应付款20×2年年末余额较20×1年年末大幅减少, 注册会计师M对其他应付款实施了消极式函证, 对不符的项目, 逐笔检查了本年借方和贷方发生额及相

关原始凭证，结果满意。

（3）为了查找未入账的应付账款，注册会计师 M 检查了资产负债表日前，应付账款明细账贷方发生额应收到的相关凭证，并结合存货监盘程序，检查了 A 公司资产负债表日前后的存货入库资料等。

（4）A 公司有一笔账龄 4 年的金额重大的其他应付款，因 20×2 年年未发生变动，注册会计师 M 未实施进一步审计程序。

要求：

针对事项(1)至事项(4)，逐项指出注册会计师 M 的做法是否恰当，如不恰当，简要说明。

解析：

（1）恰当。

（2）不恰当。实施消极式函证需要同时满足重大错报风险评估为低水平，涉及大量余额较小的账户，预期不存在大量的错误，没有理由相信被询证者不认真对待函证这 4 个条件，不能仅仅因为金额大幅减少就实施消极式函证。

（3）不恰当。注册会计师 M 应检查资产负债表日后应付账款明细账贷方发生额的相关凭证。

（4）不恰当。注册会计师 M 应当对所有重大类别的交易、账户余额和披露实施质性程序。

二、固定资产的实质性程序

（一）固定资产的审计目标

确定资产负债表中记录的固定资产是否存在——"存在"认定。

确定所有属于被审计单位所有的固定资产是否都已经列示——"完整性"认定。

确定所列示的固定资产是否由被审计单位所有或控制——"权利和义务"认定。

确定固定资产的价值真实反映和折旧是否按会计政策计提——"准确性、计价和分摊"认定。

确定固定资产、累计折旧和固定资产减值准备是否已按照要求在报表中恰当列报——"列报"认定。

（二）固定资产的实质性程序

▶ 1. 获取或编制固定资产明细表并复核

（1）复核加计是否正确。

（2）将该表与报表、总账数、明细账合计数核对是否相符。

▶ 2. 实地检查固定资产

会同被审计单位的财务人员和设备管理人员，对照台账上固定资产的名称、数量、规格和存放地点对实物进行盘点核对（从账到实物，确认真实性），并将所盘点到的实物与台账进行核对（从实物到账，确认完整性），做好盘点核对记录，获取盘点清单。

如果是常年审计客户，固定资产盘点抽查核对主要是新增固定资产。

实务中固定资产盘盈、盘亏情况一般不会经常出现，但如果盘点中存在盘盈、盘亏情况，应查明原因，并获取相关证据，形成追查记录。

▶ 3. 查验有关所有权证明文件，确定固定资产是否归客户所有

对各类固定资产，注册会计师应当获取、收集不同的证据以确定其是否归被审计单位所有。实务中，通常还会获取公司相关权证原件，应复印并写明"已与原件核对一致"，并请公司加盖公章。所有权证明文件一般包括：①房屋：房屋产权证发证单位为各地房地产交易管理部门。②土地：土地使用权证发证单位为国土资源管理部门。③运输设备：机动车登记证和车辆行驶证，发证单位为各地公安局交警支队车辆管理处。

如果客户存在资金周转困难、财务状况恶化等情况，出于谨慎性要求，可由客户陪同前往当地房地产交易管理部门、国土资源管理部门、公安局交警支队车辆管理处，查询客户有关资产所有权属情况，并与客户提供的产证核对是否相符。

权证记录的资产相关明细信息与账面记录如有差异，应查明原因：对有权证但账面无记录即有证无账的，须查明权证取得的缘由，判断未入账的理由是否合理，是否存在账外资产；账面有记录但无权证即有账无证，则应查明未能取得权证的原因，分析对公司经营可能造成的影响。

▶ 4. 对固定资产的增加与减少进行查验

固定资产增减行为重点关注合法性、内部控制的有效性。

(1) 增加。逐笔或抽查新购入的固定资产，检查购货合同、发票、保险单、运单等文件，测试文件上单位名称是否与客户单位一致，其入账时间、价值是否正确，授权批准手续是否齐备，会计处理是否正确。

(2) 减少。检查本期减少的固定资产，确认是否经授权批准，账务处理是否正确及时进行。此外，将本期固定资产的减少金额与"固定资产清理""营业外收支""资产处置损益"科目的发生额进行核对，确认是否相符。

▶ 5. 检查固定资产的租赁、抵押、担保情况

固定资产租赁，关注使用权资产、租赁负债等确认。

如存在固定资产的抵押、担保，应取证并做相应的记录，同时提前被审计单位做恰当的披露。

▶ 6. 检查累计折旧，复核期末固定资产的折旧政策是否合理

(1) 获取或编制累计折旧分类汇总表，复核加计是否正确，并与总账数和明细账合计数核对。

(2) 检查折旧政策是否符合规定，计提折旧范围是否正确，确定的使用寿命、预计净残值和折旧方法是否合理。

(3) 折旧政策是否前后期一致。

(4) 复核本期折旧费用的计提和分配。

① 关注已计提减值准备固定资产的折旧费用的分配方法是否合理，是否与上期一致。

② 注意固定资产增减变动时有关折旧的会计处理是否符合规定，将"累计折旧"账户贷方的本期计提折旧额与相应的成本费用中的折旧费用明细账户的借方发生额相比较，检查本期所计提折旧金额是否已全部摊入本期产品成本或费用。若存在差异，应追查原因，并考虑是否应建议做适当调整。分配计入各项目的金额占本期全部折旧计提额的比例与上期比较是否有重大差异。

编制固定资产折旧检查表，如表10-3所示。图中本期已提折旧应由注册会计师根据被审计相关折旧政策进行重新测算。

表10-3 固定资产折旧检查表

被审计单位：ABC股份有限公司　　编制：张三　　日期：2009-1-21　　索引号：Z0912
报表截止日：2008-12-31　　复核：李四　　日期：2009-1-21　　项目：折旧计算检查表

固定资产名称	固定资产原值/元	残值率/%	累计折旧/元 期初余额	减值准备/元 期初余额	本期应提折旧/元		本期已提折旧/元	差异/元
房屋、建筑物	167 260 390.84	5	110 791 705.63		3 700 672.46	Z09-1	3 700 672.46	
机器设备	810 596 039.63	5	583 834 420.01	17 496 670.90	24 697 208.64	Z09-1	24 704 928.18	−7 719.54
运输工具	3 529 869.00	5	516 839.04		358 286.42	Z09-1	358 286.42	
办公设备	7 179 713.95	5	5 832 553.23		390 537.46	Z09-1	390 537.46	
合计	988 566 013.42		700 975 517.91	17 496 670.90	29 146 704.98		29 154 424.52	−7 719.54

▶ 7. 检查固定资产减值准备
▶ 8. 与报表附注进行核对

综上，固定资产项目的审计重点在于查验各项固定资产的存在性和所有权，以及增减行为的合法合规性；累计折旧项目的审计重点在于复核计算折旧金额及其分配的正确性、配比性。

【例10-4】

M注册会计师对A集团及其下属子公司20×2年度固定资产相关项目进行审计时，发现如下情况：

（1）发现A公司的一张转账凭证，其会计分录为：

借：营业外支出——非常损失　　　　　　　　　　　　　　600 000
　　累计折旧　　　　　　　　　　　　　　　　　　　　　100 000
　　固定资产减值准备　　　　　　　　　　　　　　　　　100 000
　贷：固定资产　　　　　　　　　　　　　　　　　　　　　　800 000

同时，M注册会计师注意到，该固定资产报废时净额占固定资产原值比例高达75%，其中可能有问题，决定进一步审查。于是，调阅了该固定资产卡片，发现该固定资产实际使用寿命只有一年。

经多次询问A公司有关人员，得知该固定资产在购入后不久因公司转产而被闲置，公司于20×0年11月5日将其变卖,变卖价款50万元归入公司"小金库"。

(2) 对A集团下属B公司固定资产进行监盘,盘盈一台6成新机器设备,该设备同类产品市场价格为10万元,企业所得税税率为25%。

(3) 对A集团下属C公司审计其20×2年"固定资产"和"累计折旧"项目时,发现于20×2年12月15日购入管理用复印机2台,价款38 000元,预计使用寿命10年,预计净残值2 000元,12月计提折旧300元(不考虑所得税影响)。

(4) 对A集团下属D公司审计时,发现于20×2年11月15日购入不须安装的管理用设备一台,当月投入使用。该设备使用寿命10年,预计净残值为0元,年限平均法计提折旧,价款(含税)为1 130 000元,运杂费36 000元(不考虑所得税影响,假设该设备的增值税不可抵扣)。D公司的会计分录为:

借:固定资产　　　　　　　　　　　　　　　　　　　　　1 130 000
　　管理费用　　　　　　　　　　　　　　　　　　　　　　　36 000
　　贷:银行存款　　　　　　　　　　　　　　　　　　　　1 206 000

要求:
请你替M注册会计师对该集团的上述业务给出处理意见。

解析:
(1)根据企业会计准则,固定资产报废应通过"固定资产清理"科目核算,因此该转账凭证上反映的会计处理不合规。此外,该公司隐瞒固定资产变卖价款,将其归入公司"小金库",违反了财经法规的相关规定。

(2)编制如下调整分录:

盘盈处理:
借:固定资产　　　　　　　　　　　　　　　　　　　　　　100 000
　　贷:累计折旧　　　　　　　　　　　　　　　　　　　　　400 000
　　　　以前年度损益调整　　　　　　　　　　　　　　　　　60 000

调整所得税:
借:以前年度损益调整　　　　　　　　　　　　　　　　　　 15 000
　　贷:应交税费——应交所得税　　　　　　　　　　　　　　15 000

提取盈余公积:
借:以前年度损益调整　　　　　　　　　　　　　　　　　　　4 500
　　贷:盈余公积——法定盈余公积　　　　　　　　　　　　　 4 500

结转以前年度损益调整:
借:以前年度损益调整　　　　　　　　　　　　　　　　　　　40500
　　贷:利润分配——未分配利润　　　　　　　　　　　　　　 40500

(3) 该公司于20×2年12月15日购入的管理用复印机,本月不应计提折旧,应从20×3年1月份开始计提折旧。当期编制调整分录:

借:累计折旧　　　　　　　　　　　　　　　　　　　　　　　　300
　　贷:管理费用　　　　　　　　　　　　　　　　　　　　　　 300

(4) 根据会计准则规定，企业外购固定资产的成本包括购买价款、相关税费，使固定资产达到预定可使用状态前所发生的可归属于该项资产的运输费、装卸费等。购建固定资产运杂费应计入固定资产成本，该公司将其计入管理费用，不符合企业会计准则规定，此外还需要对折旧进行调整。当期编制调整分录如下。

调整固定资产和管理费用：
借：固定资产　　　　　　　　　　　　　　　　　　　　　　　　36 000
　　贷：管理费用　　　　　　　　　　　　　　　　　　　　　　　　36 000

调整累计折旧：
应补提的折旧：36 000÷10÷12＝300（元）
借：管理费用——折旧费　　　　　　　　　　　　　　　　　　　　300
　　贷：固定资产——累计折旧　　　　　　　　　　　　　　　　　　300

三、除折旧或摊销、人工费用以外的一般费用的实质性程序

▶ 1. 实质性分析程序

将费用细化到适当层次，根据关键因素和相互关系（例如本期预算、费用类别与销售数量、职工人数的变化之间的关系等）设定预期值，将已记录金额与期望值进行比较，进一步调查差异。

▶ 2. 逆查

对本期发生的费用选取样本，检查其支持性文件，确定原始凭证是否齐全，记账凭证与原始凭证是否相符以及账务处理是否正确。

▶ 3. 完整性测试

从资产负债表日后的银行对账单或付款凭证中选取项目进行测试，检查支持性文件，关注发票日期和支付日期，追踪已选取项目至相关费用明细表，检查费用所计入的会计期间，评价费用是否被记录于正确的会计期间。

▶ 4. 截止测试

抽取资产负债表日前后的凭证，实施截止测试，评价费用是否被记录于正确的会计期间。

本章小结

1. 采购与付款循环涉及的凭证包括请购单、订购单、验收单、供应商发票、付款凭单即相关账簿等，涉及部门主要包括仓库、采购部、验收部、会计部门等，主要关注与购买商品和服务、应付账款的支付有关的控制活动以及重大交易。

2. 采购与付款循环关键控制包括：编制需求计划和采购计划、请购、选择供应商、确定采购价格、订立框架协议或采购合同、管理供应过程、验收、付款、会计控制。

3. 固定资产审计除执行明细账核对、分析程序外，还需要对折旧进行重新计算，并实施监盘程序。有时还需要关注是否存在减值迹象，并进行减值测试。

复习思考题

1. 应付账款函证和应收账款函证有哪些区别？
2. 采购与付款循环的主要业务活动及相关会计凭证和记录有哪些？
3. 固定资产审计的重点是什么？如何实施？

实操练习

1. 审计人员张三正在对 ABC 公司的应付账款项目进行审计（见表 10-4），根据需要，该审计人员决定对这个项目实施函证。

表 10-4　ABC 公司应付账款明细表　　　　　　　　　　　　　　单位：元

公 司 名 称	应付账款年末余额	本年采购总额
A	42 550	561 000
B	27 735	5 000
C	2 300	7 500 000
D	1 450 000	1 550 000

要求：

（1）张三应该选哪两家公司进行函证，依据是什么？
（2）函证内容及方式是什么？

2. ABC 会计师事务所的 A 注册会计师负责审计甲公司 20×2 年度财务报表。审计工作底稿中与采购循环审计相关的部分内容摘录如下。

（1）甲公司各部门使用的请购单未连续编号，请购单由部门经理批准，超过一定金额还需总经理批准。A 注册会计师认为该项控制设计有效，实施了控制测试，结果满意。

（2）为查找未入账的应付账款，A 注册会计师检查了资产负债表日后应付账款明细账贷方发生额的相关凭证，并结合存货监盘程序，检查了甲公司资产负债表日前后的存货入库资料，结果满意。

（3）由于 20×2 年人员工资和维修材料价格持续上涨，甲公司实际发生的产品质量保证支出与以前年度的预计数相差较大。A 注册会计师要求管理层就该差异进行追溯调整。

（4）甲公司有一笔账龄 3 年以上、金额重大的其他应付款。因 20×2 年度未发生变动，A 注册会计师未实施进一步审计程序。

在线自测

第十一章　生产与存货循环审计

> **学习目标**
> 1. 了解被审计单位购货与付款循环的主要业务活动；
> 2. 了解生产与存货循环控制测试；
> 3. 掌握存货盘点。

思政案例

消失的存货——罗宾斯药材案

1938年年初，长期贷款给罗宾斯药材公司的朱利安·汤普森公司，在审核罗宾斯药材公司财务报表时发现两个疑问：①罗宾斯药材公司中的制药原料部门，原是个盈利较高的部门，但该部门却一反常态地没有现金积累。而且，流动资金亦未见增加。相反，该部门还不得不依靠公司管理者重新调集资金来进行再投资，以维持生产。②公司董事会曾开会决议，要求公司减少存货金额。但到1938年年底，公司存货反而增加100万美元。汤普森公司立即表示，在没有查明这两个疑问之前，不再予以贷款，并请求官方协调控制证券市场的权威机构——纽约证券交易委员会调查此事。

纽约证券交易委员会在收到请求之后，立即组织有关人员进行调查。调查发现该公司在经营的十余年中，每年都聘请了美国著名的普赖斯·沃特豪斯会计师事务所对该公司的财务报表进行审定。在查看这些审计人员出具的审计报告中，审计人员每年都对该公司的财务状况及经营成果发表了"正确、适当"等无保留的审计意见。为了核实这些审计结论是否正确，调查人员对该公司1937年的财务状况与经营成果进行了重新审核。结果发现：1937年12月31日的合并资产负债表计有总资产8 700万美元，但其中的1 907.5万美元的资产是虚构的，包括存货虚构1 000万美元，销售收入虚构900万美元，银行存款虚构7.5万美元；在1937年年度合并损益表中，虚假的销售收入和毛利分别达到1 820万美元和180万美元。

在此基础上，调查人员对该公司经理的背景做了进一步调查，结果发现公司经理菲利普·科斯特及其同伙穆西卡等人，都是犯有前科的诈骗犯。他们都是用了假名，混入公司并爬上公司管理岗位。他们将亲信安插在掌管公司钱财的重要岗位上，并相互勾结、沆瀣一气，这使得他们的诈骗活动持续很久没能被人发现。

美国罗宾斯药材公司虚假会计报表案，敲响了传统审计方式仅仅停留在账面审计的警钟。在熟知沃特豪斯会计师事务所账表核对、账账核对以及账证核对的传统查账方法之后，罗宾斯药材公司就开始在账表证上做文章，也就是我们常说的虚开发票与账单。

在赔偿了50万美元之后，沃特豪斯会计师事务所总结出在查账过程中，除了传统的账表核对、账账核对以及账证核对外，还必须对资产负债表中的所有有形资产进行盘点，对所有的义务债权和债务进行函证，注册会计师四大查账技术之第二大技术——盘点与函证由此产生。即对存货和应收应付款进行盘点与函证，通过实际观察与外来凭证，发现并揭穿某些公司报表造假的现象，从而使注册会计师的结论更为真实与可靠。

资料来源：1938年罗宾斯案例[EB/OL].[2023-04-10]. https://wenku.baidu.com/view/bd3f502-b453610661ed9f426.html?_wkts_=16816357-62066&bdQuery.

案例思考

对存货的审计可以考虑应用哪些审计程序？

启示：

企业要生存求发展，其根本出路在谨慎投资和合法经营，而案例中公司的失败究其原因，主要是公司高层管理人员法治观念极其淡薄，经营管理存在诸多问题，他们在公司业绩不佳的困难时期，不是从强化公司管理内涵着手，想办法求对策，而是藐视国家法律法规，公然造假，知法犯法，所以得到了应有的处罚。

第一节　生产与存货循环概述

一、生产与存货循环中主要的业务活动

生产与存货循环反映的是企业将购入的材料经过加工最后形成半成品、产成品的过程。生产与存货循环同其他业务循环的联系非常紧密。原材料经过采购与付款循环进入生产与存货循环，生产与存货循环又随销售与收款循环中产成品的销售环节而结束。

以制造业为例，生产与存货循环涉及的主要业务活动包括：计划和安排生产；发出原材料；生产产品；核算产品成本；产成品入库及储存；发出产成品；存货盘点；计提存货跌价准备等。上述业务活动通常涉及以下部门：生产计划部门、仓储部门、生产部门、人事部门、销售部门、会计部门等。

（一）计划和安排生产

生产计划部门的职责是根据客户订购单或者销售部门对销售预测和产品需求的分析来决定生产授权。如决定授权生产，即签发预先顺序编号的生产通知单。该部门通常应将发出的所有生产通知单顺序编号并加以记录控制。此外，通常该部门还需编制一份材料需求报告，列示所需要的材料和零件及其库存。

（二）发出原材料

仓储部门的责任是根据从生产部门收到的领料单发出原材料。领料单上必须列示所需的材料数量和种类，以及领料部门的名称。领料单可以一料一单，也可以多料一单，通常需一式三联。仓库管理人员发料并签署后，将其中一联连同材料交给领料部门（生产部门

存根联），一联留在仓库登记材料明细账（仓库联），一联交会计部门进行材料收发核算和成本核算（财务联）。

（三）生产产品

生产部门在收到生产通知单及领取原材料后，便将生产任务分解到每一个生产工人，并将所领取的原材料交给生产工人，据以执行生产任务。生产工人在完成生产任务后，将完成的产品交生产部门统计人员查点，然后转交检验员验收并办理入库手续；或是将所完成的半成品移交下一个环节，做进一步加工。

（四）核算产品成本

为了正确核算并有效控制产品成本，必须建立健全成本会计制度，将生产控制和成本核算有机结合在一起。一方面，生产过程中的各种记录、生产通知单、领料单、计工单、产量统计记录表、生产统计报告、入库单等文件资料都要汇集到会计部门，由会计部门对其进行检查和核对，了解和控制生产过程中存货的实物流转；另一方面，会计部门要设置相应的会计账户，会同有关部门对生产过程中的成本进行核算和控制。由于核算精细程度的不同，成本会计制度可以非常简单，只是在期末记录存货余额；也可以是完善的标准成本制度，持续地记录所有材料处理、在产品和产成品，并形成对成本差异的分析报告。完善的成本会计制度应该提供原材料转为在产品，在产品转为产成品，以及按成本中心、分批次生产任务通知单或生产周期所消耗的材料、人工和间接费用的分配与归集的详细资料。

（五）产成品入库及储存

产成品入库，须由仓储部门先行点验和检查，然后签收。签收后，将实际入库数量通知会计部门。据此，仓储部门确立了本身应承担的保管责任，并对验收部门的工作进行验证。除此之外，仓储部门还应根据产成品的品质特征分类存放，并填制标签。

（六）发出产成品

产成品的发出须由独立的发运部门进行。装运产成品时必须持有经有关部门核准的发运通知单，并据此编制出库单。出库单一般为一式四联：一联交仓储部门；一联由发运部门留存；一联送交客户；一联作为开具发票的依据。

（七）存货盘点

管理人员编制盘点指令，安排适当人员对存货实物（包括原材料、在产品和产成品等所有存货类别）进行定期盘点，将盘点结果与存货账面数量进行核对，调查差异并进行适当调整。

（八）计提存货跌价准备

财务部门根据存货货龄分析表信息或相关部门提供的有关存货状况的其他信息，结合存货盘点过程中对存货状况的检查结果，对出现损毁、滞销、跌价等降低存货价值的情况进行分析计算，计提存货跌价准备。

二、生产与存货循环涉及的主要凭证和会计记录

在内部控制比较健全的企业，处理生产和存货业务通常需要使用很多单据与会计记

录。典型的生产与存货循环所涉及的主要单据与会计记录有以下几种（不同被审计单位的单据名称可能不同）。

（一）生产指令

生产指令又称"生产任务通知单"或"生产通知单"，是企业下达制造产品等生产任务的书面文件，用以通知供应部门组织材料发放，生产车间组织产品制造，会计部门组织成本计算。广义的生产指令也包括用于指导产品加工的工艺规程，如机械加工企业的"路线图"等。

（二）领发料凭证

领发料凭证是企业为控制材料发出所采用的各种凭证，如材料发出汇总表、领料单、限额领料单、领料登记簿、退料单等。

（三）产量和工时记录

产量和工时记录是登记工人或生产班组在出勤时间内完成产品数量、质量，以及生产这些产品所耗费工时数量的原始记录。产量和工时记录的内容与格式是多种多样的，在不同的生产企业中，甚至在同一企业的不同生产车间中，由于生产类型不同而采用不同格式的产量和工时记录。常见的产量和工时记录主要有工作通知单、工序进程单、工作班产量报告、产量通知单、产量明细表、废品通知单等。

（四）工薪汇总表及工薪费用分配表

工薪汇总表是为了反映企业全部工薪的结算情况，并据以进行工薪总分类核算和汇总整个企业工薪费用而编制的，它是企业进行工薪费用分配的依据。工薪费用分配表反映了各生产车间各产品应负担的生产工人工薪及福利费。

（五）材料费用分配表

材料费用分配表是用来汇总反映各生产车间各产品所耗费的材料费用的原始记录。

（六）制造费用分配汇总表

制造费用分配汇总表是用来汇总反映各生产车间各产品所应负担的制造费用的原始记录。

（七）成本计算单

成本计算单是用来归集某一成本计算对象所应承担的生产费用，计算该成本计算对象的总成本和单位成本的记录。

（八）产成品入库单和出库单

产成品入库单是产品生产完成并经检验合格后从生产部门转入仓库的凭证。产成品出库单是根据经批准的销售单发出产成品的凭证。

（九）存货明细账

存货明细账是用来反映各种存货增减变动情况和期末库存数量及相关成本信息的会计记录。

（十）存货盘点指令、盘点表及盘点标签

一般制造型企业通常会定期对存货实物进行盘点，将实物盘点数量与账面数量进行核

对，对差异进行分析调查，必要时做账务调整，以确保账实相符。在实施存货盘点之前，管理人员通常编制存货盘点指令，对存货盘点的时间、人员、流程及后续处理等方面做出安排。在盘点过程中，通常会使用盘点表记录盘点结果，使用盘点标签对已盘点存货及数量做出标识。

（十一）存货货龄分析表

很多制造型企业通过编制存货货龄分析表，识别流动较慢或滞销的存货，并根据市场情况和经营预测，确定是否需要计提存货跌价准备。这对于管理具有保质期的存货（如食物、药品、化妆品等）尤其重要。

三、生产与存货循环涉及的主要报表项目

考虑财务报表项目与业务循环的相关程度，生产与存货循环所涉及的资产负债表项目主要是存货、应付职工薪酬等，其中存货又涉及材料采购（或在途物资）原材料、材料成本差异、库存商品、发出商品、委托加工物资、委托代销商品、受托代销商品、周转材料、生产成本、制造费用、劳务成本、存货跌价准备等账户余额。所涉及的利润表项目主要是营业成本等。

四、生产与存货循环可能存在的重大错报风险

生产与存货循环是企业生产经营的基本循环，它对企业资产负债表中的存货等项目，利润表中的主营业务成本、管理费用等项目产生重大影响。本循环中常见的可能导致重大错报风险的情况有以下方面。

（一）交易的数量和复杂性

制造类企业交易的数量庞大，业务复杂，这就增加了错误和舞弊的风险。

（二）成本核算的复杂性

制造类企业的成本核算比较复杂。虽然原材料和直接人工等直接成本的归集和分配比较简单，但间接费用的分配可能较为复杂，并且，同一行业中的不同企业也可能采用不同的认定和计量基础。

（三）产品的多元化

这可能要求聘请专家来验证其质量、状况或价值。另外，计算库存存货数量的方法也可能是不同的。例如，计量煤堆、筒仓里的谷物或糖、黄金或贵重宝石、化工品和药剂产品的存储量的方法都可能不一样。这并不是要求注册会计师每次清点存货都需要专家配合，如果存货容易辨认、存货数量容易清点，就无须专家帮助。

（四）某些存货项目的可变现净值难以确定

例如价格受全球经济供求关系影响的存货，由于其可变现净值难以确定，会影响存货采购价格和销售价格的确定，并将影响注册会计师对与存货准确性、计价和分摊认定有关的风险进行的评估。

(五) 将存货存放在很多地点

大型企业可能将存货存放在很多地点，并且可以在不同的地点之间转移存货，这将增加商品途中毁损或遗失的风险，或者导致存货在两个地点被重复记录，也可能产生转移定价的错误或舞弊。

知识拓展 11-1
会计中的
"残次冷背"

(六) 寄存的存货

有时候存货虽然还存放在企业，但可能已经不归企业所有。反之，企业的存货也可能被寄存在其他企业。

第二节 生产与存货循环的内部控制及其测试

一、生产与存货循环不同业务活动的内部控制

(一) 计划和安排生产

这项主要业务活动，有些被审计单位的内部控制要求，根据经审批的月度生产计划书，由生产计划经理签发预先按顺序编号的生产通知单。

(二) 发出原材料

这项主要业务活动，有些被审计单位的内部控制要求：

(1) 领料单应当经生产主管批准，仓库管理员凭经批准的领料单发料；领料单一式三联，分别作为生产部门存根联、仓库联和财务联。

(2) 仓库管理员应把领料单编号、领用数量、规格等信息输入计算机系统，经仓储经理复核并以电子签名方式确认后，系统自动更新材料明细台账。

(三) 生产产品和核算产品成本

这两项主要业务活动，有些被审计单位的内部控制要求：

(1) 生产成本记账员应根据原材料领料单财务联，编制原材料领用日报表，与计算机系统自动生成的生产记录日报表核对材料耗用和流转信息；由会计主管审核无误后，生成记账凭证并过账至生产成本及原材料明细账和总分类账。

(2) 生产部门记录生产各环节所耗用工时数，包括人工工时数和机器工时数，并将工时信息输入生产记录日报表。

(3) 每月月末，由生产车间与仓库核对原材料和产成品的转出和转入记录，如有差异，仓库管理员应编制差异分析报告，经仓储经理和生产经理签字确认后交会计部门进行调整。

(4) 每月月末，由计算机系统对生产成本中各项组成部分进行归集，按照预设的分摊公式和方法，自动将当月发生的生产成本在完工产品和在产品之间按比例分配；同时，将完工产品成本在各不同产品类别之间分配，由此生成产品成本计算表和生产成本分配表；由生产成本记账员编制成生产成本结转凭证，经会计主管审核批准后进行账务处理。

(四) 产成品入库和储存

这项主要业务活动，有些被审计单位的内部控制要求：

（1）产成品入库时，质量检验员应检查并签发预先按顺序编号的产成品验收单，由生产小组将产成品送交仓库，仓库管理员应检查产成品验收单，并清点产成品数量，填写预先顺序编号的产成品入库单，经质检经理、生产经理和仓储经理签字确认后，由仓库管理员将产成品入库单信息输入计算机系统，计算机系统自动更新产成品明细台账。

（2）存货存放在安全的环境（如上锁、使用监控设备）中，只有经过授权的工作人员可以接触及处理存货。

（五）发出产成品

这项主要业务活动，在销售与收款流程循环中涉及产成品出库这一环节，此外，还有后续的结转销售成本环节。有些被审计单位可能设计以下内部控制要求。

（1）产成品出库时，由仓库管理员填写预先顺序编号的出库单，并将产成品出库单信息输入计算机系统，经仓储经理复核并以电子签名方式确认后，计算机系统自动更新产成品明细台账并与发运通知单编号核对。

（2）产成品装运发出前，由运输经理独立检查出库单、销售订购单和发运通知单，确定从仓库提取的商品附有经批准的销售订购单，并且，所提取商品的内容与销售订购单一致。

（3）每月月末，生产成本记账员根据计算机系统内状态为"已处理"的订购单数量，编制销售成本结转凭证，结转相应的销售成本，经会计主管审核批准后进行账务处理。

（六）盘点

存货这项业务活动，有些被审计单位的内部控制要求如下。

（1）生产部门和仓储部门在盘点日前对所有存货进行清理和归整，便于盘点顺利进行。

（2）每一组盘点人员中应包括仓储部门以外的其他部门人员，即不能由负责保管存货的人员单独负责盘点存货；安排不同的工作人员分别负责初盘和复盘。

（3）盘点表和盘点标签事先连续编号，发放给盘点人员时登记领用人员；盘点结束后回收并清点所有已使用和未使用的盘点表和盘点标签。

（4）为防止存货被遗漏或重复盘点，所有盘点过的存货贴盘点标签，注明存货品名、数量和盘点人员，完成盘点前检查现场确认所有存货均已贴上盘点标签。

（5）将不属于本单位的代其他方保管的存货单独堆放并做标识；将盘点期间需要领用的原材料或出库的产成品分开堆放并做标识。

（6）汇总盘点结果，与存货账面数量进行比较，调查分析差异原因，并对认定的盘盈和盘亏提出账务调整建议，经仓储经理、生产经理、财务经理和总经理复核批准后入账。

（七）计提存货跌价准备

对于这项业务活动，有些被审计单位的内部控制要求如下。

（1）定期编制存货货龄分析表，管理人员复核该分析表，确定是否有必要对滞销存货计提存货跌价准备，并计算存货可变现净值，据此计提存货跌价准备。

（2）生产部门和仓储部门每月上报残冷背次存货明细，采购部门和销售部门每月上报原材料和产成品最新价格信息,财务部门据此分析存货跌价风险并计提跌价准备,由财务经理和总经理复核批准并入账。

二、生产与存货循环的控制测试

由于生产与存货循环与其他业务循环的紧密联系,生产与存货循环中某些审计程序,特别是对存货余额的审计程序,与其他相关业务循环的审计程序同时进行将更为有效。因此,在对生产与存货循环的内部控制实施测试时,要考虑其他业务循环的控制测试是否与本循环相关,避免重复测试。

风险评估和风险应对是整个审计过程的核心,因此,注册会计师通常以识别的重大错报风险为起点,选取拟测试的控制并实施控制测试。表11-1列示了通常情况下注册会计师对生产和存货循环实施的控制测试。

表11-1 生产与存货循环的风险、存在的控制及控制测试程序

可能发生错报的环节	相关财务报表项目及认定	存在的内部控制(自动)	存在的内部控制(人工)	内部控制测试程序
发出的原材料可能未正确记入相应产品的生产成本中	存货:准确性、计价和分摊 营业成本:准确性	领料单信息输入系统时须输入对应的生产任务单编号和所生产的产品代码,每月月末系统自动归集生成材料成本明细表	生产主管每月月末将其生产任务单及相关领料单存根联与材料成本明细表进行核对,调查差异并处理	检查生产主管核对材料成本明细表的记录,并询问其核对过程及结果
生产工人的人工成本可能未得到准确反映	存货:准确性、计价和分摊 营业成本:准确性	所有员工有专属员工代码和部门代码,员工的考勤记录记入相应员工代码	人事部每月编制工薪费用分配表,按员工所属部门将工薪费用分配至生产成本、制造费用、管理费用和销售费用,经财务经理复核后入账	检查系统中员工的部门代码设置是否与其实际职责相符。 询问并检查财务经理复核工资费用分配表的过程和记录
发生的制造费用可能没有得到完整归集	存货:准确性、计价和分摊/完整性 营业成本:准确性/完整性	系统根据输入的成本和费用代码自动识别制造费用并进行归集	成本会计每月复核系统生成的制造费用明细表并调查异常波动。必要时由财务经理批准进行调整	检查系统的自动归集设置是否符合有关成本和费用的性质,是否合理。 询问并检查成本会计复核制造费用明细表的过程和记录,检查财务经理对调整制造费用的分录的批准记录

续表

可能发生错报的环节	相关财务报表项目及认定	存在的内部控制（自动）	存在的内部控制（人工）	内部控制测试程序
生产成本和制造费用在不同产品之间、在产品和产成品之间的分配可能不正确	存货：准确性、计价和分摊 营业成本：准确性		成本会计执行产品成本核算、日常成本核算，财务经理每月月末审核产品成本计算表及相关资料（原材料成本核算表、工薪费用分配表、制造费用分配表等），并调查异常项目	询问财务经理如何执行复核及调查。选取产品成本计算表及相关资料，检查财务经理的复核记录
已完工产品的生产成本可能没有转移到产成品中	存货：准确性、计价和分摊	系统根据当月输入的产成品入库单和出库单信息自动生成产成品收(入库)发(出库)存(余额)报表	成本会计将产成品收发存报表中的产成品入库数量与当月成本计算表中结转的产成品成本对应的数量进行核对	询问和检查成本会计将产成品收发存报表与成本计算表进行核对的过程和记录
销售发出的产成品的成本可能没有准确转入营业成本	存货：准确性、计价和分摊 营业成本：准确性	系统根据确认的营业收入所对应的售出产品自动结转营业成本	财务经理和总经理每月对毛利率进行比较分析，对异常波动进行调查和处理	检查系统设置的自动结转功能是否正常运行，成本结转方式是否符合公司成本核算政策。 询问和检查财务经理和总经理进行毛利率分析的过程和记录，并对异常波动的调查和处理结果进行核实
存货可能被盗或因材料领用/产品销售未入账而出现账实不符	存货：存在		仓库保管员每月月末盘点存货并与仓库台账核对并调节一致；成本会计监督其盘点与核对，并抽查部分存货进行复盘。每年年末盘点所有存货，并根据盘点结果分析盘盈盘亏并进行账面调整	

续表

可能发生错报的环节	相关财务报表项目及认定	存在的内部控制（自动）	存在的内部控制（人工）	内部控制测试程序
可能存在残冷背次的存货，影响存货的价值	存货：准确性、计价和分摊 资产减值损失：完整性	系统根据存货入库日期自动统计货龄，每月月末生成存货货龄分析表	财务部根据系统生成的存货货龄分析表，结合生产和仓储部门上报的存货损毁情况及存货盘点中对存货状况的检查结果，计提存货减值准备，报总经理审核批准后入账	询问财务经理识别减值风险并确定减值准备的过程，检查总经理的复核批准记录

在上述控制测试中，如果人工控制在执行时依赖信息系统生成的报告，注册会计师还应当针对系统生成报告的准确性执行测试，例如与计提存货跌价准备相关的管理层控制中使用了系统生成的存货货龄分析表，其准确性影响管理层控制的有效性，因此，注册会计师需要同时测试存货货龄分析表的准确性。

需要说明的是，表11-1列示的是生产与存货循环一些较为常见的内部控制和相应的控制测试程序，目的在于帮助注册会计师根据具体情况设计能够实现审计目标的控制测试。该表既未包含生产与存货循环所有的内部控制和控制测试，也并不意味着审计实务应当按此执行。一方面，被审计单位所处行业不同、规模不一、内部控制制度的设计和执行方式不同，以前期间接受审计的情况也各不相同；另一方面，受审计时间、审计成本的限制，注册

知识拓展 11-2
存货盘存制度

会计师除了确保审计质量、审计效果外，还需要提高审计效率，尽可能地消除重复的测试程序，保证检查某一凭证时能够一次完成对该凭证的全部审计测试程序，并按最有效的顺序实施审计测试。因此，在审计实务工作中，注册会计师需要从实际出发，设计适合被审计单位具体情况的实用高效的控制测试计划。

第三节　生产与存货循环的实质性程序

一、生产与存货交易的实质性程序

（一）实质性分析程序

（1）根据对被审计单位的经营活动、供应商的发展历程、贸易条件、行业惯例和行业现状的了解，确定营业收入、营业成本、毛利以及存货周转和费用支出项目的期望值。

（2）根据本期存货余额组成、存货采购、生产水平与以前期间和预算的比较，定义营业收入、营业成本和存货可接受的重大差异额。

（3）比较存货余额和预期周转率。

(4) 计算实际数与预计数之间的差异,并同管理层使用的关键业绩指标进行比较。

(5) 通过询问管理层和员工,调查实质性分析程序得出的重大差异额是否表明存在重大错报风险,是否需要设计恰当的细节测试程序以识别和应对重大错报风险。

(6) 形成结论,即实质性分析程序能够提供充分、适当的审计证据,或需要对交易和余额实施细节测试以获取进一步的审计证据。

实施实质性分析程序的目的在于获取支持相关审计目标的证据。因此,审计人员在具体实施上述分析程序时还应当注意以下几个方面:①使用计算机辅助审计方法下载被审计单位存货主文档和总分类账户以便计算财务指标和经营指标,并将计算结果与期望值进行比较。例如,审计人员利用所掌握的、适用于被审计单位的销售毛利率知识,判断各类产品的销售毛利率是否符合期望值,存货周转率或者周转能力是否随着重要存货项目的变化而变化。②按区域分析被审计单位各月存货变动情况,并考虑存货变动情况是否与季节性变动和经济因素变动一致。③对周转缓慢或者长时间没有周转(如超过半年)以及出现负余额的存货项目单独摘录并列表。④由于可能隐含着重要的潜在趋势,审计人员应当注意不要过分依赖计算的平均值。各个存货项目的潜在重大错报风险可能并不一致,实质性分析程序应该用来查明单项存货或分类别存货的一些指标关系。

(二) 细节测试

▶ 1. 交易的细节测试

(1) 审计人员应从被审计单位存货业务流程层面的主要交易流中选取一个样本,检查其支持性证据。例如,从存货采购、完工产品的转移、销售和销售退回记录中选取一个样本。①检查支持性的供应商文件、生产成本分配表、完工产品报告、销售和销售退回文件。②从供应商文件、生产成本分配表、完工产品报告、销售和销售退回文件中选取一个样本,追踪至存货总分类账户的相关分录。③重新计算样本所涉及的金额,检查交易经授权批准而发生的证据。

(2) 对期末前后发生的诸如采购、销售退回、销售、产品存货转移等主要交易流,实施截止测试。

确认本期末存货收发记录的最后一个顺序号码,并详细检查随后的记录,以检测在本会计期间的存货收发记录中是否存在更大的顺序号码,或因存货收发交易被漏记或错记入下一会计期间而在本期遗漏的顺序号码。

▶ 2. 存货余额的细节测试

存货余额的细节测试内容很多,比如,观察被审计单位存货的实地盘存;通过询问确定现有存货是否存在寄存情形,或者被审计单位存货在盘点日是否被寄存在他人处;获取最终的存货盘点表,并对存货的完整性、存在和计量进行测试;检查、计算、询问和函证存货价格;检查存货的抵押合同和寄存合同;检查、计算、询问和函证存货的可变现净值等。

二、生产成本和营业成本的实质性程序

成本核算的审计目标一般包括:确定存货成本是否真实发生;确定存货成本的归集和

计算是否符合企业会计准则规定;确定存货成本的计算对象、计算方法的正确性;确定存货在财务报表上的披露是否恰当。

(一)直接材料成本的实质性程序

直接材料成本的实质性程序一般应从审阅材料和生产成本明细账入手,抽查有关的费用凭证,验证企业产品直接耗用材料的数量、计价和材料费用分配是否真实、合理。其主要内容包括以下几个方面。

(1)抽查产品成本计算单,检查直接材料成本的计算是否正确,材料费用的分配标准与计算方法是否合理和适当,是否与材料费用分配汇总表中该产品分摊的直接材料费用相符。

(2)审查直接材料耗用数量的真实性,检查有无将非生产用材料计入直接材料费用。

(3)分析比较同一产品前后各年度的直接材料成本,如有重大波动应查明原因。

(4)抽查材料发出及领用的原始凭证,检查领料单的签发是否经过授权,材料发出汇总表是否经过适当的人员复核,单位成本计价是否适当,是否及时、正确入账。

(5)对采用定额成本或标准成本核算的企业,应检查直接材料成本差异的计算、分配与会计处理是否正确,并查明直接材料的定额成本、标准成本在本年度内有无重大变动。

(二)直接人工成本的实质性程序

直接人工成本审计的实质性程序包括以下几个方面。

(1)抽查产品成本计算单,检查直接人工成本的计算是否正确,人工费用的分配标准与计算方法是否合理和适当,是否与工薪费用分配汇总表中该产品分摊的直接人工费用相符。

(2)将本年度直接人工成本与前期进行比较,查明其异常波动的原因。

(3)分析比较本年各个月份的人工费用发生额,如有异常波动,应查明原因。

(4)结合应付职工薪酬的审查,抽查人工费用会计记录及会计处理是否正确。

(5)对采用标准成本核算的企业,应抽查直接人工成本差异的计算、分配与会计处理是否正确,并查明直接人工的标准成本在年度内有无重大变动。

(三)制造费用的实质性程序

制造费用是企业为生产产品或提供劳务而发生的间接费用,即生产单位为组织和管理生产而发生的费用,包括分厂和车间管理人员的薪酬、提取的职工福利费、折旧费、修理费、办公费、水电费、取暖费、租赁费、机物料费、低值易耗品摊销、劳动保护费、保险费、设计制图费、试验检验费、季节性和修理期间的停工损失以及其他制造费用。

制造费用实质性程序的内容包括下列几点。

(1)获取或编制制造费用汇总表,并与制造费用明细表、总账核对相符,抽查制造费用中的重大数额项目及例外项目是否合理。

(2)审阅制造费用明细账,检查其核算内容及范围是否正确,并应注意是否存在异常会计事项,如有,则应追查至记账凭证及原始凭证,重点查明企业有无将不应列入成本费用的支出(如投资支出、被没收的财产、支付的罚款、违约金、技术改造支出等)计入制造费用。

（3）必要时，对制造费用实施截止测试，即检查资产负债表日前后的制造费用明细账及其凭证，确定有无跨期入账的情况。

（4）审查制造费用的分配是否合理。重点查明制造费用的分配方法是否符合企业自身的生产技术条件，是否体现受益原则，分配方法一经确定，是否在相当长的时期内保持稳定，有无随意变更的情况；分配率和分配额的计算是否正确，有无以人为估计数代替分配数的情况。对按预定分配率分配费用的企业，还应查明计划与实际差异是否及时调整。

（5）对于采用标准成本法的企业，应抽查标准制造费用的确定是否合理，记入成本计算单的数额是否正确，并查明标准制造费用在本年度内有无重大变动。

（四）营业成本——主营业务成本的实质性程序

对主营业务成本的实质性测试，应通过审阅营业收入明细账、产成品明细账等记录并核对有关原始凭证和记账凭证进行。其实质性测试程序包括下列方面。

（1）获取或编制主营业务成本明细表，与明细账和总账核对相符。

（2）编制生产成本及主营业务成本倒轧表（表 11-2），与总账核对相符。

表 11-2　生产成本与主营业务成本倒轧表

项　　目	未　审　数	调整或重分类金额	审　定　数
原材料期初余额			
加：本期购进			
减：原材料期末余额			
其他发出额			
直接材料成本			
加：直接人工成本			
制造费用			
生产成本			
加：在产品期初余额			
减：在产品期末余额			
产品生产成本			
加：库存商品期初余额			
减：库存商品期末余额			
其他发出额			
主营业务成本			

（3）分析比较本年度与上年度主营业务成本总额，以及本年度各月份的主营业务成本金额，如有重大波动和异常情况，应查明原因。

（4）结合生产成本的审计，抽查销售成本结转数额的正确性，并检查销售成本结转数额是否与销售收入配比。

(5) 检查主营业务成本账户中的重大调整事项(如销售退回等)是否有充分理由。

(6) 确定主营业务成本在利润表中是否已恰当披露。

(五) 营业成本——其他业务成本的实质性程序

其他业务成本的实质性程序包括以下几个方面。

(1) 编制其他业务收入、其他业务成本明细表，与总账、明细账核对。

(2) 将其他业务收入、其他业务成本与上期比较，检查是否有重大波动。检查其他业务成本与其他业务收入的配比性，其他业务成本内容的完整性。

(3) 对重大、异常项目进行凭证测试。

(4) 确定其他业务成本列报的恰当性。

三、存货的实质性程序

(一) 存货监盘

如果存货对财务报表是重要的，注册会计师应当实施下列审计程序，对存货的存在和状况获取充分、适当的审计证据。

(1) 在存货盘点现场实施监盘(除非不可行)。

(2) 对期末存货记录实施审计程序，以确定其是否准确反映实际的存货盘点结果。

在存货盘点现场实施监盘时，注册会计师应当实施下列审计程序。

(1) 评价管理层用以记录和控制存货盘点结果的指令和程序。

(2) 观察管理层制定的盘点程序的执行情况。

(3) 检查存货。

(4) 执行抽盘。

存货监盘的相关程序可以用作控制测试或者实质性程序。注册会计师可以根据风险评估结果、审计方案和实施的特定程序做出判断。例如，如果只有少数项目构成了存货的主要部分，注册会计师可能选择将存货监盘用作实质性程序。

需要说明的是，尽管实施存货监盘，获取有关期末存货数量和状况的充分、适当的审计证据是注册会计师的责任，但这并不能取代被审计单位管理层定期盘点存货、合理确定存货的数量和状况的责任。事实上，管理层通常制定程序，对存货每年至少进行一次实物盘点，以作为编制财务报表的基础，并用以确定被审计单位永续盘存制的可靠性(如适用)。

注册会计师监盘存货的目的在于获取有关存货数量和状况的审计证据。因此，存货监盘针对的主要是存货的存在认定，对存货的完整性认定及准确性、计价和分摊认定，也能提供部分审计证据。此外，注册会计师还可能在存货监盘中获取有关存货所有权的部分审计证据。例如，如果注册会计师在监盘中注意到某些存货已经被法院查封，需要考虑被审计单位对这些存货的所有权是否受到了限制。但如《中国注册会计师审计准则第1311号——对存货、诉讼和索赔、分部信息等特定项目获取审计证据的具体考虑》应用指南》中所述，存货监盘本身并不足以供注册会计师确定存货的所有权，注册会计师可能需要执行其他实质性审计程序以应对所有权认定的相关风险。

(二) 存货监盘计划

▶ 1. 制订存货监盘计划的基本要求

审计人员应当根据被审计单位存货的特点、盘存制度和存货内部控制的有效性等情况,在评价被审计单位管理层制定的存货盘点程序的基础上,编制存货监盘计划,对存货监盘做出合理安排。

有效的存货监盘需要制订周密、细致的计划。为了避免误解并有助于有效地实施存货监盘,审计人员通常需要与被审计单位就存货监盘等问题达成一致意见。因此,审计人员首先应当充分了解被审计单位存货的特点、盘存制度和存货内部控制的有效性等情况,并考虑获取、审阅和评价被审计单位预定的盘点程序。存货存在与完整性的认定具有较高的重大错报风险,而且审计人员通常只有一次机会通过存货的实地监盘对有关认定做出评价。根据计划过程所收集到的信息,有助于审计人员合理确定参与监盘的地点以及存货监盘的程序。

▶ 2. 制订存货监盘计划应考虑的相关事项

在编制存货监盘计划时,审计人员需要考虑以下事项。

1) 与存货相关的重大错报风险

存货通常具有较高水平的重大错报风险,影响重大错报风险的因素具体包括存货的数量和种类、成本归集的难易程度、陈旧过时的速度或易损坏程度、遭受失窃的难易程度。由于制造过程和成本归集制度的差异,制造企业的存货与其他企业(如批发企业)的存货相比往往具有更高的重大错报风险,对于审计人员的审计工作而言则更具复杂性。外部因素也会对重大错报风险而产生影响。例如,技术进步可能导致某些产品过时,从而导致存货价值更容易发生高估。

以下类别的存货就可能增加审计的复杂性与风险。①具有漫长制造过程的存货。制造过程漫长的企业(如飞机制造和酒类产品酿造企业)的审计重点包括递延成本、预期发生成本以及未来市场波动可能对当期损益的影响等事项。②具有固定价格合约的存货。预期发生成本的不确定性是其重大审计问题。③与时装相关的服装行业。由于服装产品的消费者对服装风格或颜色的偏好容易发生变化,因此,存货是否过时是重要的审计事项。④鲜活、易腐商品的存货。因为物质特征和保质期短暂,此类存货变质的风险很高。⑤具有高科技含量的存货。由于技术进步,此类存货容易过时。⑥单位价值高昂、容易被盗窃的存货。例如,珠宝存货的错报风险通常高于铁制纽扣之类存货的错报风险。

2) 与存货相关的内部控制的性质

在制订存货监盘计划时,审计人员应当了解被审计单位与存货相关的内部控制,并根据内部控制的完善程度确定进一步审计程序的性质、时间安排和范围。与存货相关的内部控制涉及被审计单位供、产、销各个环节,包括采购、验收、仓储、领用、加工、装运出库等方面。需要说明的是,与存货内部控制相关的措施有很多,其有效程度也存在差异。

与采购相关的内部控制的总体目标是所有交易都已获得适当的授权与批准。使用购货订购单是一项基本的内部控制措施。购货订购单应当预先连续编号,事先确定采购价格并获得批准。此外，还应当定期清点购货订购单。

与存货验收相关的内部控制的总体目标是所有收到的商品都已得到记录。使用验收报告单是一项基本的内部控制措施。被审计单位应当设置独立的部门负责验收商品，该部门具有验收存货实物、确定存货数量、编制验收报告、将验收报告传送至会计核算部门以及运送商品至仓库等一系列职能。

与仓储相关的内部控制的总体目标是确保与存货实物的接触必须得到管理层的指示和批准。被审计单位应当采取实物控制措施，使用适当的存储设施，以使存货免受意外损毁、盗窃或破坏。

与领用相关的内部控制的总体目标是所有存货的领用均应得到批准和记录。使用存货领用单是一项基本的内部控制措施，对存货领用单，应当定期进行清点。与加工（生产）相关的内部控制的总体目标是对所有的生产过程做出适当的记录。使用生产报告是一项基本的内部控制措施。在生产报告中，应当对产品质量缺陷和零部件使用及报废情况及时做出说明。

与装运出库相关的内部控制的总体目标是所有的装运都得到了记录。使用发运凭证是一项基本的内部控制措施。发运凭证应当预先编号，定期进行清点，并作为日后开具收款账单的依据。

被审计单位与存货实地盘点相关的内部控制通常包括：制订合理的存货盘点计划，确定合理的存货盘点程序，配备相应的监督人员，对存货进行独立的内部验证，将盘点结果与永续存货记录进行独立的调节，对盘点表和盘点标签进行充分控制。

3）对存货盘点是否制定了适当的程序，并下达了正确的指令

审计人员一般需要复核或与管理层讨论其存货盘点程序。在复核或与管理层讨论其存货盘点程序时，审计人员应当考虑下列主要因素，以评价其能否合理地确定存货的数量和状况：盘点的时间安排；存货盘点范围和场所的确定；盘点人员的分工及胜任能力；盘点前的会议及任务布置；存货的整理和排列，对毁损、陈旧、过时、残次及所有权不属于被审计单位的存货的区分；存货的计量工具和计量方法；在产品完工程度的确定方法；存放在外单位的存货的盘点安排；存货收发截止的控制；盘点期间存货移动的控制；盘点表单的设计、使用与控制；盘点结果的汇总以及盘盈或盘亏的分析、调查与处理。

如果认为被审计单位的存货盘点程序存在缺陷，审计人员应当提请被审计单位调整。

4）存货盘点的时间安排

如果存货盘点在财务报表日以外的其他日期进行，注册会计师除实施存货监盘基本审计程序外，还应当实施其他审计程序，以获取审计证据，确定存货盘点日与财务报表日之间的存货变动是否已得到恰当的记录。

5）被审计单位是否一贯采用永续盘存制

存货数量的盘存制度一般为实地盘存制和永续盘存制。存货盘存制度不同，审计人员需要做出的存货监盘安排也不同。如果被审计单位通过实地盘存制确定数量，则审计人员要参加此种盘点。如果被审计单位采用永续盘存制，审计人员应在年度中一次或多次参加盘点。

6）存货的存放地点

如果被审计单位的存货存放在多个地点，审计人员可以要求被审计单位提供一份完整的存货存放地点清单（包括期末库存量为零的仓库、租赁的仓库，以及第三方代被审计单位保管存货的仓库等），并考虑其完整性。根据具体情况下的风险评估结果，审计人员可以考虑执行以下一项或多项审计程序：①询问被审计单位除管理层和财务部门以外的其他人员，如营销人员、仓库人员等，以了解有关存货存放地点的情况；②比较被审计单位不同时期的存货存放地点清单，关注仓库变动情况，以确定是否存在因仓库变动而未将存货纳入盘点范围的情况发生；③检查被审计单位存货的出、入库单，关注是否存在被审计单位尚未告知审计人员的仓库（如期末库存量为零的仓库）；④检查费用支出明细账和租赁合同，关注被审计单位是否租赁仓库并支付租金，如果有，该仓库是否已包括在被审计单位提供的仓库清单中；⑤检查被审计单位"固定资产——房屋建筑物"明细清单，了解被审计单位可用于存放存货的房屋建筑物。

在获取完整的存货存放地点清单的基础上，审计人员可以根据不同地点存放存货的重要性以及对各个地点与存货相关的重大错报风险的评估结果（例如，审计人员在以往审计中可能注意到某些地点存在存货相关的错报，因此，在本期审计时对其予以特别关注），选择适当的地点进行监盘，并记录选择这些地点的原因。

如果识别存货由于舞弊导致的影响存货数量的重大错报风险，审计人员在检查被审计单位存货记录的基础上，可能决定在不预先通知的情况下，对特定存放地点的存货实施监盘，或在同一天对所有存放地点的存货实施监盘。

同时，在连续审计中，审计人员可以考虑在不同期间的审计变更所选择实施监盘的地点。

7）是否需要专家协助

审计人员可能不具备其他专业领域专长与技能。在确定资产数量或资产实物状况（如矿石堆），或在收集特殊类别存货（如艺术品、稀有玉石、房地产、电子器件、工程设计等）的审计证据时，审计人员可以考虑利用专家的工作。当在产品存货金额较大时，可能面临如何评估在产品完工程度问题。审计人员可以了解被审计单位的盘点程序，如果有关在产品的完工程度未被明确列出，审计人员应当考虑采用其他有助于确定完工程度的措施，如获取零部件明细清单、标准成本表以及作业成本表，与工厂的有关人员进行讨论等，并运用职业判断。审计人员也可以根据存货生产过程的复杂程度，借助专家的工作来进行审计。

▶ 3. 存货监盘计划的主要内容

存货监盘计划应当包括以下主要内容。

（1）存货监盘的目标、范围及时间安排。存货监盘的主要目标包括获取被审计单位资产负债表日有关存货的数量和状况，以及有关管理层存货盘点程序可靠性的审计证据，检查存货的数量是否真实完整，是否归属于被审计单位，存货有无毁损、陈旧、过时、残次和短缺等状况。

存货监盘范围的大小取决于存货的内容、性质，以及与存货相关的内部控制的完善程度和重大错报风险的评估结果。

存货监盘的时间，包括实地察看盘点现场的时间、观察存货盘点的时间和对已盘点存货实施检查的时间等，应当与被审计单位实施存货盘点的时间相协调。

（2）存货监盘的要点及关注事项。存货监盘的要点主要包括审计人员实施存货监盘程序的方法、步骤，各个环节应注意的问题以及所要解决的问题。审计人员需要重点关注的事项包括盘点期间的存货移动、存货的状况、存货的截止确认、存货的各个存放地点及金额等。

（3）参加存货监盘人员的分工。审计人员应当根据被审计单位参加存货盘点人员分工、分组情况，存货监盘工作量的大小和人员素质情况，确定参加存货监盘的人员组成以及各组成人员的职责和具体的分工情况，并对其加强督导。

（4）检查存货的范围。审计人员应当根据对被审计单位存货盘点和对被审计单位内部控制的评价结果确定检查存货的范围。在实施观察程序后，如果认为被审计单位内部控制设计良好且得到有效实施，存货盘点组织良好，可以相应缩小实施检查程序的范围。

（三）存货监盘程序

在存货盘点现场实施监盘时，审计人员应当实施下列审计程序。

▶ **1. 评价管理层用以记录和控制存货盘点结果的指令和程序**

审计人员需要考虑这些指令和程序是否包括下列方面。

（1）适当控制活动的运用，例如，收集已使用的存货盘点记录，清点未使用的存货盘点表单，实施盘点和复盘程序。

（2）准确认定在产品的完工程度，流动缓慢（呆滞）、过时或毁损的存货项目，以及第三方拥有的存货（如寄存货物）。

（3）在适用的情况下用于估计存货数量的方法，如可能需要估计煤堆的重量。

（4）对存货在不同存放地点之间的移动以及截止日前后期间出入库的控制。

一般而言，被审计单位在盘点过程中停止生产并关闭存货存放地点以确保停止存货的移动，有利于保证盘点的准确性。但在特定情况下，被审计单位可能由于实际原因无法停止生产或收发货物。在这种情况下，审计人员可以根据被审计单位的具体情况考虑其无法停止存货移动的原因及其合理性。

同时，审计人员可以通过询问管理层以及阅读被审计单位的盘点计划等方式，了解被审计单位对存货移动所采取的控制程序和对存货收发截止影响的考虑。例如，如果被审计单位在盘点过程中无法停止生产，可以考虑在仓库内划分出独立的过渡区域，将预计在盘点期间领用的存货移至过渡区域，对盘点期间办理入库手续的存货暂时存放在过渡区域，以此确保相关存货只被盘点一次。

在实施存货监盘程序时，审计人员需要观察被审计单位有关存货移动的控制程序是否得到执行。同时，审计人员可以向管理层索取盘点期间存货移动相关的书面记录，以及出、入库资料作为执行截止测试的资料，以为监盘结束的后续工作提供证据。

▶ 2. 观察管理层制定的盘点程序(如对盘点时及其前后的存货移动的控制程序)的执行情况

这有助于审计人员获取有关管理层指令和程序是否得到适当设计和执行的审计证据。尽管盘点存货时最好能保持存货不发生移动，但在某些情况下存货的移动是难以避免的。如果在盘点过程中被审计单位的生产经营仍将持续进行，审计人员应通过实施必要的检查程序，确定被审计单位是否已经对此设置了相应的控制程序，确保在适当的期间内对存货做出了准确记录。

此外，审计人员可以获取有关截止性信息(如存货移动的具体情况)的复印件，有助于日后对存货移动的会计处理实施审计程序。具体来说，审计人员一般应当获取盘点日前后存货收发及移动的凭证，检查库存记录与会计记录期末截止是否正确。审计人员在对期末存货进行截止测试时，通常应当关注以下两个方面。

(1) 所有在截止日期以前入库的存货项目是否均已包括在盘点范围内，并已反映在截止日以前的会计记录中。任何在截止日期以后入库的存货项目是否均未包括在盘点范围内，也未反映在截止日以前的会计记录中。

(2) 所有截止日以前装运出库的存货商品是否均未包括在盘点范围内，且未包括在截止日的存货账面余额中；所有已记录为购货但尚未入库的存货是否均已包括在盘点范围内，并已反映在会计记录中。在途存货和被审计单位直接向顾客发运存货是否均已得到了适当的会计处理。

审计人员通常可观察存货的验收入库地点和装运出库地点以执行截止测试。在存货入库和装运过程中采用连续编号的凭证时，审计人员应当关注截止日期前的最后编号。如果被审计单位没有使用连续编号的凭证，审计人员应当列出截止日期以前的最后几笔装运和入库记录。如果被审计单位使用运货车厢或拖车进行存储、运输或验收入库，审计人员应当详细列出存货场地上满载和空载的车厢或拖车，并记录各自的存货状况。

▶ 3. 检查存货

在存货监盘过程中检查存货，虽然不一定确定存货的所有权，但有助于确定存货的存在以及识别过时、毁损或陈旧的存货。审计人员应当把所有过时、毁损或陈旧存货的详细情况录下来，这既便于进一步追查这些存货的处置情况，也能为测试被审计单位存货跌价准备审计的准确性提供证据。

▶ 4. 执行抽盘

在对存货盘点结果进行测试时，审计人员可以从存货盘点记录中选取项目追查至存货实物，以及从存货实物中选取项目追查至盘点记录，以获取有关盘点记录准确性和完整性的审计证据。需要说明的是，审计人员应尽可能避免让被审计单位事先了解将抽盘的存货项目。除记录审计人员对存货盘点结果进行的测试情况外，获取管理层完成的存货盘点记录的复印件也有助于审计人员日后实施审计程序，以确定被审计单位的期末存货记录是否准确地反映了存货的实际盘点结果。

审计人员在实施抽盘程序时发现差异，很可能表明被审计单位的存货盘点在准确性或完整性方面存在错误。由于检查的内容通常仅仅是已盘点存货中的一部分，所以在检查中发现的错误很可能意味着被审计单位的存货盘点还存在其他错误。一方面，审计人员应当查明原因，并及时提请被审计单位更正；另一方面，审计人员应当考虑错误的潜在范围和重大程度，在可能的情况下，扩大检查范围以减少错误的发生。审计人员还可要求被审计单位重新盘点。重新盘点的范围可限于某一特殊领域的存货或特定盘点小组。

▶ 5. 需要特别关注的情况

（1）存货盘点范围。在被审计单位盘点存货前，审计人员应当观察盘点现场，确定应纳入盘点范围的存货是否已经适当整理和排列，并附有盘点标识，防止遗漏或重复盘点。对未纳入盘点范围的存货，审计人员应当查明未纳入的原因。

对所有权不属于被审计单位的存货，审计人员应当取得其规格、数量等有关资料，确定是否已单独存放、标明，且未被纳入盘点范围。在存货监盘过程中，审计人员应当根据取得的所有权不属于被审计单位的存货的有关资料，观察这些存货的实际存放情况，确保其未被纳入盘点范围。即使在被审计单位声明不存在受托代存存货的情形下，审计人员在存货监盘时也应当关注是否存在某些存货不属于被审计单位的迹象，以避免盘点范围不当。

（2）对特殊类型存货的监盘。对某些特殊类型的存货而言，被审计单位通常使用的盘点方法和控制程序并不完全适用。这些存货通常或者没有标签，或者其数量难以估计，或者其质量难以确定，或者盘点人员无法对其移动实施控制。在这些情况下，审计人员需要运用职业判断，根据存货的实际情况，设计恰当的审计程序，对存货的数量和状况获取审计证据。

表11-3列举了被审计单位特殊存货的类型、通常采用的盘点方法与存在的潜在问题以及可供审计人员实施的监盘程序。审计人员在审计实务中，应当根据被审计单位所处行业的特点、存货的类别和特点以及内部控制等具体情况，并在通用的存货监盘程序基础上，设计关于特殊类型存货监盘的具体审计程序。

表11-3 特殊类型存货的监盘程序

存货类型	盘点方法与潜在问题	可供实施的审计程序
木材、钢筋条、管子	通常无标签，但在盘点时会做上标记或用粉笔标识。难以确定存货的数量或等级	检查标记或标识。利用专家或被审计单位内部有经验人员的工作
堆积型存货（如糖、煤、钢废料）	通常既无标签也不做标记。在估计存货数量时存在困难	运用工程估测、几何计算、高空勘测，并依赖详细的存货记录
使用磅秤测量的存货	在估计存货数量时存在困难	在监盘前和监盘过程中均应检验磅秤的精准度，并留意磅秤的位置移动与重新调校程序。将检查和重新称量程序相结合。检查称量尺度的换算问题

续表

存 货 类 型	盘点方法与潜在问题	可供实施的审计程序
散装物品（如储窖存货，使用桶、箱、罐、槽等容器储存的液体、气体、谷类粮食、流体存货等）	在盘点时通常难以识别和确定。在估计存货数量时存在困难。在确定存货质量时存在困难	使用容器进行监盘或通过预先编号的清单列表加以确定。使用浸蘸、测量棒、工程报告以及依赖永续存货记录
贵金属、石器、艺术品与收藏品	在存货辨认与质量确定方面存在困难	选择样品进行化验与分析，或利用专家的工作
生产纸浆用木材、牲畜	在存货辨认与数量确定方面存在困难。可能无法对此类存货的移动实施控制	通过高空摄影以确定其存在，对不同时点的数量进行比较，并依赖永续存货记录

▶ 6. 存货监盘结束时的工作

在被审计单位存货盘点结束前，审计人员应当做到以下两点。

（1）再次观察盘点现场，以确定所有应纳入盘点范围的存货均已盘点。

（2）取得并检查已填用、作废及未使用盘点表单的号码记录，确定其是否连续编号，查明已发放的表单是否均已收回，并与存货盘点的汇总记录进行核对。审计人员应当根据自己在存货监盘过程中获取的信息对被审计单位最终的存货盘点结果汇总记录进行复核，并评估其是否正确地反映了实际盘点结果。

如果存货盘点日不是资产负债表日，审计人员应当实施适当的审计程序，确定盘点日与资产负债表日之间存货的变动是否已得到恰当的记录。

无论管理层通过年度实地盘点还是采用永续盘存制确定存货数量，由于实际原因，存货的实地盘点均有可能在财务报表日以外的某一天或某几天进行。无论哪种情况，针对存货变动的控制的设计、执行和维护的有效性，决定了在财务报表日以外的某一天或某几天执行的盘点程序是否符合审计目的。《中国注册会计师审计准则第1231号——针对评估的重大错报风险采取的应对措施》对在期中实施实质性程序做出了规定。

如果被审计单位采用永续盘存制，管理层可能执行实地盘点或其他测试方法，确定永续盘存记录中的存货数量信息的可靠性。在某些情况下，管理层或审计人员可能识别出永续盘存记录与现有实际存货数量之间的差异，这可能表明对存货变动的控制没有有效运行。

当设计审计程序以获取关于盘点日的存货总量与期末存货记录之间的变动是否已被适当记录的审计证据时，审计人员考虑的相关事项包括：对永续盘存记录的调整是否适当；被审计单位永续盘存记录的可靠性；从盘点获取的数据与永续盘存记录存在重大差异的原因。

（四）特殊情况的处理

▶ 1. 在存货盘点现场实施存货监盘不可行

在某些情况下，实施存货监盘可能是不可行的。这可能是由存货性质和存放地点等因素造成的，例如存货存放在对审计人员的安全有威胁的地点。然而，对审计人员带来不便的一般因素不足以支持审计人员做出实施存货监盘不可行的决定。审计中的困难、时间或成本等事项本身、不能作为审计人员省略不可替代的审计程序或满足于说服力不足的审计证据的正当理由。

如果在存货盘点现场实施存货监盘不可行，审计人员应当实施替代审计程序（如检查盘点日后出售盘点日之前取得或购买的特定存货的文件记录），以获取有关存货的存在和状况的充分、适当的审计证据。

但在其他一些情况下，如果不能实施替代审计程序，或者实施替代审计程序可能无法获取有关存货的存在和状况的充分、适当的审计证据，审计人员需要按照《中国注册会计师审计准则第1502号——在审计报告中发表非无保留意见》的规定发表非无保留意见。

▶ 2. 因不可预见的情况导致无法在存货盘点现场实施监盘

有时，由于不可预见情况而可能导致无法在预定日期实施存货监盘，两种比较典型的情况包括：一是审计人员无法亲临现场，即由于不可抗力导致其无法到达存货存放地实施存货监盘；二是气候因素，即由于恶劣的天气导致审计人员无法实施存货监盘程序，或由于恶劣的天气无法观察存货，如木材被积雪覆盖。

如果由于不可预见的情况无法在存货盘点现场实施监盘，审计人员应当另择日期实施监盘，并对间隔期内发生的交易实施审计程序。

▶ 3. 由第三方保管或控制的存货

如果由第三方保管或控制的存货对财务报表是重要的，审计人员应当实施下列一项或两项审计程序，以获取有关该存货存在和状况的充分、适当的审计证据。

（1）向持有被审计单位存货的第三方函证存货的数量和状况。

（2）实施检查或其他适合具体情况的审计程序。根据具体情况（如获取的信息使审计人员对第三方的诚信和客观性产生疑虑），审计人员可能认为实施其他审计程序是适当的。其他审计程序可以作为函证的替代程序，也可以作为追加的审计程序。

其他审计程序的示例包括以下几个方面。

（1）实施或安排其他审计人员实施对第三方的存货监盘（如可行）。

（2）获取其他审计人员或服务机构审计人员针对用以保证存货得到恰当盘点和保管的内部控制的适当性而出具的报告。

（3）检查与第三方持有的存货相关的文件记录，如仓储单。

（4）当存货被作为抵押品时，要求其他机构或人员进行确认。鉴于第三方仅在特定时点执行存货盘点工作，在实务中，审计人员可以事先考虑实施函证的可行性。如果预期不能通过函证获取相关审计证据，可以事先计划和安排存货监盘等工作。

此外，审计人员可以考虑由第三方保管存货的商业理由的合理性，以进行存货相关风险(包括舞弊风险)的评估,并计划和实施适当的审计程序,例如检查被审计单位和第三方所签署的存货保管协议的相关条款、复核被审计单位调查及评价第三方工作的程序等。

(五) 存货计价测试

为了验证财务报表上存货余额的真实性,除了实施监盘程序外,还必须对存货的计价进行审计测试。存货种类繁多,其计价方法也随着存货的种类不同而有所不同;而每类存货的计价方法又都有较大的可选性。对存货计价的审计测试,主要包括以下几方面。

(1) 审查相关种类的存货采用的计价方法是否合理、适当,年度内有无任意改变计价方法的现象。

(2) 在加权平均法下,审查被审计单位是否在同一品种、同一规格型号的存货范围内进行计价,有无异类存货混淆计价的现象。

(3) 对被审计单位存有单位价值贵重的存货,应审查是否采用个别计价法,有无混同普通存货加权平均计价的现象。

(4) 如果被审计单位对存货采用计划成本核算,应重点审查成本差异率及差异额的计算是否正确,有无不按期结转成本差异或任意多转、少转、不转成本差异的情况。

四、应付职工薪酬实质性程序

(一) 获取或编制应付职工薪酬明细表

注册会计师应从被审计单位取得或自己编制应付职工薪酬明细表,复核加计是否正确,并与报表数、总账数和明细账合计数核对是否相符。

(二) 实质性分析程序

(1) 比较被审计单位员工人数的变动情况,检查被审计单位各部门各月工薪费用的发生额是否有异常波动,若有,应查明波动原因是否合理。

(2) 比较本期与上期工薪费用总额,要求被审计单位解释其增减变动原因,或取得公司管理层关于员工工薪标准的决议。

(3) 结合员工社保缴纳情况,明确被审计单位员工范围,检查是否与关联公司员工工薪混淆列支。

(4) 比较本期应付职工薪酬余额与上期应付职工薪酬余额是否有异常变动。

(三) 检查工资、"五险一金"、工会经费及职工教育经费等

检查工资、社会保险费、住房公积金、工会经费和职工教育经费等的计提是否正确,分配方法是否一致,并将"应付职工薪酬"账户的贷方发生额与相关的成本、费用项目核对。

(四) 检查代扣代缴员工个人所得税的计算,查明其合规性和缴纳的及时性

审阅被审计单位核算代扣代缴员工个人所得税的明细账户,分析各月代扣代缴的个人所得税总额是否均衡,有无大幅波动的情况,若存在大幅波动的情况,应询问主管会计了解原因,并实施进一步审计程序查明其原因;代扣的个人所得税是否及时缴纳;结合工资账务处理凭证的抽查,验证重点月份代扣员工个人所得税计算的合规性和正确性。

除此以外,还应检查应付职工薪酬的期后付款情况;审查应付职工薪酬的披露是否恰当。

五、其他相关账户的实质性程序

(一) 材料采购(在途物资)的实质性程序

(1) 获取或编制材料采购(在途物资)明细表,复核加计数是否正确,并与总账数、明细账合计数核对是否相符。

(2) 检查材料采购(在途物资),包括:①对大额材料采购(在途物资),追查至相关的购货合同及购货发票,复核采购成本的正确性,并抽查期后入库情况,必要时发函询证。②检查期末材料采购(在途物资),核对有关凭证,查看是否存在不属于材料采购(在途物资)核算的交易或事项。③检查月末转入原材料等科目的会计处理是否正确。

(3) 查阅资产负债表日前后一段时间材料采购(在途物资)增减变动的有关账簿记录和收料报告单等资料,检查有无跨期现象,如有,应做记录,必要时做调整。

(4) 如采用计划成本核算,审核材料采购账项有关材料成本差异的计算是否正确。

(5) 检查材料采购(在途物资)是否存在长期挂账事项,如有,应查明原因,必要时提出建议调整。

(6) 检查材料采购(在途物资)的披露是否恰当。

(二) 原材料的实质性程序

(1) 获取或编制原材料明细表,复核加计数是否正确,并与总账数、明细账合计数核对是否相符。

(2) 必要时实施实质性分析程序,以分析本期原材料领用、消耗、结存的合理性。

(3) 执行存货监盘程序。

(4) 进行原材料入库、出库的截止测试。

(5) 对原材料计价方法进行测试,包括检查原材料的入账基础和计价方法是否正确,计价方法前后期是否一致。

(6) 结合原材料的盘点,检查期末有无材料单未到的情况,如有,应查明是否已暂估入账,并判断其暂估价是否合理。

(7) 对于通过投资、非货币性资产交换、债务重组、企业合并以及接受捐赠等取得的原材料,检查其入账的有关依据是否真实、完备,入账价值和会计处理是否符合相关规定。

(8) 审核有无长期挂账的原材料,如有,应查明原因,必要时做调整。

(9) 结合银行借款等账户,了解是否有用于债务担保的原材料,如有,应取证并做相应的记录,同时提请被审计单位做恰当披露。

(10) 检查原材料的披露是否恰当。

(三) 材料成本差异的实质性程序

(1) 获取或编制材料成本差异明细表,复核加计数是否正确,并与总账数、明细账合计数核对是否相符。

（2）对材料成本差异率进行分析，检查是否有异常波动，注意是否存在人为调节成本的现象。

（3）结合以计划成本计价的原材料、包装物等的入账基础测试，比较计划成本与供货商发票或其他实际成本资料，检查材料成本差异的发生额是否正确。

（4）抽查发出材料汇总表，检查材料成本差异的分配是否正确，并注意分配方法前后期是否一致。

（5）检查材料成本差异的披露是否恰当。

（四）库存商品的实质性程序

（1）获取或编制库存商品明细表，复核加计数是否正确，并与总账数、明细账合计数核对是否相符。

（2）必要时实施实质性分析程序。按品种分析库存商品各月单位成本的变动趋势，以评价是否有调节生产成本或销售成本的情况；比较前后各期的主要库存商品的毛利率（按月、按生产线、按地区等）、库存商品周转率和库存商品账龄等，评价其合理性。

（3）执行存货监盘程序。

（4）进行库存商品入库、出库的截止测试。

（5）测试库存商品的计价方法。

（6）对于通过投资、非货币性资产交换、债务重组、企业合并以及接受捐赠取得的库存商品，检查其入账的有关依据是否真实、完备，入账计价和会计处理是否符合相关规定。

（7）审阅库存商品明细账，检查有无长期挂账的库存商品，如有，查明原因并做适当处理。

（8）结合银行借款等账户，了解是否有用于债务担保的库存商品，如有，应取证并做相应的记录，同时提请被审计单位做恰当披露。

（9）检查库存商品的披露是否恰当。

（五）发出商品的实质性程序

（1）获取或编制发出商品明细表，复核加计数是否正确，并与总账数、明细账合计数核对是否相符。

（2）检查与发出商品有关的合同、协议和凭证，分析交易实质，检查会计处理是否正确。

（3）检查发出商品品种、数量和金额与库存商品的结转额是否一致，并做交叉索引。

（4）检查发出商品计价方法是否准确。

（5）审核有无长期挂账的发出商品事项，如有，应查明原因，必要时做调整。

（6）检查发出商品退回的会计处理是否正确。

（7）查阅资产负债表日前后一段时间发出商品增减变动的有关账簿记录，以及有关合同、协议和凭证、出库单、货运单等资料，检查有无跨期现象。

（8）检查发出商品的披露是否恰当。

(六) 委托加工物资的实质性程序

(1) 获取或编制委托加工物资明细表，复核加计数是否正确，并与总账数、明细账合计数核对是否相符。

(2) 抽查委托加工业务合同，检查有关发料凭证、加工费、运费结算凭证，关注所有权归属，核对成本计算是否正确，会计处理是否正确。

(3) 抽查加工完成物资的验收入库手续是否齐全，会计处理是否正确。

(4) 编制本期委托加工物资发出汇总表，与相关科目钩稽核对，并复核月度委托加工物资发出汇总表的正确性。

(5) 审核有无长期挂账的委托加工事项，如有，应查明原因，必要时做调整。

(6) 查阅资产负债表日前后一段时间内的委托加工物资增减变动的有关账簿记录，以及有关的合同、协议和凭证、出库单、入库单、货运单、验收单等资料，检查有无跨期现象，如有，应做出记录，必要时做调整。

(7) 检查委托加工物资的披露是否恰当。

(七) 周转材料的实质性程序

(1) 获取或编制周转材料明细表，复核加计数是否正确，并与总账数、明细账合计数核对是否相符；同时抽查明细账与仓库台账、卡片记录检查是否相符。

(2) 检查周转材料的入库和领用的手续是否齐全，会计处理是否正确。

(3) 检查周转材料的转销或摊销方法是否符合企业会计准则的规定，前后期是否一致。

(4) 执行存货监盘程序。

(5) 检查周转材料的计价方法是否正确，前后期是否一致。

(6) 进行周转材料入库、出库的截止测试。

(7) 检查周转材料与固定资产的划分是否符合规定。

(8) 询问被审计单位是否存在周转材料押金，若有，结合相关账户的审计查明周转材料押金的处理是否正确。

(9) 审核有无长期挂账周转材料，如有，应查明原因，必要时做调整。

(10) 结合银行借款等账户，了解是否有用于债务担保的周转材料，如有，应取证并做相应的记录，必要时提请被审计单位做恰当披露。

(11) 检查周转材料的披露是否恰当。

(八) 存货跌价准备的实质性程序

(1) 获取或编制存货跌价准备明细表，复核加计数是否正确，并与总账数、明细账合计数核对是否相符。

(2) 检查分析存货是否存在减值迹象，以判断被审计单位计提存货跌价准备的合理性。

(3) 检查计提存货跌价准备的依据、方法是否前后一致。

(4) 考虑不同存货的可变现净值的确定原则，复核其计算的正确性。

(5) 抽查计提存货跌价准备的项目，检查其期后售价是否低于原始成本。

(6) 检查存货跌价准备的计算和会计处理是否正确，本期计提数或转销数是否与有关损益账户金额核对一致。

(7) 检查存货跌价准备的披露是否恰当。

（九）主营业务成本的实质性程序

(1) 获取或编制主营业务成本明细表，与明细账和总账核对。

(2) 编制生产成本及主营业务成本倒查表，与总账核对。

(3) 分析比较本年度与上年度主营业务成本总额以及本年度各月份的主营业务成本金额，如有重大波动和异常情况，应查明原因。

(4) 抽查主营业务成本结转数额的正确性，并检查是否与主营业务收入相配比。

(5) 检查主营业务成本账户中重大调整事项（如售后退回等）是否有充分理由。

(6) 确定主营业务成本在利润表中是否已恰当披露。

（十）其他业务成本的实质性程序

(1) 获取或编制其他业务成本明细表，与明细账和总账核对。

(2) 必要时执行分析性程序。

(3) 检查其他业务成本内容是否真实，计算是否正确，配比是否恰当。

(4) 对异常项目应追查入账依据及有关法律文件是否充分。

(5) 确定其他业务成本是否已恰当披露。

知识拓展 11-3
委托加工物资

本章小结

1. 审计生产与存货循环的特性主要包括生产与薪酬循环中的主要业务活动，以及生产与存货循环所涉及的主要凭证和账户两部分内容。

2. 若以控制目标为起点，生产循环内部控制测试对职责分离、授权审批、成本核算、存货余额的正确性等关键控制点进行控制测试。

3. 存货成本实质性测试包括生产成本实质性测试、主营业务成本实质性程序。

4. 存货的监盘是注册会计师在对存货进行实质性测试中必须采用的步骤。监盘步骤主要包括制订存货监盘计划、确定存货监盘程序等工作。存货截止测试的主要方法是抽查存货盘点日期前后的购货发票与验收报告，其次是审阅验收部门的业务记录。存货计价审计首先要求注册会计师应对存货价格的组成内容予以审核，然后按照所了解的计价方法对所选择的存货样本进行计价审计。

复习思考题

1. 如何进行生产成本和主营业务成本的审计？

2. 存货监盘程序包括哪些环节？

实操练习

N注册会计师正在拟订对S公司存货的监盘计划,由助理人员实施监盘工作,下面有关监盘计划和监盘工作有无不妥当之处?若有,请予以更正。

(1) N注册会计师在制订监盘计划时,应与S公司沟通,确定抽查的重点。

(2) 对于外单位存放于S公司的存货,N注册会计师未要求纳入盘点的范围,助理人员也未实施其他审计程序。

(3) S公司的一批重要存货,已经被银行质押,助理人员通过电话询问了其真实性。

(4) 对存放在露天的废钢材,助理人员认为全部过磅工作量大,准备到废旧物资市场请一位资深的收购员代为估算。

在线自测

第十二章 筹资与投资循环审计

> **学习目标**
> 1. 了解筹资与投资循环审计的主要业务活动;
> 2. 了解筹资与投资循环涉及的主要凭证和会计记录;
> 3. 掌握筹资业务的内部控制和内部控制测试。

思政案例

反复斟酌,慢慢深入,心中自有"铁算盘"
——长期股权投资的财务处理恰当吗?

大地股份有限公司(简称大地公司)2×11年度财务报表净利润为1 800万元,大华会计师事务所的注册会计师赵敏对大地公司2×11年度财务报表审计时负责投资循环审计。赵敏在初步审计中发现大地公司的投资业务存在以下情况。

(1) 大地公司对A公司的长期股权投资2 500万元,A公司在2×11年10月已经进入清算程序。大地公司在编制2×11年度财务报表时对该项长期股权投资计提了1 500万元的减值准备。

(2) 由于验资后大地公司长期占用被投资单位B公司的资金,大地公司根据占用资金的数额冲减了长期股权投资——B公司的账面价值。

资料来源:朱锦余,张勇. 审计学[M]. 北京:科学出版社,2015.

案例思考:
1. 在情况(1)中,大地公司对该项长期股权投资计提了1 500万元的减值准备是否恰当?为什么?
2. 针对情况(2),注册会计师赵敏对大地公司应当提出什么建议?

启示:
账务处理要合法合规。对于验资后的长期投资,尽管其长期占用,也不能冲减其长期投资账面价值,所以注册会计师应建议其冲回到原投资账户。

第一节 筹资与投资循环概述

一、筹资与投资循环中的主要业务活动

（一）筹资涉及的主要业务活动

▶ 1. 审批授权

企业借款筹集资金必须经管理当局批准，其中债券的发行每次均要由董事会授权；企业发行股票更须执行国家有关法规和企业章程的规定，由企业董事会批准和中国证监会核准。

▶ 2. 签订合同或协议

向银行或其他金融机构借款须签订借款合同，发行债券须签订债券契约和债券承销或包销协议。合同或协议中应明确借款的金额、借款的利率、利息计算和支付方式、借款的期限和本金偿还方式等。向社会募集股本还要与证券机构签订承销协议。

▶ 3. 获得资金

签订合同或协议后，企业可以在规定的期限内或按照规定的程序实际取得银行或金融机构划入的款项或债券、股票的融入资金，用于企业的生产或经营。

▶ 4. 计算应付利息或股利

资金的获取是需要一定回报的，企业应按有关借款合同或协议的规定及时计算利息。这既有利于企业有效、合法地履行合同义务，也有利于企业对资金获得成本进行计量与控制。此外，企业也应根据董事会批准、股东大会通过的股利分配方案，计算应付股东的股利。

▶ 5. 偿还本息或发放股利

到了还本或付息期，企业应按有关合同或协议的规定偿还本息，到此，企业的筹资循环才告一段落。对于应支付的股利，则应根据股东大会的决定及时发放。

（二）投资涉及的主要业务活动

▶ 1. 审批授权

企业应当根据投资的性质和金额建立授权审批制度。投资业务应由企业的高层管理机构进行审批。只有经过审批确认的投资决策方可正式执行。

▶ 2. 取得证券或其他投资证明

企业既可以通过购买股票或债券进行投资（证券投资），也可以通过与其他单位进行合营、联营形成投资。投资的方式多种多样，企业在投资时应着重注意分析投资的风险与收益，尽量采取组合投资方式分散投资风险。对发生的对外投资，企业应取得有关证明。

▶ 3. 获取投资收益

企业进行投资的目的就在于取得投资收益，投资收益可以是股权投资的股利收入或分

回的利润、债券投资的利息收入、证券买卖差价等。

▶ 4. 转让证券或收回其他投资

如果企业是以购买证券的方式进行投资的，企业可以通过转让证券实现投资的收回。如果企业是与其他单位联合经营形成投资，则只有在合资或联营合同期满，或由于严重亏损、一方不履行协议等特殊原因企业提前解散时才能收回投资。

二、筹资与投资循环涉及的主要凭证和会计记录

(一) 筹资活动涉及的主要凭证和会计记录

▶ 1. 债券或股票

债券是公司依据法定程序发行、约定在一定期限内还本付息的有价证券。股票是股份公司签发的证明股东所持有股份的凭证。

▶ 2. 债券契约

债券契约是明确债券持有人与发行企业双方所拥有的权利与义务的书面文件，其内容一般包括：债券发行的批准情况；债券的面值和总额；利率和利息的计算；受托管理人及证书；发行抵押债券所担保的财产；有关建立偿债基金的承诺、利息支付和本金偿还方式及安排等。

▶ 3. 股东名册

对于发行记名股票的公司应记载的内容一般包括：股东的姓名或者名称及住所；各股东所持股数；各股东所持股票的编号；各股东取得其股份的日期。发行无记名股票的，公司应当记载其股票数量、编号及发行日期。

▶ 4. 公司债券存根簿

公司发行记名债券时应在存根簿上记载：债券持有人的姓名或者名称及住所；债券持有人取得债券的日期及债券的编号；债券总额；债券的票面金额；债券的利率；债券还本付息的方式和期限；债券的发行日期。发行无记名债券时应当记载的内容为：债券总额；利率；偿还期限和方式；发行日期和债券编号等。

▶ 5. 承销或包销协议

公司向社会公开发行股票或债券时，应当由依法设立的证券经营机构承销或者包销，公司应与其签订承销或包销协议。

▶ 6. 借款合同或协议

公司向银行和其他金融机构借入款项时与其签订的合同或协议。

▶ 7. 其他有关文件

其他有关文件包括董事会决议、股东大会决议等重要会议文件。

▶ 8. 有关记账凭证

有关记账凭证包括短期借款、长期借款、应付债券、长期应付款、股本、其他权益工具等账户相关的记账凭证。

▶ 9. 有关会计账簿等

有关会计账簿包括明细账和总账，主要有短期借款、长期借款、应付债券、长期应付款、股本、应付利润、其他权益工具、资本公积、盈余公积、财务费用等。

(二) 投资活动涉及的主要凭证和会计记录

▶ 1. 债券投资凭证

载明债券持有人与发行企业双方所拥有的权利与义务的法律性文件，其内容一般包括：债券发行的标准；债券的明确表述；利息或利息率；受托管理人证书；登记和背书。

▶ 2. 股票投资凭证

买入凭证记载股票投资购买业务，包括购买股票数量、被投资公司、股票买价、交易成本、购买日期、结算日期、结算日应付金额合计。卖出凭证记载股票投资卖出业务，包括卖出股票数量、被投资公司、股票卖价、交易成本、卖出日期、结算日期、结算日金额合计。

▶ 3. 股票证书

载明股东所有权的证据，记录所有者持有被投资公司所有股票数量。如果被投资公司发行了多种类型的股票，也反映股票的类型，如普通股、优先股。

▶ 4. 股利收取凭证

向所有股东分发股利的文件，标明股东、股利数额、每股股利、被审计单位在交易最终日期持有的总股利金额。

▶ 5. 长期股权投资协议

对所有投资行为进行法律意义上的确认，清楚记载被审计单位的投资对象、投资金额、权利和义务以及其他可能影响被审计单位投资行为的事项。

▶ 6. 投资总分类账

对被投资单位所持有的投资，记录所有的详细信息，包括所获得或收取的投资收益。总分类账中的投资账户记录初始购买成本和之后的账面价值。

▶ 7. 投资明细分类账

由投资单位保存，用来记录所有的非现金性投资交易，如对期末市场价值的调整、公允价值的反映，以及记录与处置投资相关的损益。

三、筹资与投资循环涉及的主要报表项目

筹资与投资循环所涉及的资产负债表项目主要包括交易性金融资产、应收利息、应收股利、债权投资、其他债权投资、其他权益工具投资、长期股权投资、投资性房地产、短期借款、应付利息、应付股利、长期借款、应付债券、实收资本(或股本)、资本公积、其他权益工具、盈余公积、未分配利润等；筹资与投资循环所涉及的利润表项目主要包括财务费用、投资收益、所得税费用、资产减值损失、信用减值损失、公允价值变动损益、营业外收入、营业外支出等。

四、筹资与投资循环可能存在的重大错报风险

每笔交易金额通常较大,对一笔投资业务漏记或进行不恰当的会计处理,将会导致重大错误,从而对企业财务报表的公允反映产生较大影响。因此,在审计中通常采用大范围审计测试乃至详查。筹资与投资循环中常见的可能导致重大错报风险的主要情况如下。

(1) 未经授权或批准的非法筹资。

(2) 投资者抽逃已作为实收资本(股本)的资金。

(3) 投资者认缴的注册资本未实际到位,承担验资的注册会计师出具了不实的验资报告。

(4) 被审计单位有账外筹资行为。

(5) 借款费用的会计处理不恰当,将应当费用化的借款费用资本化,虚减当期费用,虚增资产。

(6) 筹集的资金未按规定用途使用,特别是上市公司募集资金未用于承诺的投向,或者变更投向或项目未经过规定的审批程序和对外披露,借款的抵押与担保情况未充分披露。

(7) 利润(股利)的分配不符合国家法律的规定,超额分配利润(股利)。

(8) 投资方案未进行可行性研究或可行性研究不充分,可能造成重大损失浪费。

(9) 重大投资项目未按照规定的权限或程序实行集体决策或联签,可能导致投资决策失误。

(10) 投资项目实施后未进行跟踪管理,可能导致投资合同履行不畅,投资收益受损。

(11) 固定资产的计价不合理,手续不完备。

(12) 虚报固定资产损毁,私下变卖企业财产。

(13) 固定资产变价收入不入账,存入"小金库"。

(14) 随意多提或少提折旧,人为调节成本利润。

(15) 随意摊销无形资产,人为调节损益。

(16) 故意多计提或少计提对外投资、固定资产、在建工程、无形资产的减值准备,蓄意调节损益。

知识拓展 12-1
筹资与融资
的区别

第二节 筹资与投资循环的内部控制及其测试

一、筹资业务的内部控制和内部控制测试

(一) 筹资业务的内部控制

为了有效开展筹资业务的经济活动,企业建立内部控制的要点如下。

▶ 1. 授权审批控制

筹资业务的授权控制,解决的是办理业务的权限。重大的筹资活动,如大额银行贷款、发行债券、发行股票等,应由董事会做出决议并经股东大会批准后,由财务人员执

行；小规模的筹资活动，如短期借款等，则可由财务部门负责人根据授权做出决定。适当的授权控制可明显地提高筹资活动效率，降低筹资风险，防止由于缺乏授权、审批而出现的重大损失或者发生低效率现象。

▶ 2. 职责分离控制

职责分离、明确责任是筹资业务内部控制的重要手段，筹资业务的职责分离主要包括以下几个方面。

（1）筹资计划编制人与审批人适当分离，有利于审批人从独立的立场来评判计划的优劣。

（2）经办人员不能接触会计记录，通常由独立的机构代理发行债券和股票。

（3）会计记录人员同负责收、付款的人员相分离，有条件的应聘请独立的机构负责支付业务。

（4）证券经办人员同会计记录人员分离。例如，办理一项举债业务，应由财务部门根据对资金的需求情况向董事会或管理层提出借款申请，经董事会或管理层审批后，财务部门办理贷款的人员与金融机构商讨借款细节和签订借款合同；取得借款后，由财务部门有关会计人员负责登账记录和监督借款按用途使用；财务部门接到银行转来的结息单后，有关会计人员要核对借款合同并复核利息的计算，再交由出纳员支付款项；出纳员支付利息款后，将凭证交予有关会计人员记账；负责该项借款记账的会计人员定期与金融机构就借款的使用和余额进行核对，保证双方账目相符。再如，发行长期债券的职责分离除了申请、批准（包括得到证券管理部门的批准）、签约分工与借款业务相似外，特别强调记录应付债券业务的会计人员不得参与债券发行；未发行的债券不得由记录债权的会计人员保管；"债券发行备查簿"应由专人管理并定期与债权人核算；债券的收回要经管理层批准，分别由记录应付债券的会计人员销账，由其他专人销毁收回的债券；负责债券利息支付的人员不得兼做记录。

▶ 3. 收入和支出款项控制

如果公司筹资金额巨大，最好委托独立的代理机构代为发行。因为代理机构本身所负有的法律责任以及客观的立场，既从外部协助了企业内部控制的有效执行，也从客观、公正的角度证实了公司会计记录的可信性，防止以筹资业务为名进行不正当活动或者以伪造会计记录为手段来掩盖不正当活动的发生。

无论是何种筹资形式，都面临支付款项的问题，其形式主要是利息的支付或股利的发放，对于支付利息，企业应安排专门人员负责利息的计算工作。应付利息应当在有关人员签字确认后，才能对外偿付。企业可委托有关代理机构代发偿付利息，从而减少支票签发次数，降低舞弊可能。除此之外，应定期核对利息支付清单和开出支票总额。股利发放，要以董事会有关发放股利的决议文件（经股东大会批准后）为依据，股利的支付可以由企业自行完成或委托代理机构完成。对于无法支付利息或股利的支票要及时注销或加盖"作废"标记。

▶ 4. 筹资登记簿控制

债券和股票都应设立相应的筹资登记簿，详细登记核准已发行的债券和股票有关事项，如签发日期、到期日期、支付方式、支付利率、当时市场利率、金额等。登记的同时应对不同的筹资项目进行编号，对于增资配股更要详细登记，必要时可以备注形式充分说明，现阶段，由于公司发行债券和股票都是无纸化的形式，一般不存在债券、股票的实物保管问题。

▶ 5. 会计记录控制

对筹资业务的会计控制，除了要通过会计系统提供及时、可靠的负债，所有者权益方面的信息外，还要依靠严密的账簿和凭证组织，实施对筹资活动的记录控制。如前所述，筹资业务的会计处理较为复杂，会计记录的控制就十分重要。公司必须保证及时地按正确的金额、合理的方法，在适当的账户和合理的会计期间予以正确记录。对于债券，公司应当选用适当的溢价、折价的摊销方法。对发行在外的股票，公司要定期核对持有本公司的前十大股东的名单及其持股数量；公司利息、股利的支付必须计算正确后计入相应账户。对未领利息、股利也必须全面反映，单独列示。

(二) 筹资业务的控制测试程序

▶ 1. 了解筹资业务内部控制

针对重要的内部控制要点，注册会计师通过询问相关人员、观察相关人员的活动、审阅和检查筹资业务内部控制的文件和记录等方法对筹资业务的内部控制加以了解。注册会计师可以结合企业的实际情况采用调查表、文字表述或流程图形式及时、适当地记录了解到的筹资业务的内部控制情况。上述程序是风险评估程序的一个组成部分。

▶ 2. 测试筹资业务内部控制

(1) 筹资活动是否经过授权批准。测试授权审批控制，可以直接向管理当局询问，并查看有关记录。如对长期借款审查企业高层管理机构是否制定举债政策及审批程序，是否审慎做出举债决策，是否制订合理的借还款计划，并按规定程序报经审批。

(2) 筹资活动的授权、执行、记录和实物保管等是否严格分工。对职务分离控制的测试可以采取跟踪业务的方法，实施调查各有关方面的情况；对收入和偿还款项控制的测试可以结合货币资金业务的内部控制测试进行；对实物保管控制的测试可以采取实地调查的方法。

(3) 筹资活动是否建立了严密的账簿体系和记录制度并定期检查。此项测试应采取账务追索收集证据的方法。如对长期借款取得、使用和偿还的会计记录是否能够及时、完整地反映，会计人员是否对明细账和总账进行了全面登记，并定期检查和核对其是否相符。

▶ 3. 评价筹资业务内部控制

注册会计师了解筹资业务的内部控制要点后，测试其执行是否有效，从而对筹资业务的内部控制进行最终的分析、评价。在评价环节应考虑相关的内部控制是否完善，能否达到控制的目的，在哪些环节存在缺陷以及可能带来的影响。做了这样的评价之后，找出被审计单位的筹资业务的薄弱环节，以确定其对实质性程序工作的影响，从而确定下一步的审计重点。

二、投资业务的内部控制和内部控制测试

(一) 投资业务的内部控制

▶ 1. 授权审批控制

企业进行对外投资,首先要有投资计划。投资计划中应详细说明投资的对象、投资目的、影响投资收益的风险。投资计划在执行前必须经过严格的审批授权。企业应当建立严格的对外投资业务授权批准制度,明确审批人的授权批准方式、权限、程序、责任等相关控制措施,规定经办人的职责范围和工作要求。审批人应当根据对外投资授权批准制度的规定,在授权范围内进行审批,不得超越审批权限。经办人应当在职责范围内,按照审批人的意见办理对外投资业务。公司大规模的投资活动,要由董事会研究并经股东大会决定,然后授权给经理人员执行;公司小规模的投资活动,如利用闲置资金购入短期有价证券或出让有价证券,也应由董事会授权,交由财务人员办理。对外投资的授权控制,一是为了保证投资效益,降低投资风险;二是为了避免个人擅自挪用资金,防止财产流失。企业应当在有关的工作人员职责权限或资金管理办法中,规定动用资金对外投资和投资资产处置的审批手续和业务流程。

▶ 2. 职责分离控制

公司合法的投资业务,应在业务的授权、执行、记录与资产的保管等方面都有明确合理的分工,不得由一人同时负责上述任何两项工作。例如,投资业务在企业决策机构核准后,可由高层负责人员授权签批,由财务经理办理具体的股票或债券的买卖业务,由会计部门负责进行会计记录和财务处理,并定期同其开户的证券公司核对证券交易业务。只有明确了职责分工,才能形成相互牵制机制,从而避免或减少投资业务中发生错误或舞弊的可能性。

▶ 3. 投资资产安全保护控制

对于企业所拥有的投资资产(股票、债券及国库券等),应建立完善的定期核对制度。由于企业拥有的投资资产没有具体的实物形态,不能够进行所谓的实物盘点。基于此,公司同其开户的证券公司定期核对证券交易业务就成了保障投资资产安全的必然手段。另外,由公司内部审计人员或不参与投资业务的其他人员进行突击检查也是确保公司投资资产安全的重要手段。

▶ 4. 会计控制

企业的投资资产无论是自行投资操作还是委托他人操盘,都要进行完整的会计记录,并对其增减变动及投资收益进行相关会计核算。具体而言,应对每一种股票或债券分别设立明细分类账,并详细记录其名称、数量、取得日期、经纪人(证券商)名称、购入成本、收取的股息或利息、卖出情况等;对于联营投资类的其他投资,也应设置明细分类账,核算其他投资的投出及其投资收益和投资收回等业务,并对投资的形式(如流动资产、固定资产、无形资产等)、投向(即接受投资单位)、投资的计价以及投资收益等做详细的记录。

另外,企业应建立严格的记名登记制度。企业在购入股票或债券时应在购入的当日将

其登记于企业名下，切忌登记于经办人员名下，以防止冒名转移并借其他名义牟取私利的舞弊行为发生。

(二) 投资业务的内部控制测试

▶ 1. 了解投资业务的内部控制

注册会计师应通过询问被审计单位有关人员和查阅有关的内部控制文件，了解被审计单位内部控制的情况，也可以采用问卷形式，了解企业是否存在投资业务的内部控制，弄清其内容，对了解到的情况，应及时记录，并用恰当的方法描述投资业务的内部控制全貌。一般而言，应了解的内容包括以下几个方面。

(1) 投资项目是否经授权批准，投资金额是否及时入账。

(2) 是否与被投资单位签订投资合同、协议，是否获得被投资单位出具的投资证明。

(3) 投资的核算方法是否符合有关财务会计制度的规定，相关的投资收益会计处理是否正确，手续是否齐全。

(4) 有价证券的买卖是否经恰当授权，是否定期核对交易业务。

上述程序是风险评估程序的一个组成部分。

▶ 2. 测试投资业务的内部控制

(1) 进行简易抽查。注册会计师应抽查投资业务的会计记录。例如：可从各类投资业务的明细账中抽取部分会计记录，按原始凭证—明细账—总账顺序核对有关数据和情况，判断其会计处理过程是否合规完整，并据以核实上述了解的有关内部控制是否健全及是否得到有效的执行。

(2) 审阅内部盘点报告。注册会计师应审阅内部注册会计师或其他授权人员对有价证券进行定期盘点的报告。重点审阅盘点方法是否恰当，盘点结果与会计记录相核对情况，以及出现差异的处理是否合规等。如果各期盘点报告的结果未发现账实间存在差异（或差异不大），说明长期投资业务的内部控制比较健全并得到了有效执行。

(3) 分析企业投资业务管理报告。注册会计师应对照有关投资方面的文件和凭据，分析企业的投资业务管理报告。比如，在做出投资决策之前，企业最高管理当局（如董事会）需要对投资进行可行性研究和论证，并形成一定的会议纪要。投资业务一经执行，又会形成一系列的投资凭据或文件，如证券投资的各类权益证明文书、联营投资中的投资协议、合同及章程等。负责投资业务的财务经理须定期向企业最高管理当局提交投资业务管理报告书，报告有关投资业务的开展情况，供最高管理当局进行投资决策和控制。注册会计师应该认真分析这些投资管理报告的具体内容，判断企业投资业务的管理情况。

▶ 3. 评价投资业务的内部控制

注册会计师完成上述各步骤后，取得了有关内部控制是否健全、有效的证据，并在工作底稿中标明了内部控制的有效环节和薄弱环节，即可对内部控制进行评价，确认对投资内部控制的可信赖程度，进而确定实质性程序的重点和范围。

知识拓展 12-2
职责分离

第三节 筹资与投资循环实质性测试

筹资与投资循环的实质性程序，包括交易类别的实质性程序和主要账户（或报表项目）的实质性程序两个方面。其中，交易类别的实质性程序又包括筹资交易的实质性程序和投资交易的实质性程序；主要账户（或报表项目）的实质性程序又包括负债筹资类账户的实质性程序、所有者权益类账户的实质性程序、投资业务涉及的账户的实质性程序和其他相关账户的实质性程序等。

一、负债筹资类账户的实质性程序

负债筹资类账户涉及短期借款、长期借款、应付债券、财务费用等。一般情况下，被审计单位不会高估负债，因此，注册会计师对负债项目的审计主要是关注企业低估债务的倾向。低估债务经常伴随低估成本费用，高估利润，不但影响企业的财务状况，而且还会影响企业的经营成果。

（一）短期借款的实质性程序

短期借款是指企业向银行或其他金融机构借入的偿还期限在一年以内（含一年）的各种借款。一般而言，短期借款的实质性程序主要包括以下几点。

▶ 1. 索取或编制短期借款明细表

注册会计师应首先取得短期借款明细表，并将其与短期借款总账及其所属的各明细科目核对相符，查明有无虚构债务等情况，在期末余额较大或注册会计师认为必要时，可向债权人函证。

▶ 2. 审查短期借款的合理性

审核短期借款的法律文件及各原始凭证的内容。注册会计师应依据借款合同，结合市场行情分析审查借款的必要性、合理性，提出改进建议，即审查短期借款是否符合筹资规模和筹资结构的要求，企业是否严格控制有关短期借款的财务风险，降低有关短期借款的资金成本，有无将短期借款用于长期款项支出等不合理的筹措资金使用情况。

▶ 3. 函证短期借款

注册会计师应在期末短期借款余额基础上，向银行或其他债权人函证短期借款。

▶ 4. 审查短期借款的增加

对年度内增加的短期借款，注册会计师应审查借款合同和授权批准，了解借款数额、借款条件、借款日期、还款期限、借款利率，并与相关会计记录相核对。

▶ 5. 审查短期借款的偿还情况

对年度内减少的短期借款，注册会计师应审查相关记录和原始凭证，核实还款数额。验证短期借款账户借方发生额同有关支票存根是否相符，相关的会计记录是否正确；计算企业资产的流动比率和速动比率，验证短期借款的偿债能力。是否有尚未偿还的到期短期借款，如有应查明企业的持续经营能力。

▶ 6. 复核借款利息费用

注册会计师应根据各项借款的日期、利率、还款期限，复核被审计单位短期借款的利息计算是否正确，有无多算或少算利息的情况。如存在上述情况，应做出记录，必要时进行调整。

▶ 7. 审查外币借款的折算

注册会计师应审查外币短期借款的增减变动部分是否按业务发生时的市场汇率或期初市场汇率折合为记账本位币；期末是否按市场汇率将外币短期借款余额折合为记账本位币；折算方法前后期是否一致；折算差额是否按规定进行会计处理。

▶ 8. 审查短期借款在资产负债表上的反映是否恰当

短期借款通常在资产负债表的流动负债项下单独列示，对于因抵押而取得的短期借款，应在资产负债表附注中披露。

(二) 长期借款的实质性程序

长期借款是指企业由于扩大生产经营规模的需要，而向银行或其他金融机构借入的、偿还期为一年(不含一年)以上的借款。在股票、债券等金融市场融资受到限制的情况下，长期借款仍是我国多数企业为扩大生产经营规模筹集所需资金的一个重要的手段。长期借款的审计方法同短期借款的审计方法较为相似。长期借款的实质性程序主要包括下列几点。

▶ 1. 索取或编制长期借款明细表

注册会计师应首先获取长期借款明细表，并与总账、明细账及报表核对，审查账账、账表是否相符。

▶ 2. 审查长期借款的合法性、合理性

注册会计师应当仔细审核长期借款明细账中借、贷事项及其有关原始凭证记录，以判断长期借款的筹措是否有必要，筹资规模、筹资结构是否合理，手续是否齐全，是否具备借款的基本条件，有无还款的物质保证；长期借款的使用是否合法、合规，有无效益；长期借款是否按期偿还，对于其没有归还的借款，要查明原因，督促企业还款，以维护企业资信。

▶ 3. 向银行或其他债权人函证长期借款

向银行或其他债权人函证。长期借款的函证可以结合银行存款的函证进行。

▶ 4. 审查借款期限

审查一年内到期的长期借款是否已转列为流动负债；年末有无到期未偿还的借款；逾期借款是否办理了展期手续。

▶ 5. 审查借款的利息支出

计算短期借款、长期借款在各个月份的平均余额，选取适用的换算利息支出总额，并与财务费用的相关记录核对，判断被审计单位是否高估或低估利息支出，必要时进行适当调整。

▶ 6. 审查抵押长期借款

企业的长期借款如是抵押长期借款,应审查该抵押的资产所有权是否归属企业,其价值和现实状况是否与抵押契约中的规定一致;如果企业的长期借款以某项资产或收入作担保,该充作担保的财产是否归属企业,其价值是否属实,作担保的收入来源是否可靠等;如果企业或其他机构进行担保,其担保来源条件是否具备等。

▶ 7. 审查长期借款费用的会计处理

企业所发生的借款费用,是指因借入资金而付出的代价。它包括借款利息、折价或溢价的摊销和辅助费用,以及因外币借款而发生的汇兑损益等,因专门借款而发生的辅助费用包括手续费等。

▶ 8. 审查外币长期借款

注册会计师应审查外币长期借款的增减变动部分是否按业务发生时的市场汇率或期初市场汇率折合为记账本位币;期末是否按市场汇率将外币长期借款余额折合为记账本位币;还应注意审查其记账汇率、账面汇率计算方法是否合规,前后期是否一致,汇兑损益的计算是否正确;为购建固定资产产生的外币长期借款汇兑损益是否正确地在购建固定资产的价值和当期损益间分配等。

企业为购建固定资产而借入的外币专门借款,其借款费用同其他长期借款的借款费用的处理相同,但其每一会计期间所产生的汇兑差额(指当期外币专门借款本金及利息所发生的汇兑差额),在所购建固定资产达到预定可使用状态前,应予以资本化,计入所购建的固定资产的成本;在该项固定资产达到预定可使用状态后,应计入当期财务费用。

▶ 9. 审查长期借款在资产负债表上的披露是否恰当

长期借款的期末余额应扣除将于一年内(含一年)到期的长期借款,在资产负债表的非流动负债项下单独列示,该项扣除数则在流动负债项下的"一年内到期的非流动负债"中反映。注册会计师应根据审计结果,审查长期借款在资产负债表上是否充分反映,并注意长期借款的抵押和担保是否已在财务报表附注中做了充分的说明。

(三) 应付债券的实质性程序

一般来讲,受国家相关法律法规的制约,公司的应付债券业务极少发生。但是,如果发生了发行债券业务,其数额将是巨大的。因此,注册会计师对应付债券进行审计,一般以实质性程序为主。应付债券的实质性程序包括以下几个方面。

▶ 1. 取得或编制应付债券明细表

注册会计师应当获取或编制应付债券明细表,同有关明细账和总账、报表数额核对是否相符。应付债券明细表通常包括债券名称、承销机构、发行日、到期日、债券总额、实收金额、折价或溢价及其摊销、应付利息、担保等内容。

▶ 2. 审查债券文件和记录

公司发行债券必须经过股东大会的批准。注册会计师可以从董事会会议记录中获取相关证据。注册会计师审查发行债券的入账原始凭证,并同相关账簿的会计记录核对一致。

▶ 3. 函证债券

为了确定应付债券的真实性，注册会计师可以直接向债券的承销机构或债权人函证。注册会计师应对函证结果与账面记录进行比较，如有差异，应进一步调查其原因。

▶ 4. 审查应计利息及债券摊销会计处理

注册会计师可以索取或编制债券利息、债券溢价、折价及其摊销的账户分析表，复核应计利息及债券摊销会计处理是否正确。

▶ 5. 审查到期债券的偿还

注册会计师对到期债券的偿还，可以审查相关会计记录，看其会计处理是否正确。如果是可转换债券，公司债券持有人行使了转换权利，将其持有的债券转换为股票，则应审查其转换股票的会计处理是否正确。

▶ 6. 审查应付债券在报表上是否恰当披露

应付债券在资产负债表上列示于非流动负债项下。该项目应根据"应付债券"账户的期末余额，扣除将于一年内到期的应付债券后的数额填列。该扣除数应当在流动负债项下的"一年内到期的非流动负债"项目中单独反映。注册会计师应根据审计结果，确定被审计单位应付债券在财务报表及其附注上的反映是否充分。

（四）财务费用的实质性程序

财务费用是公司使用资金的代价。对公司借款费用的审计和对公司财务费用的审计总是紧密结合在一起的。财务费用的审计目标是：确定财务费用是否确实已经发生；确定财务费用的记录是否完整；确定财务费用的计算是否正确；确定财务费用的披露是否恰当。财务费用的实质性程序包括下列几个方面。

▶ 1. 获取或编制财务费用明细表

注册会计师应当获取或编制财务费用明细表，与报表数、总账数及明细账合计数核对是否相符。

▶ 2. 实施分析程序

注册会计师可以将本期、上期财务费用各明细项目做比较分析，必要时比较本期各月份财务费用，如有重大变动和异常情况，应查明原因，扩大审计范围或进一步追查。

▶ 3. 实施财务费用的截止测试

注册会计师可以对财务费用实施截止测试：审阅下期期初的财务费用明细账，检查财务费用各项目有无跨期入账的现象。对于重大跨期项目，应做必要调整。

▶ 4. 审查重要的财务费用项目

审查利息支出明细项目，确认利息支出的真实性和准确性；审查汇兑损益的计算方法是否正确；检查大额金融机构手续费的真实性和准确性。

▶ 5. 审核财务费用的披露是否恰当

注册会计师应注意审核财务费用的明细项目在报表上的披露是否恰当。

二、所有者权益账户的实质性程序

(一) 实收资本的实质性程序

▶ 1. 索取相关资料

审计人员应当索取被审计单位合同、章程、营业执照及有关董事会会议记录,并以此为依据检查出资期限、出资方式和出资额。初次审计时,审计人员应向被审计单位索取合同、章程、营业执照及有关董事会会议记录,并认真审阅其中的有关规定。这些文件应该归入永久性档案供以后年度使用。在以后审计时,只需向被审计单位管理当局询问上述规定是否变化即可。审计人员应检查投资者是否已按合同、协议、章程约定时间缴付出资额,其出资额是否经中国注册会计师审验,已审验者,应查阅验资报告。

▶ 2. 索取或编制实收资本明细分析表

审计人员应向被审计单位索取或自行编制实收资本明细分析表,作为永久性档案存档,以供本年度和以后年度检查投入资本时使用。实收资本明细分析表应当包括投入资本变动的详细记载及有关的分析评价。编制时须将每次变动情况逐一记载并与有关的原始凭证和会计记录进行核对。

▶ 3. 检查投入资本的真实存在性

审计人员应通过对有关原始凭证、会计记录的审阅和核对,向投资者函证实缴资本额,对有关财产和实物的价值进行鉴定,确定投入资本是否真实存在。在检查时,应注意投入的现金是否确实已存入企业的开户银行,收到银行的收款通知;投入的实物资产是否已办理了验收交接手续并开列了清单,对房地产应检查其是否有整套的所有权或使用权证明文件,对机器设备、运输工具应检查采购发票,对租入固定资产应检查其租赁合同;对投入的无形资产则应检查是否已办理了法律手续,接收了有关技术资料。

▶ 4. 审查投入资本的入账依据和入账价值的合法性

注册会计师应注意审查以货币资金投资的资本,是否以实际收到或存入开户银行的金额和日期作为投资的记账依据和价值;以非现金资产投入的资本,是否按投资各方确认的价值作为记账依据,为首次发行股票接受投资者投入的无形资产,是否按该项无形资产在投资方的账面价值作为入账依据。

▶ 5. 检查实收资本的增减变动

对于实收资本的增减变动,注册会计师应查明原因,查阅其是否与董事会会议纪要、补充合同、协议及有关法律文件的规定一致。一般而言,企业的实收资本不得随意增减,如有必要增减,首先应具备一定条件。例如,企业减资,需要满足三个条件:一是应事先通知所有债权人并无异议,二是经股东大会决议同意并修改公司章程,三是减资后的注册资本不得低于法定注册资本的最低限额。

▶ 6. 检查外币出资时实收资本的折算

根据企业会计准则的规定,企业收到投资者以外币投入的资本,无论是否有合同约定汇率,均不得采用合同约定汇率和即期汇率的近似汇率折算,而应采用交易日的即期汇率对有关资产账户和实收资本账户折合为记账本位币记账。这样，有关资产账户和实收资本账户折合为记账本位币的金额相等，不会产生外币资本折算差额。审计人员应当依据企业合同、投资协议关于外币投资的折算汇率规定，对照有关时期的外币汇率，通过审阅接受投资的资产账户、实收资本账户，检查被审计单位接受外币投资所选用的汇率是否正确，会计处理是否符合会计准则的规定。

▶ 7．检查实收资本是否已在资产负债表上恰当披露

企业的实收资本应在资产负债表上单独列示，同时还应在会计报表附注中说明实收资本期初至期末的重要变化，如所有者的变更、注册资本的增加或减少、各所有者出资额的变动等。注册会计师应在实施上述审计程序的基础上，确定被审计单位资产负债表上的实收资本的反映是否正确，并确定有关投入资本是否在会计报表附注中予以分类揭示。

(二) 股本的实质性程序

▶ 1．审阅公司股票发行的相关文件

审计人员通过审阅公司股票发行的相关文件，以确定股东的出资方式和比例是否符合规定。初次审计企业股本时，应获取企业的公司章程、实施细则，以及股东大会、董事会会议记录的副本。被审计单位每次发行股票、收回股票或从事其他类型的股票交易，均须经过股东大会或董事会的授权批准。审计人员应了解的资料包括核定股份和已发行股份的份数、股票面值、股票收回、股票分割及认股权证等。通过这些资料可以进一步确定被审计单位股本的交易是否符合有关的法规规定及股东大会或董事会的决议。

我国法律规定，股份有限公司的出资可以采用货币资金、实物、无形资产形式，审计人员应重点了解企业实际募股时，是否存在违背法律、公司章程、合同、协议的情况，对存在的问题与公司有关人员协商，并以恰当的方式记录于工作底稿中。

▶ 2．利用股本明细分析表分析股本账户

初次审计时，必须分析被审计单位自注册创办以来股本账户的全部变动情况、相关的核准文件和记录。审计人员在初次编制股本明细分析表时，应留有空白以便日后审查时作增添之用。股本明细分析表可以列入永久性档案，在随后各年度审计时，只需要摘录本期的增减变动情况，与有关的原始凭证和会计账户核对，并追查至有关的授权批准文件即可，这样可以节约审计时间。

▶ 3．检查股票的发行、收回等交易活动的原始凭证和会计记录

检查股票的发行、收回等交易活动的原始凭证和会计记录，是验证股票发行，收回是否确实存在的重要步骤。应检查的原始凭证包括已发行股票的登记簿、向外界收回的股票、募股清单、银行对账单等。会计记录则主要包括银行存款日记账与总账、股本明细账与总账等。在检查过程中，应注意审核来自股票发行的全部资金收入是否按时缴足，如果股票发行是交换非货币资产，则必须认真核对整个交易过程，特别是查明换入资产的计价是否合理。

▶ 4．函证发行在外的股票

我国目前股票发行和转让大都由企业委托证券交易所和金融机构进行，由证券交易所

和金融机构对发行在外的股票份数进行登记和控制。因为这些机构一般既了解公司发行股票的总数，又掌握公司股东的个人记录以及股票转让情况，故在审计时可函证证券交易所和金融机构并追查至有关的会计记录。

有些企业自己发行股票并进行有关股票发行数量、金额及股东情况的登记。由于这些企业自己已在股票登记簿和股东名单上进行了记录，在进行股本审计时，审计人员可根据资产负债表日股票簿最后一张股票编号，再参照上年审计工作底稿列示的最后一张发行股票，按其连续编号计算出本年度发行的全部股票。

▶ 5. 检查股票发行费用的会计处理

发行股票时一般要发行股票的印刷费和委托其他单位发行股票的手续费、佣金等。根据企业会计准则的规定，溢价发行股票时，各种发行费用从溢价中抵消；无溢价的，或溢价不足以支付的部分，作为长期待摊费用，在不超过两年的期限内平均摊销。审计人员应检查相关会计记录和原始凭证，确定被审计单位对股票发行费用的会计处理是否正确。

▶ 6. 检查股本是否已在资产负债表中恰当披露

股本应在资产负债表中单独列示，审计人员应该审查被审计单位资产负债表中股本项目的数字是否与审定数相符，并检查是否在会计报表附注中披露与股本有关的重要事项，如股本的种类、各类股本金额及股票发行的数额、每股股票的面值、本会计期间发行的股票情况等。

(三) 资本公积的实质性程序

▶ 1. 获取或编制资本公积明细表

注册会计师应编制或取得资本公积明细表，该明细表包括资本公积的种类、金额、形成日期及原因；应将资本公积明细表与相应的原始凭证核对，检查其是否相符。

▶ 2. 检查资本公积的形成

资本公积的形成主要有两个来源：一是投资者投入的超出其在注册资本或股本中所占份额的部分，形成资本(或股本)溢价；二是直接计入所有者权益的利得，形成其他资本公积。注册会计师应重点关注资本公积的形成是否合法，金额计算是否正确，相关会计处理是否符合企业会计准则的规定。具体检查以下几个方面。

(1) 审查资本(或股本)溢价。对资本溢价应检查是否在企业吸收新的投资者时形成，资本溢价的确定是否按实际出资额和扣除按投资比例应缴入的出资额计算，其投资是否经企业董事会决定，并已报原审批机关批准。对股本溢价应检查发行价格是否合法，是否经有关部门批准，股票发行价格与面值的差额是否在扣除委托证券商代理发行股票而支付的手续费、佣金后列入资本公积。

(2) 审查其他资本公积。注册会计师应根据资本公积明细账记录逐项审查其借方发生额，特别注意会计处理是否正确。

▶ 3. 审查资本公积的减少

资本公积的减少，主要有两种情况：一是直接计入所有者权益的损失；二是以资本公积转增资本。注册会计师通过审阅相关凭证和会计记录，可查明被审计单位有无将资本公积挪作他用甚至用来营私舞弊的问题；审查以资本公积转增资本金时，是否经主管部门或股东大会批准，手续是否完备，企业转增的资本金与批准的数额是否一致。

▶ 4. 检查资本公积是否已在资产负债表中恰当披露

注册会计师应查明资本公积是否在资产负债表中单项列示，并将资本公积明细账记录和所有者权益增减变动表中的资本公积期初及期末余额核对相符。

（四）盈余公积的实质性程序

（1）获取或编制盈余公积明细表。注册会计师应首先获取或编制盈余公积明细表，分别列示法定盈余公积、任意盈余公积和公益金，并与明细账和总账的余额核对。在此基础上，对盈余公积各明细项目的发生额逐项检查其原始凭证。

（2）检查盈余公积的提取。注册会计师主要应检查盈余公积提取是否符合规定并经过批准，提取手续是否完备，提取的依据是否真实、正确，提取项目是否完整，提取比例是否合法，有无多提或少提。

（3）检查盈余公积使用的合规性。①审查盈余公积的使用范围是否符合国家的有关规定。按规定，法定盈余公积金可用于弥补亏损、转增资本和分派股利。注册会计师应审查企业是否按规定用于上述范围。任意盈余公积金应按董事会的决议使用，应审查任意盈余公积金的开支是否符合董事会决议规定的开支范围，有无未经董事会同意任意开支的行为。②审查盈余公积的使用标准是否符合规定，手续是否完备。按规定，股份公司法定盈余公积金转增资本应经股东大会同意，并且转增资本后法定盈余公积金的余额不得少于转增前注册资本的25%；当企业当年无利润，或利润不足时，企业在用法定盈余公积金弥补亏损后，可用盈余公积金按不超过股票面值6%的比例分配股利，但须经股东大会批准，并且分配股利后法定盈余公积金的使用应符合以上规定。对任意盈余公积金的使用，如董事会有规定开支标准的，应审查各项开支是否符合董事会规定的标准，审查任意盈余公积金的具体使用是否有必要的批准手续等。

（4）审查盈余公积的会计处理是否正确。逐笔审核盈余公积提取、使用的原始凭证和账簿记录，做到账证相符、账表相符。查阅工作底稿中上年度盈余公积余额，以确定期末盈余公积账面余额的真实性。

（5）检查盈余公积是否已在资产负债表中恰当披露。企业的法定盈余公积、任意盈余公积应合并在盈余公积中并在资产负债表中列示，同时还应在所有者权益变动表中说明盈余公积的期初及期末余额。注册会计师应对此加以检查。

（五）未分配利润的实质性程序

▶ 1. 获取或编制未分配利润明细表

注册会计师可获取或自行编制未分配利润明细表，结合利润分配账户，审查本年度未分配利润结转的真实情况；审查期初"未分配利润"账户余额是否与上期资产负债表期末"未分配利润"账户所列数据相符。

▶ 2. 复核公司章程、合同和相关法规

注册会计师应检查利润分配比例是否符合合同、协议、章程以及董事会纪要的规定，利润分配数额及年末未分配数额是否正确。

▶ 3. 审查未分配利润的会计处理

未分配利润的会计处理包括本年结转、分配以及年终结账日后的调整等。注册会计师应特别注意年终结账日后的调整分录的编制,根据审计结果调整本年损益数,直接增加或减少未分配利润,确定调整后的未分配利润数。

▶ 4. 检查未分配利润是否已在资产负债表中恰当披露

应当注意根据上述调整后的未分配利润数确定在会计报表上的反映金额。

三、投资业务涉及的账户的实质性程序

(一) 交易性金融资产的实质性程序

(1) 获取或编制交易性金融资产明细表。注册会计师首先应向被审计单位获取或自行编制交易性金融资产明细表,复核其加计数是否正确,并与报表数、总账数、明细账合计数等核对。

(2) 审查交易性金融资产的分类是否合理。对期末结存的相关交易性金融资产,向被审计单位核实其管理金融资产的业务模式,以确定该金融资产的分类是否合理。

(3) 检查相关交易记录。获取股票、债券和基金等交易流水单及被审计单位证券投资部门的交易记录,验证交易性金融资产交易发生的真实性。

(4) 监盘库存交易性金融资产。

(5) 执行函证程序。向相关金融机构发函询证交易性金融资产期末数量以及是否存在变现限制(与存出投资款一并函证),并记录函证过程。

(6) 抽查交易性金融资产的增减变动。抽取交易性金融资产增加的记账凭证,结合交易记录的原始凭证进行检查,确定其会计处理是否正确,注意发生的交易费用是否直接计入当期损益(投资收益);抽取交易性金融资产减少的记账凭证,并追查至相应的原始凭证,注意出售金融资产时其成本结转是否正确。

(7) 复核交易性金融资产的损益计算。复核与交易性金融资产相关的损益计算是否准确,并与公允价值变动损益及投资收益等有关数据核对。

(8) 检查交易性金融资产的披露是否充分、恰当。

(二) 债权投资的实质性程序

▶ 1. 获取或编制债权投资明细表

注册会计师可向被审计单位获取或自行编制债权投资明细表,复核其加计数是否正确,并与报表数、总账数、明细账合计数等核对。债权投资明细表的主要内容包括投资种类及说明、年初余额、本年增加额、本年减少额、年末余额、投资收益、债权投资的计价方法等。

▶ 2. 审查债权投资的分类是否合理

对期末结存的债权投资,核实被审计单位管理金融资产的业务模式,以确定该金融资产的分类是否合理,是否需要进行重分类处理。

3. 监盘库存债权投资证券

注册会计师应在期末安排对被审计单位持有各种证券的实地监盘程序。盘点宜采用突击方式。如果实地盘点工作是在结账日后进行的，还应考虑运用调节法推算出结账日债权投资的余额。

4. 函证委托寄存的债权投资证券

如果被审计单位将债权投资证券委托给独立机构（如银行、投资公司等）代为保管，应向这些机构询证结账日被审计单位所拥有的投资证券的种类、数量、面值等信息。

5. 抽查债权投资的增减变动

抽取债权投资增加的记账凭证，注意其原始凭证是否完整合法，成本、交易费用和相关利息的会计处理是否正确；抽取债权投资减少的记账凭证，检查其原始凭证是否完整合法，当管理金融资产的业务模式改变时，债权投资划转为其他债权投资的会计处理是否正确。

6. 复核债权投资的投资收益

根据相关资料，确定债券投资的计息类型，结合投资收益科目，复核计算利息采用的利率是否恰当，相关会计处理是否正确，是否根据债权投资的摊余成本和实际利率计算确认投资收益。结合投资收益账户，复核处置债权投资的损益计算是否准确，已计提的减值准备是否同时结转。

7. 审查债权投资减值准备的计提

当有客观证据表明债权投资发生减值的，应当复核相关资产项目的预计未来现金流量现值，并与其账面价值进行比较，检查相关减值准备计提是否充分。

8. 检查债权投资的披露是否充分、恰当

在实施上述测试的基础上，最后了解是否存在已用于债务担保的债权投资，确定相关信息是否均已在报表中做了充分、恰当的披露。

（三）其他债权投资及其他权益工具投资的实质性程序

1. 获取或编制其他债权投资及其他权益工具投资明细表

注册会计师首先应向被审计单位获取或自行编制其他债权投资及其他权益工具投资明细表，复核其加计数是否正确，并与报表数、总账数、明细账合计数等核对。

2. 审查其他债权投资及其他权益工具投资的分类是否合理

对期末结存的其他债权投资及其他权益工具投资，向被审计单位核实其管理金融资产的业务模式，以确定该金融资产的分类是否合理。

3. 核实其他债权投资及其他权益工具投资期末余额的真实性

审计人员核实其他债权投资及其他权益工具投资期末余额的真实性通常可以执行的程序包括：获取其他债权投资及其他权益工具投资对账单，与明细账核对；检查库存其他债权投资及其他权益工具投资，并与相关余额核对；向相关金融机构发函询证其他债权投资及其他权益工具投资期末数量，将函证结果与期末余额核对，并记录函证过程。

▶ 4. 抽查其他债权投资及其他权益工具投资的增减变动

抽取其他债权投资及其他权益工具投资增减变动的相关凭证，检查其原始凭证是否合法，会计处理是否正确；抽取其他债权投资及其他权益工具投资增加的记账凭证，检查会计处理的正确性，注意发生的交易费用是否包含在初始成本中；抽取其他债权投资及其他权益工具投资减少的凭证，检查其他债权投资及其他权益工具投资出售时，其相关损益计算及会计处理是否正确。

▶ 5. 复核其他债权投资及其他权益工具投资的期末公允价值是否合理

如果其他债权投资及其他权益工具投资的公允价值发生较大幅度下降，并且预期这种下降趋势属于非暂时性的，应当检查被审计单位是否计提资产减值准备，计提金额和相关的会计分录是否正确。已确认减值损失的其他债权投资及其他权益工具投资，当公允价值回升时，检查其相关会计处理是否正确。

▶ 6. 检查其他债权投资及其他权益工具投资的披露是否充分、恰当

了解是否存在已用于债务担保的其他债权投资及其他权益工具投资，相关信息是否均已在报表中做了充分、恰当的披露。

(四) 长期股权投资的实质性程序

▶ 1. 获取或编制长期股权投资明细表

长期股权投资明细表应当完整、系统地列示企业的全部长期股权投资情况，注册会计师据此可以了解被审计单位长期股权投资的全貌。该表应包括投资种类及说明、年初余额、本年增加额、本年减少额、年末余额、投资收益，以及会计核算方法的选择（成本法还是权益法）等。获取或自行编制此表以后，注册会计师应复核加计是否正确，并与报表数、总账数、明细账合计数等核对。

▶ 2. 监盘或函证长期股权投资证券

对于被审计单位自行保管的投资证券，可采用监盘方法予以验证。通过盘点库存证券，填制盘点表，确定盘点结果，并与明细账记录核对。盘点最好安排在结账日进行，否则还需要运用调节法调整为结账日的结果。

对于委托专业机构代为保管的证券，可采用函证方法予以验证。通过向被审计单位委托的专门机构发函询证，证实投资证券的真实性。

另外，对于重大投资，还可以向被投资单位函证被审计单位的投资额、持股比例及被投资单位发放的股利等情况。

▶ 3. 审查长期股权投资的入账价值

对于同一控制下企业合并形成的长期股权投资，审查时应注意是否按取得被合并方所有者权益账面价值的份额作为长期股权投资的初始投资成本；对于非同一控制下的企业合并形成的长期股权投资，审查时应注意是否以合并成本（即投资方付出的资产等公允价值加上其他直接相关费用）作为长期股权投资的初始投资成本。

对于企业合并以外的方式取得的长期股权投资，审查时应注意是否以长期股权投资准则确定的初始投资成本作为其入账价值。如果企业实际支付的价款中含有已宣告但尚未发

放的现金股利，是否按认购股票实际支付的价款扣除已宣告但尚未发放的现金股利作为长期股权投资的入账价值；对于已宣告但尚未发放的现金股利，是否在"应收股利"账户核算。

▶ 4. 审查长期股权投资的核算方法

长期股权投资的核算方法有成本法和权益法两种。成本法适用于有控制权的投资（即对子公司的投资）。权益法适用于投资企业对被投资单位具有共同控制或重大影响的长期股权投资。注册会计师应根据有关合同和文件，确认长期股权投资的股权比例和持有时间，检查其核算方法是否正确。

对于应采用权益法核算的长期股权投资，获取被投资单位已经注册会计师审计的年度财务报表，如果未经注册会计师审计，则应考虑对被投资单位的财务报表实施适当的审计或审阅程序，包括以下两个方面。

（1）复核投资收益时，应以取得投资时被投资单位各项可辨认资产等的公允价值为基础，对被投资单位的净利润进行调整后加以确认；被投资单位采用的会计政策及会计期间与被审计单位不一致的，应当按照被审计单位的会计政策及会计期间对被投资单位的财务报表进行调整，据以确认投资损益。

（2）检查按权益法核算长期股权投资，在确认应分担被投资单位发生的净亏损时，应首先冲减长期股权投资的账面价值，其次冲减其他实质上构成对被投资单位净投资的长期债权账面价值（如长期应收款等）；如果按照投资合同和协议约定仍须承担额外损失义务的，应按预计承担的义务确认预计负债。对于采用成本法核算的长期股权投资，检查股利分配的原始凭证及分配决议等资料。对于成本法和权益法相互转换的，检查其投资成本的确定是否正确。

▶ 5. 检查长期股权投资的处置

在处置长期股权投资时，是否按所收到的处置收入与长期股权投资账面价值的差额确认为当期投资损益。处置长期股权投资时，是否同时结转已计提的减值准备。部分处置某项长期股权投资时，是否按该项投资的总平均成本确定其处置部分的成本，并按相应比例结转已计提的减值准备。在出售采用权益法核算的长期股权投资时，是否按处置长期股权投资的投资成本比例的同时结转了原计入"其他综合收益""资本公积——其他资本公积"账户的金额。

▶ 6. 审查投资收益

在成本法下，投资企业应按被投资企业宣告分派的利润或现金股利中应享有的部分确认投资收益，这就需要从公开印发的股利手册或证券公司及付款单位中查证各种股票的股利收入。审计人员应注意的是，在权益法下，投资收益是按被投资单位会计报表中的净利润乘投资比例来确认的，一般是在每期期末确认的。审查时，应当注意是否按其在被投资单位的投资比例来确认投资收益，同时还应当检查企业实际收到被投资单位分配来的利润和股利，是否再次重复计入"投资收益"账户。

▶ 7. 审查长期股权投资减值准备

期末对长期股权投资进行逐项检查，以确定长期股权投资是否已经发生减值。

（1）核对长期股权投资减值准备本期与以前年度计提方法是否一致，如有差异，查明政策调整的原因，并确定政策改变对本期损益的影响，提请被审计单位做适当披露。

（2）对长期股权投资逐项进行检查，根据被投资单位经营政策、法律环境的变化、市场需求的变化、行业的变化、盈利能力等各种情形予以判断长期股权投资是否存在减值迹象。确有出现导致长期股权投资可收回金额低于账面价值的，将可收回金额低于账面价值的差额作为长期股权投资减值准备予以计提。并与被审计单位已计提数核对，如有差异应查明原因。

（3）将本期减值准备计提金额与利润表资产减值损失中的相应数字核对是否一致。

（4）长期股权投资减值准备按单项资产计提的依据是否充分，是否得到批准。减值损失一经确认，在以后会计期间不得转回。

▶ 8.确定长期股权投资在资产负债表中是否恰当列报

审计人员应检查资产负债表中投资项目的数字是否与审定数相符，"一年内到期的长期股权投资"项目的数字是否与审定数相符，并列示于流动资产类下。若长期投资超过净资产的50%，是否已在会计报表的附注中对此做了披露。与被审计单位人员讨论确定是否存在被投资单位由于所在国家和地区及其他方面的影响，其向被审计单位转移资金的能力受到限制等需要在报表附注中披露的情况。

（五）投资收益的实质性程序

（1）获取或编制投资收益明细表。

（2）与以前年度比较，结合投资收益本期的变动情况，分析本期投资收益是否存在异常。

（3）与交易性金融资产、债权投资、其他债权投资、其他权益工具投资、长期股权投资等相关项目的审计结合，验证投资收益的记录是否正确，确定投资收益是否被计入正确的会计期间。

知识拓展 12-3
其他综合收益和投资收益的区别

（4）确定投资收益在财务报表上的披露是否恰当。

本章小结

1.筹资与投资业务循环特性主要包括筹资与投资业务循环的特点、本循环中的主要业务活动和本循环所涉及的主要凭证和账户。

2.筹资与投资业务循环内部控制测试主要是对筹资与投资的授权审批控制、筹资与投资的职务分离控制、筹资与投资保管的控制和会计记录的控制等控制要点进行的测试。

3.筹资循环的实质性程序包括借款审计、所有者权益审计。其中，借款审计包括短期借款审计、长期借款审计和应付债券审计；所有者权益审计包括股本（或实收资本）审计、资本公积的审计、盈余公积的审计、未分配利润的审计。投资循环的实质性程序包括交易性金融资产的审计、长期股权投资的审计、持有至到期投资的审计、可供出售金融资产的审计。

复习思考题

1. 短期借款和长期借款实质性程序有哪些？
2. 财务费用实质性程序有哪些？
3. 如何实施投资的实质性程序？

实操练习

某注册会计师和一位助理人员对某公司 20×1 年 12 月 31 日会计报表进行审计，该公司用剩余现金购置了数量较大的长期投资有价证券，并存放于当地某银行的保险箱，并规定只有公司总经理或财务部经理可以开启保险箱。由于 12 月 31 日公司的总经理和财务部经理不能共同去银行盘点有价证券，经约定，20×2 年 1 月 11 日由助理审计人员和财务经理一同至银行盘点。

要求：

（1）假定该助理人员以前未进行过有价证券盘点，该注册会计师应要求在盘点时执行哪些审计步骤？

（2）假定该助理人员盘点后得知，公司财务经理于 1 月 4 日曾开启保险箱，并声称开启保险箱是为了查阅一份文件。由于财务经理的上述行动，该注册会计师应增加哪些审计程序？

在线自测

第十三章　货币资金审计

> **学习目标**
> 1. 了解货币资金的重大错别风险及相应的内部控制；
> 2. 了解货币资金与各交易循环的关系；
> 3. 理解库存现金、银行存款的审计目标；
> 4. 掌握库存现金、银行存款的审计方法。

思政案例

把好关，查好账，做好资本市场看门人
——财政部关于加大审计重点领域的通知

为贯彻落实《国务院办公厅关于进一步规范财务审计秩序 促进注册会计师行业健康发展的意见》（国办发〔2021〕30号），指导会计师事务所和注册会计师提高应对财务舞弊的执业能力，充分发挥审计鉴证作用，财政部发布了《关于加大审计重点领域关注力度 控制审计风险 进一步有效识别财务舞弊的通知》（财会〔2022〕28号），通知中的附件《财务舞弊易发高发领域及重点应对措施》，特别指出了货币资金相关舞弊风险应对措施。

（一）针对虚构货币资金相关舞弊风险

一是严格实施银行函证程序，保持对函证全过程的控制，恰当评价回函可靠性，深入调查不符事项或函证程序中发现的异常情况；二是关注货币资金的真实性和巨额货币资金余额以及大额定期存单的合理性；三是了解企业开立银行账户的数量及分布，是否与企业实际经营需要相匹配且具有合理性，检查银行账户的完整性和银行对账单的真实性；四是分析利息收入和财务费用的合理性，关注存款规模与利息收入是否匹配，是否存在"存贷双高"现象；五是关注是否存在大额境外资金，是否存在缺少具体业务支持或与交易金额不相匹配的大额资金或汇票往来等异常情况。

（二）针对大股东侵占货币资金相关舞弊风险

一是识别企业银行对账单中与实际控制人、控股股东或高级管理人员的大额资金往来交易，关注是否存在异常的大额资金流动，关注资金往来是否以真实、合理的交易为基础，关注利用无商业实质的购销业务进行资金占用的情况；二是分析企业的交易信息，识别交易异常的疑似关联方，检查企业银行对账单中与疑似关联方的大额资金往来交易，关注资金或商业汇票往来是否以真实、合理的交易为基础；三是关注期后货币资金重要账户

的划转情况以及资金受限情况;四是通过公开信息等可获取的信息渠道了解实际控制人、控股股东财务状况,关注其是否存在资金紧张或长期占用企业资金等情况,检查大股东有无高比例股权质押的情况。

(三)针对虚构现金交易相关舞弊风险

一是结合企业所在行业的特征恰当评价现金交易的合理性,检查相关内部控制是否健全、运行是否有效,是否保留了充分的资料和证据;二是计算月现金销售收款、现金采购付款的占比,关注现金收、付款比例是否与企业业务性质相匹配,识别现金收、付款比例是否存在异常波动,并追查波动原因;三是了解现金交易对方的情况,关注使用现金结算的合理性和交易的真实性;四是检查大额现金收支,追踪来源和去向,核对至交易的原始单据,关注收付款方、收付款金额与合同、订单、出入库单相关信息是否一致;五是检查交易对象的相关外部证据,验证其交易真实性;六是检查是否存在洗钱等违法违规行为。

案例来源:中华人民共和国中央人民政府. 关于加大审计重点领域关注力度　控制审计风险　进一步有效识别财务舞弊的通知[EB/OL]. (2022-09-30)[2023-03-25]. http://www.gov.cn/zhengce/zhengceku/2022-10/15/content_5718436.htm.

案例思考:
货币资金相关舞弊为何需要重点关注及应对?

启示:

当前,上市公司财务舞弊备受会计业界的关注,并逐渐升级成为一种社会性问题。近年来,随着市场经济快速发展,国内上市公司违规现象逐渐增多,违规行为层出不穷,财务舞弊便是其中之一。

该通知是财政部首次以正式文件的方式剑指财务舞弊识别,对于会计师事务所和注册会计师提高应对财务舞弊能力、防范审计失败具有十分重要的指导意义。该通知指导会计师事务所和注册会计师加大审计重点领域关注力度、控制审计风险,进一步有效识别财务舞弊,是推动行业履行审计鉴证职责、合理保证会计信息质量、帮助财务报告使用者决策判断的重要举措,是保障行业长远健康发展的重要基础,是回应社会关切、维护市场秩序和公众利益的重要手段。

注册会计师需要严格执行审计准则,提高应对财务舞弊的执业能力,把好关,查好账,做好资本市场看门人。

第一节　货币资金概述

货币资金由库存现金、银行存款及其他货币资金构成,是企业资产的重要组成部分,是企业资产中流动性最强的资产。

任何企业进行生产经营活动都必须拥有一定数额的货币资金,持有货币资金是企业生产经营活动的基本条件。货币资金主要来源于股东投入、债权人借款和企业经营累积,主要用于资产的取得和费用的结付。

企业资金营运过程，从资金流入企业形成货币资金开始，到通过销售收回货币资金、成本补偿确定利润、部分资金流出企业为止。企业资金的不断循环，构成企业的资金周转。

一、货币资金的主要业务活动

货币资金与各业务循环密不可分，具体如图 13-1 所示。

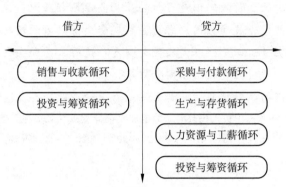

图 13-1　货币资金与各循环联系

以下对现金管理和银行存款管理的要点进行列举。

▶ 1. 现金管理

出纳员每日对库存现金自行盘点，编制现金报表，计算当日现金收入、支出及结余额，并将结余额与实际库存额进行核对，如有差异及时查明原因。会计主管不定期检查现金日报表。

每月月末，会计主管指定出纳员以外的人员对现金进行盘点，编制库存现金盘点表，将盘点金额与现金日记账余额进行核对。对冲抵库存现金的借条、未提现支票、未做报销的原始票证，在库存现金盘点报告表中予以注明。会计主管复核库存现金盘点表，如果盘点金额与现金日记账余额存在差异，须查明原因并报经财务经理批准后进行财务处理。

▶ 2. 银行存款管理

（1）银行账户管理：企业的银行账户的开立、变更或注销须经财务经理审核，报总经理审批。

（2）编制银行存款余额调节表：每月月末，会计主管指定出纳员以外的人员核对银行存款日记账和银行对账单，编制银行存款余额调节表，使银行存款账面余额与银行对账单调节相符。如调节不符，查明原因。会计主管复核银行存款余额调节表，对需要进行调整的调节项目及时进行处理。

（3）票据管理：财务部门设置银行票据登记簿，防止票据遗失或盗用。出纳员登记银行票据的购买、领用、背书转让及注销等事项。空白票据存放在保险柜中。

每月月末，会计主管指定出纳员以外的人员对空白票据、未办理收款和承兑的票据进行盘点，编制银行票据盘点表，并与银行票据登记簿进行核对。会计主管复核库存银行票据盘点表，如果存在差异，须查明原因。

二、货币资金审计的主要单据及会计记录

货币资金审计涉及的单据和会计记录主要有现金盘点表、银行对账单、银行存款余额调节表、有关科目的记账凭证、有关会计账簿。

三、货币资金审计中需要关注的情形

（一）舞弊分析

当被审计单位存在以下事项或情形时，可能表明存在舞弊风险，注册会计师需要保持警觉。

（1）被审计单位的现金交易比例较高，并与其所在的行业常用的结算模式不同。

（2）银行账户开立数量与企业实际的业务规模不匹配。

（3）在没有经营业务的地区开立银行账户。

（4）企业资金存放于管理层或员工个人账户。

（5）银行存款明细账存在非正常转账的"一借一贷"。

（6）存在大额外币收付记录，而被审计单位并不涉足外贸业务。

（7）长期挂账的大额预付款项。

（8）付款方账户名称与销售客户名称不一致、收款方账户名称与供应商名称不一致。

（9）存在没有具体业务支持或与交易不相匹配的大额资金往来。

（10）存在长期挂账的大额预付款项等。

（11）存在大量货币资金的情况下仍高额或高息举债。

（12）付款方全称与销售客户名称不一致、收款方全称与供应商名称不一致。

（13）存在大量货币资金的情况下，频繁发生债务违约，或者无法按期支付股利或偿付债务本息。

（二）可能发生的错报风险

以下情形表明货币资金可能发生错报。

（1）被审计单位资产负债表的货币资金项目中的库存现金和银行存款在资产负债表日不存在。（存在）

（2）被审计单位所有应当记录的现金收支业务和银行存款收支业务未得到完整记录，存在遗漏。（完整性）

（3）被审计单位的现金收款通过舞弊手段被侵占。（完整性）

（4）记录的库存现金和银行存款不是为被审计单位所拥有或控制。（权利和义务）

（5）库存现金和银行存款的金额未被恰当地包括在财务报表的货币资金项目中，与之相关的计价调整未得到恰当记录。（准确性、计价和分摊）

（6）库存现金和银行存款未按照企业会计准则的规定在财务报表中做出恰当列报。（列报）

第二节 货币资金的内部控制及其测试

一、货币资金的内部控制

一般而言,一个良好的货币资金内部控制应该达到以下几点:①货币资金收支与记账的岗位分离。②货币资金收支要有合理、合法的凭据。③全部收支及时准确入账,并且资金支付应严格履行审批、复核制度。④控制现金坐支,当日收入现金应及时送存银行。⑤按月盘点现金,编制银行存款余额调节表,以做到账实相符。⑥对货币资金进行内部审计。

▶ 1. 岗位分工及授权批准

(1) 企业应当建立货币资金业务的岗位责任制,明确相关部门和岗位的职责权限,确保办理货币资金业务的不相容岗位相互分离、制约和监督。出纳人员不得兼任稽核、会计档案保管和收入、支出、费用、债权债务账目的登记工作。企业不得由一人办理货币资金业务的全过程。

(2) 企业应当对货币资金业务建立严格的授权批准制度,明确审批人对货币资金业务的授权批准方式、权限、程序、责任和相关控制措施,规定经办人办理货币资金业务的职责范围和工作要求。对于审批人超越授权范围审批的货币资金业务,经办人员有权拒绝办理,并及时向审批人的上级授权部门报告。

(3) 企业应当按照规定的程序办理货币资金支付业务,应当做到支付申请、支付审批、支付复核、办理支付。

(4) 企业对于重要货币资金支付业务,应当实行集体决策和审批,并建立责任追究制度,防范贪污、侵占、挪用货币资金等行为。

(5) 严禁未经授权的机构或人员办理货币资金业务或直接接触货币资金。

▶ 2. 现金和银行存款的管理

(1) 企业应当加强现金库存限额的管理,超过库存限额的现金应及时存入银行。

(2) 企业必须根据《现金管理暂行条例》的规定,结合本企业的实际情况,确定本企业现金的开支范围。不属于现金开支范围的业务应当通过银行办理转账结算。

(3) 企业现金收入应当及时存入银行,不得从企业的现金收入中直接支付(即坐支)。因特殊情况需坐支现金的,应事先报经开户银行审查批准,由开户银行核定坐支范围和限额。企业借出款项必须执行严格的授权批准程序,严禁擅自挪用、借出货币资金。

(4) 企业取得的货币资金收入必须及时入账,不得私设"小金库",不得账外设账,严禁收款不入账。

(5) 企业应当严格按照《支付结算办法》等国家有关规定,加强银行账户的管理,严格按照规定开立账户,办理存款、取款和结算。银行账户的开立应当符合企业经营管理实际需要,不得随意开立多个账户,禁止企业内设管理部门自行开立银行账户。

(6) 企业应当严格遵守银行结算纪律,不准签发没有资金保证的票据或远期支票,套取银行信用;不准签发、取得和转让没有真实交易和债权债务的票据,套取银行和他人资金;不准违反规定开立和使用银行账户。

(7) 企业应当指定专人定期核对银行账户(每月至少核对一次),编制银行存款余额调节表,使银行存款账面余额与银行对账单调节相符。如调节不符,应查明原因,及时处理。

(8) 企业应当定期和不定期地进行现金盘点,确保现金账面余额与实际库存相符。发现不符,及时查明原因并做出处理。

▶ 3. 票据及有关印章的管理

企业应当加强银行预留印鉴的管理。财务专用章应由专人保管,个人名章必须由本人或其授权人员保管。严禁一人保管支付款项所需的全部印章。

▶ 4. 监督检查

企业应当建立对货币资金业务的监督检查制度,明确监督检查机构或人员的职责权限,定期和不定期地进行检查。

二、货币资金的控制测试

▶ 1. 库存现金的控制测试

库存现金的控制测试如表 13-1 所示。

表 13-1 库存现金的控制测试

环 节	关键内部控制	内部控制测试程序
现金付款的审批和复核	(1) 部门经理审批本部门的付款申请,在复核无误后签字认可。 (2) 财务经理再次复核经审批的付款申请及后附相关凭据或证明,如核对一致,进行签字认可并安排付款	(1) 询问部门经理和财务经理其在日常现金付款业务中执行的内部控制。 (2) 观察财务经理复核付款申请的过程,是否核对了付款申请的用途、金额及后附相关凭据,以及在核对无误后是否进行了签字确认。 (3) 重新核对经审批及复核的付款申请及其相关凭据,并检查是否经签字确认
现金盘点	(1) 会计主管指定应付账款会计每月月末对库存现金进行盘点,编制库存现金盘点表,将盘点余额与现金日记账余额进行核对,并对差异调节项进行说明。 (2) 会计主管复核库存现金盘点表,如差异金额超过 2 万元,须查明原因并报财务经理批准后进行财务处理	(1) 观察现金盘点程序是否按照盘点计划的指令和程序执行。 (2) 检查是否编制了现金盘点表并根据内控要求经财务部相关人员签字复核。 (3) 针对调节差异金额超过 2 万元的调节项,检查是否经财务经理批准后进行财务处理

▶ 2. 银行存款的控制测试

银行存款的控制测试如表 13-2 所示。

表 13-2　银行存款的控制测试

环　节	关键内部控制	内部控制测试程序
银行账户的开立、变更和注销	会计主管根据被审计单位的实际业务需要就银行账户的开立、变更和注销提出申请，经财务经理审核后报总经理审批	(1) 询问会计主管审计单位本年开户、变更、撤销的整体情况。 (2) 取得本年度账户开立、变更、撤销申请项目清单，检查是否经财务经理和总经理审批
编制银行存款余额调节表	(1) 会计主管指定应收账款会计核对银行存款日记账和银行对账单，编制银行存款余额调节表，如存在差异项，查明原因并进行差异调节说明。 (2) 会计主管复核银行存款余额调节表，对需要进行调整的调节项目及时进行处理，并签字确认	(1) 询问应收账款会计和会计主管银行存款余额调节表的编制和复核过程。 (2) 检查银行存款余额调节表。 (3) 针对调节项目，检查是否经会计主管的签字复核

第三节　货币资金的实质性测试

一、库存现金的实质性程序

▶ 1. 核对账目

核对库存现金日记账与总账的金额是否相符，检查非记账本位币库存现金的折算汇率及折算金额是否正确。注册会计师测试现金余额的起点是，核对库存现金日记账与总账的金额是否相符。如果不相符，应查明原因，必要时应建议做出适当调整。

▶ 2. 监盘库存现金。

(1) 概述。对被审计单位现金盘点实施的监盘程序是用作控制测试还是实质性程序，取决于注册会计师对风险评估结果、审计方案和实施的特定程序的判断。

如果注册会计师可能基于风险评估的结果判断，则无须对现金盘点实施控制测试，仅实施实质性程序。

(2) 监盘范围。企业盘点库存现金，通常包括对已收到但未存入银行的现金、零用金、找换金等的盘点。监盘范围一般包括被审计单位各部门经管的所有现金。

(3) 监盘人员。盘点库存现金的时间和人员应视被审计单位的具体情况而定，但现金出纳员和被审计单位会计主管人员必须参加，并由注册会计师进行监盘。

(4) 监盘时间。查看被审计单位制订的盘点计划，以确定监盘时间。对库存现金的监盘最好实施突击性的检查，时间最好选择在上午上班前或下午下班时。

如被审计单位库存现金存放部门有两处或两处以上的，应同时进行盘点，以防止不同部门间库存现金移动造成重复盘点的情况。

(5) 监盘程序。在进行现金盘点前，应由出纳员将现金集中起来存入保险柜。必要时可加以封存,然后由出纳员把已办妥现金收付手续的收付款凭证登入库存现金日记账。如被审计单位库存现金存放部门有两处或两处以上的,应同时进行盘点。

审阅库存现金日记账并同时与现金收付凭证相核对。一方面,检查库存现金日记账的记录与凭证的内容和金额是否相符;另一方面,了解凭证日期与库存现金日记账日期是否相符或接近。

(6)检查被审计单位现金实存数,并将该监盘金额与库存现金日记账余额进行核对,如有差异,应要求被审计单位查明原因,必要时应提请被审计单位做出调整,如无法查明原因,应要求被审计单位按管理权限批准后做出调整。

若有冲抵库存现金的借条、未提现支票、未作报销的原始凭证,应在"库存现金监盘表"中注明或做出必要的调整。

(7)在非资产负债表日(通常在资产负债表日后)进行监盘时,应将监盘金额调整至资产负债表日的金额,并对变动情况实施程序[式(13-1)]。

$$\text{资产负债表的实有数} = \text{盘点日的实有数} - (\text{资产负债表日到盘点日})\text{收入数} + (\text{资产负债表日到盘点日})\text{支出数} \qquad (13\text{-}1)$$

需要将所执行的进行工作记录,编制现金监盘表(图13-2),形成工作底稿。

被审计单位:						索引号	4100-	页次	
项目:现金盘点表						编制人		日期	
财务报表截止日/期间						复核人		日期	
库存现金盘点记录						核对账目			
面额(元)	人民币		美元		×外币	项目		人民币	美元	×外币
	张	金额	张	金额	张	金额				
1000							盘点日账面库存余额	(1)		
500						加:盘点日未记账传票收入金额	(2)			
100						减:盘点日未记账传票支出金额	(3)			
50						盘点日账面应有余额	(4)=(1)+(2)-(3)	-	-	-
20						盘点日实有库存现金数额	(5)			
10						盘点日应有与实有差异	(6)=(4)-(5)			
5						差异原因分析	白条抵库(张)			
2										
1						现金盘点日调整后余额	(7)			
0.5						报表日至审计日库存现金付出总额	(8)			
0.2						报表日至审计日库存现金收入总额	(9)			
0.1						报表日库存现金应有余额	⑩=(7)+(8)-(9)			
0.05						报表日账面汇率	⑪			
0.02						报表日余额折合本位币金额	⑫=⑩*⑪			
0.01						报表日账面余额	⑬			
合计		-		-		-	3、差异	⑭=⑫-⑬		
出纳:		会计主管人员:			监盘人:			检查日期:		

图13-2 现金监盘表工作底稿

▶ 3. 抽查大额库存现金收支

注册会计师应抽查大额现金收支,并检查原始凭证内容是否齐全、原始凭证内容是否完整、有无授权批准、记账凭证与原始凭证是否相符、账务处理是否正确、是否记录于恰当的会计期间等项内容。

▶ 4. 检查库存现金是否在财务报表中做出恰当列报

根据有关规定,库存现金在资产负债表的"货币资金"项目中反映,注册会计师应在实施上述审计程序后,确定"库存现金"账户的期末余额是否恰当,进而确定库存现金是否在资产负债表中恰当披露。

【例 13-1】

在对 ABC 公司 20×2 年度财务报表进行审计时,A 注册会计师负责审计货币资金项目,以下是相关情况摘要。

(1) ABC 公司总部和营业部均设有出纳部门,为顺利监盘库存现金,A 注册会计师在监盘前一天通知 ABC 公司会计主管人员做好监盘准备。

(2) ABC 公司工作时间为每日上午 9:00 至下午 5:00,考虑到出纳人员的日常工作安排,对总部和营业部库存现金的监盘时间分别定在上午 8:00 和下午 5:00。

(3) 监盘时,由出纳人员与注册会计师共同参与,出纳人员将现金放入保险柜,并将已办妥现金收付手续的交易登入现金日记账,结出现金日记账余额。

(4) 由 A 注册会计师当场盘点现金,并将盘点金额与库存现金日记账余额进行核对。

(5) 由 A 注册会计师编制"库存现金监盘表",在其签字后纳入审计工作底稿。

要求:

请指出上述库存现金监盘工作中是否存在不当之处,并提出改进建议。

解析:

(1) 存在不当之处;A 注册会计师应当实施突击性检查。

(2) 存在不当之处;总部和营业部库存现金应同时监盘。

(3) 存在不当之处;会计主管人员应参与现金盘点。

(4) 存在不当之处;库存现金应由出纳盘点,由注册会计师监盘。

(5) 存在不当之处;库存现金监盘表应由出纳员、会计主管人员和注册会计师共同签字。

【例 13-2】

甲注册会计师对 A 公司 2021 年度的货币资金进行审计。2022 年 1 月 9 日,拟实施库存现金监盘程序。查询的 2022 年 1 月 3 日库存现金账面余额为 2 773.53 元,2021 年 12 月 31 日,库存现金账面余额为 2 821.54 元。1 月 3 日上午 8 点上班后,注册会计师立即对该企业出纳员保管的现金进行了清点。清查结果如下。

(1) 现金实存数为 2 670.00 元。

(2) 清查过程中发现,出纳存有下列原始凭证未制单入账。

A. 某职工的借条一张,日期为 1 月 3 日,未经批准,金额为 180.50 元。

B. 某采购员借条一张,系借差旅费,日期为 1 月 5 日,金额 123.00 元,已经批准。

C. 在保险柜中,有已收款但未记账的凭证共 2 张,金额 200.00 元。

(3) 经核对 A 公司 1 月 1—9 日的收付款凭证和现金日记账,核实 1 月 1—9 日的现金收入数 346.00 元,现金支出数 347.00 元。

另银行规定现金库存限额为 500.00 元。

要求:

编制库存现金盘点表,核算库存现金实有数,确定 A 公司 2021 年 12 月 31 日资产负债表所列数字正确,对现金收支、留存管理的合法性提出审计意见。

解析:

具体如表13-3所示。

表13-3 库存现金盘点表

被审计单位:A公司　　　　　　　　　　　　　　编制人:　　　　　时间:
财务报表审计时间:2021年1月1日—2021年12月31日　　复核人:　　　　　时间:

项　目		项　次	金额/元
上一日账面库存余额		①	2 773.54
盘点日未记账传票收入金额		②	200.00
盘点日未记账传票支出金额		③	123.00
盘点日账面应有金额		④=①+②−③	2 850.54
盘点日实有库存现金数额		⑤	2 670.00
盘点日应有与实有差异		⑥=④−⑤	180.54
差异原因分析	白条抵库(张)		180.50
	日常找零		0.04
追溯调整	报表日至审计日库存现金付出总额		347.00
	报表日至审计日库存现金收入总额		346.00
	报表日库存现金应有余额		2 821.54
	报表日账面汇率		1.00
	报表日余额折合本位币金额		2 821.54
本位币合计			2 821.54

(注:实务中监盘表还需要记录清楚各面值的张数,此例题中省略。)

根据库存现金盘点表发现:

(1)该公司实盘现金数与账面数差异为180.54元。其中白条抵库180.50元,应由出纳退回;另现金找零产生差异0.04元,属于明显微小错报,可以不调整。

(2)由2022年1月9日库存现金应有数2 850.54元,倒查至2021年12月31日库存现金应有数为2 821.54元,库存现金账面数为2 821.54元,说明该企业2021年12月31日资产负债表中"货币资金"项目的库存现金数2 821.54元是正确的。

(3)该公司库存现金收支、留存中存在不合法现象,违反现金管理制度的相关规定。存在白条抵库、收付款凭证未及时入账和库存现金超限额三类问题。

二、银行存款的实质性程序

▶ **1. 获取并复核银行存款余额明细表,并对银行账户的完整性执行审计程序**

如果对被审计单位银行账户的完整性存有疑虑,注册会计师可以考虑额外实施以下实质性程序。

(1) 注册会计师亲自到中国人民银行或基本存款账户开户行查询并打印《已开立银行结算账户清单》，以确认被审计单位账面记录的银行人民币结算账户是否完整。

(2) 结合其他相关细节测试，关注原始单据中被审计单位的收（付）款银行账户是否包含在注册会计师已获取的开立银行账户清单内。

▶ 2. 实施实质性分析程序

计算银行存款累计余额应收利息收入，分析比较被审计单位银行存款应收利息收入与实际利息收入的差异是否恰当，评估利息收入的合理性，检查是否存在高息资金拆借，确认银行存款余额是否存在，利息收入是否已经完整记录。

▶ 3. 检查银行存款账户发生额

注册会计师对银行存款账户的发生额进行审计，通常能够有效应对被审计单位编制虚假财务报告、管理层或员工非法侵占货币资金等舞弊风险。

注册会计师还可以考虑对银行存款账户的发生额实施以下程序。

(1) 分析不同账户发生银行日记账漏记银行交易的可能性，获取相关账户相关期间的全部银行对账单。

(2) 如果对被审计单位银行对账单的真实性存有疑虑，注册会计师可以在被审计单位的协助下亲自到银行获取银行对账单。在获取银行对账单时，注册会计师要全程关注银行对账单的打印过程。

(3) 从银行对账单中选取交易的样本与被审计单位银行日记账记录进行核对；从被审计单位银行存款日记账上选取样本，核对至银行对账单。

(4) 浏览银行对账单，选取大额异常交易，如银行对账单上有一收一付相同金额，或分次转出相同金额等，检查被审计单位银行存款日记账上有无该项收付金额记录。

▶ 4. 取得并检查银行对账单和银行存款余额调节表

(1) 取得并检查银行对账单。①取得被审计单位加盖银行印章的银行对账单，必要时，亲自到银行获取对账单，并对获取过程保持控制；②将银行对账单与银行日记账余额进行核对；③将被审计单位资产负债表日的银行对账单与银行询证函回函核对，确认是否一致。

(2) 取得并检查银行存款余额调节表。

获取资产负债表日的银行存款余额调节表，检查调节表中加计数是否正确，调节后银行存款日记账余额与银行对账单余额是否一致；检查调节事项，确定未达账项是否存在；特别关注银付企未付、企付银未付中支付异常的领款事项。关注长期未达账项，查看是否存在挪用资金等事项。特别关注银付企未付、企付银未付中支付异常的领款事项，包括没有载明收款人、签字不全等支付事项，确认是否存在舞弊。

【例 13-3】

甲公司 20×2 年 12 月 31 日银行存款日记账的余额为 5 400 000 元，银行转来对账单的余额为 8 300 000 元。经逐笔核对，发现以下未达账项。具体如表 13-4 所示。

第十三章 货币资金审计

表 13-4 　银行存款余额调节表　　　　　　　　　　　　单位：元

项　目	金　额	项　目	金　额
企业银行存款日记账余额	5 400 000	银行对账单余额	8 300 000
加：银行已收企业未收	4 800 000	加：企业已收银行未收	6 000 000
减：银行已付企业未付	400 000	减：企业已付银行未付	4 500 000
调节后的存款余额	9 800 000	调节后的存款余额	9 800 000

(1) 企业送存转账支票 6 000 000 元，并已登记银行存款增加，但银行尚未记账。

(2) 企业开出转账支票 4 500 000 元，并已登记银行存款减少，但持票单位尚未到银行办理转账，银行尚未记账。

(3) 企业委托银行代收某公司购货款 4 800 000 元，银行已收妥并登记入账，但企业尚未收到收款通知，尚未记账。

(4) 银行代企业支付电话费 400 000 元，银行已登记企业银行存款减少，但企业未收到银行付款通知，尚未记账。

▶5. 函证银行存款余额，编制银行函证结果汇总表，检查银行回函

通过向往来银行函证，注册会计师不仅可了解企业资产的存在，还可了解企业账面反映所欠银行债务的情况，并有助于发现企业未入账的银行借款和未披露的或有负债。

在实施银行函证时，注册会计师需要以被审计单位名义向银行发函询证，以验证被审计单位的银行存款是否真实、合法、完整。

知识拓展 13-1
银行询证函
参考格式

抽查大额银行存款收支的原始凭证，检查原始凭证是否齐全，记账凭证与原始凭证是否相符，账务处理是否正确，是否记录于恰当的会计期间等各项内容。

三、其他货币资金的实质性程序

▶1. 保证金存款

检查开立银行承兑汇票的协议或银行授信审批文件。检查信用证的开立协议与保证金是否相符，检查保证金与相关债务的比例是否与合同约定一致，特别关注是否存在有保证金发生而被审计单位无对应保证事项的情形。

▶2. 存出投资款

需要关注跟踪资金流向，并获取董事会决议等批准文件、开户资料、授权操作资料等。

▶3. 第三方支付平台的资金

获取相关开户信息资料，了解其用途和使用情况，获取与第三方支付平台签订的协议等。

获取第三方支付平台发生额及余额明细，在验证这些明细信息可靠性的基础上（如观察被审计单位人员登录并操作相关支付平台导出信息的过程，核对界面的真实性，核对平

台界面显示或下载的信息与提供给注册会计师的明细信息的一致性等),并与账面记录进行核对,对大额交易考虑实施进一步的检查程序。

【例 13-4】

A 注册会计师负责审计甲公司 20×2 年度财务报表。与货币资金审计相关的部分事项如下。

(1) A 注册会计师认为库存现金重大错报风险很低,因此,未测试甲公司财务主管每月月末盘点库存现金的控制,于 20×2 年 12 月 31 日实施了现金监盘,结果满意。

(2) 对于账面余额与银行对账单余额存在差异的银行账户,A 注册会计师获取了银行存款余额调节表,检查了调节表中的加计数是否正确,并检查了调节后的银行存款日记账余额与银行对账单余额是否一致,据此认可了银行存款余额调节表。

(3) 因对甲公司管理当局提供的银行对账单的真实性存有疑虑,A 注册会计师在出纳陪同下前往银行获取银行对账单。在银行柜台人员打印对账单时,A 注册会计师前往该银行其他部门实施了银行函证。

(4) 甲公司有一笔 20×1 年 10 月存入的期限 2 年的大额定期存款。A 注册会计师在 20×1 年度财务报表审计中检查了开户证书原件并实施了函证,结果满意,因此,未在 20×2 年度审计中实施审计程序。

(5) 为测试银行账户交易入账的真实性,A 注册会计师在验证银行对账单的真实性后,从银行存款日记账中选取样本与银行对账单进行核对,并检查了支持性文件,结果满意。

(6) 因对甲公司人民币结算账户的完整性存有疑虑,A 注册会计师检查了管理当局提供的《已开立银行结算账户清单》,结果满意。

(7) 审计项目组未对年末余额小于 10 万元的银行账户实施函证,这些账户年末余额合计小于实际执行的重要性,审计项目组检查了银行对账单原件和银行存款余额调节表,结果满意。

要求:

请逐项指出审计项目组的做法是否恰当。如不恰当,提出改进建议。

解析:

(1) 恰当。

(2) 不恰当。还应检查调节事项,关注长期未达账项,关注未达账中异常的支付款项。

(3) 不恰当。应全程关注银行对账单的打印过程,未对银行对账单获取过程保持控制。

(4) 不恰当。应当对重大账户余额实施实质性程序。

(5) 恰当。

(6) 不恰当。应亲自到中国人民银行或基本存款账户开户行查询并打印《已开立银行结算账户清单》。

(7) 不恰当。改进建议:审计项目组应当对银行存款账户(包括零余额账户和在本期内注销的账户)实施函证程序,除非有充分证据表明某一银行存款对财务报表不重要且与之相关的重大错报风险很低。

本章小结

1. 企业资金营运过程,从资金流入企业形成货币资金开始,到通过销售收回货币资金、成本补偿确定利润、部分资金流出企业为止。企业资金的不断循环,构成企业的资金周转。货币资金与各业务循环均直接相关。

该循环相关的凭证包括现金盘点表、银行对账单、银行存款余额调节表、有关科目的记账凭证、有关会计账簿。

关键风险控制点包括审批、复核、收付点、对账、保管、银行账户管理、票据与印章管理。

2. 在库存现金审计过程中,应当实施库存现金的监盘程序。监盘库存现金,最好实施突击性的检查,时间最好选择在上午上班前或下午下班时。编制库存现金监盘表,并与账面数进行核对,如有差异还须查明原因并进行相关账务调整。

此外,还应抽查大额库存现金收支,检查是否符合内部控制要求,相关记录是否合规。

3. 在银行存款审计过程中,应当实施函证程序。零余额和本期内注销的银行账户均须实施函证程序。银行存款函证同样需要保持全程控制。银行账户信息应从开户行取得的《银行账户开立清单》填列,并关注账户是否存在异常情况,是否与财务记录的账户数一致等。

复习思考题

1. 在存货和库存现金的盘点、监盘中,分别涉及哪些人员?他们分别承担什么角色?
2. 如何实施银行存款函证程序?

实操练习

1. ABC 会计师事务所的 A 注册会计师负责审计甲公司 2021 年度财务报表。2022 年 2 月 3 日,A 注册会计师对甲公司的库存现金进行监盘。与监盘库存现金相关的部分事项如下。

(1) 为顺利监盘库存现金,A 注册会计师在监盘前一天已通知甲公司会计主管人员做好监盘准备。

(2) 甲公司在总部和营业部均设有出纳部门。考虑到出纳日常工作安排,A 注册会计师对总部和营业部库存现金的监盘时间分别定在上午 10:00 和下午 3:00。

(3) A 注册会计师监盘时,未要求甲公司会计主管人员参加,出纳把现金放入保险柜,并将已办妥现金收付手续的交易登入现金日记账,结出库存现金日记账余额。

(4) A 注册会计师当场盘点现金,并与甲公司库存现金日记账进行了核对。

(5) 对于盘点金额与库存现金日记账余额存在的差异,A 注册会计师要求甲公司查明原因并做出调整后,据此认可了年末现金余额。

要求:

针对上述第(1)至(5)项,逐项指出审计项目组的做法是否恰当。如不恰当,提出改进建议。

2. ABC 会计师事务所负责审计甲公司 20×1 年度财务报表,审计项目组认为货币资金的存在和完整性认定存在舞弊导致的重大错报风险,审计工作底稿中与货币资金审计相关的部分内容摘录如下。

(1) 20×2 年 2 月 2 日,审计项目组要求甲公司管理层于次日对库存现金进行盘点,2 月 3 日,审计项目组在现场实施了监盘,并将结果与现金日记账进行了核对,未发现差异。

(2) 因对甲公司管理层提供的银行账户清单的完整性存有疑虑,审计项目组前往当地中国人民银行查询并打印了甲公司已开立银行结算账户清单,结果满意。

(3) 因对甲公司提供的银行对账单的真实性存有疑虑,审计项目组要求甲公司管理层重新取得了所有银行账户的对账单,并现场观察了被审计单位打印对账单的过程,未发现异常。

(4) 审计项目组未对年末余额小于 10 万元的银行账户实施函证,审计项目组检查了银行对账单原件和银行存款余额调节表,结果满意。

(5) 针对年末银行存款余额调节表中企业已开支票银行尚未扣款的调节项,审计项目组通过检查相关的支票存根和记账凭证予以确认。

(6) 审计项目组发现 X 银行询证函回函上的印章与以前年度的不同,甲公司管理层解释 X 银行于 20×1 年中变更了印章样式,并提供了 X 银行的收款回单,审计项目组通过比对印章样式,认可了甲公司管理层的解释。

要求:

针对上述第(1)至(6)项,逐项指出审计项目组的做法是否恰当。如不恰当,提出改进建议。

| 在线自测 |

第十四章　审计报告

> **学习目标**
> 1. 了解审计报告的含义、特征、种类和作用；
> 2. 理解审计意见形成的条件；
> 3. 掌握审计报告的基本内容、不同意见审计报告的编制；
> 4. 熟悉审计报告的分类和格式。

思政案例

两会提案：与时俱进　完善上市公司财务信息披露制度

2023年全国"两会"期间，全国政协委员、北京国家会计学院教授秦荣生《关于改革上市公司财务信息披露制度 提高财务信息披露质量的提案》引起广泛关注。提案的具体内容如下。

我国上市公司的财务信息披露制度从无到有，已经形成较为完善的信息披露制度，对维护证券市场秩序、保护广大投资者利益发挥了积极作用。但是，现行财务信息披露制度也存在着财务信息披露可用性、可信性、及时性等有待提高的问题，应进一步进行改革和完善，这对于提高我国上市公司财务信息披露的质量，更好地保护投资者利益，确保证券市场健康有效地运行，都具有重要的现实意义。

1. 现行上市公司财务信息披露制度存在的问题

财务报告是上市公司重要的公开信息，也是社会公众了解上市公司经营状况和盈利能力的重要渠道。社会公众对上市公司财务报告有着广泛的需求和依赖，都希望借此提高其决策的科学性。但是，现行财务信息披露制度存在一些问题，损害了财务信息的可用性、可信性和及时性。

（1）财务信息披露的可用性还较低。对于上市公司财务信息披露的格式和内容，现行财务信息披露制度对年度报告、半年度报告和季度报告都有不同的要求。特别是上市公司季度报告只要求披露公司基本情况、主要会计数据和财务指标等财务信息，缺乏具体的财务报表和会计政策、会计估计运用等内容的披露，社会公众难以从披露的季度报告中了解上市公司的具体情况。而且，上市公司季度报告未经审计和审阅，其真实性也难以得到保障。这些情况的存在，严重影响了社会公众通过阅读季度报告进行决策，财务信息披露的可用性较低。

(2) 财务信息披露的可信性还不够。真实可信、内容完整是对财务信息披露质量的最基本要求，而财务信息披露不真实、不可信是最严重、危害最大的问题。一些上市公司管理层为了公司的市值管理、经营业绩和筹资，在编制财务报告时往往采取操纵行为，弄虚作假，披露不真实、不可信的财务信息。而现行财务信息披露制度没有要求对上市公司披露的季度报告、半年度报告进行审计和审阅，这更使季度报告、半年度报告的可信性大打折扣，导致社会公众要么不相信上市公司所披露的财务信息，无法做出决策；要么相信了上市公司所披露的不真实财务信息，做出了错误的决策。

(3) 财务信息披露的及时性还不强。上市公司公开披露的财务信息讲求的是时效，信息披露的及时与否对广大投资者来说至关重要，直接关系到广大投资者的利益。现行财务信息披露制度规定，年度报告由上市公司在每个会计年度结束之日起 4 个月内编制完成（即 1—4 月），而且一些上市公司尽量将年度报告拖延至次年的 4 月中下旬进行披露，这种做法不仅降低了财务信息披露的及时性，也降低了财务信息的可利用价值，先披露一季度季度报告而后披露上年度的年度报告的现象时有发生，这为内部交易和操纵市场行为创造了条件。

2. 改革上市公司财务信息披露制度的可行措施

改革上市公司财务信息披露制度，提高上市公司财务信息披露的质量，是上市公司"提质"的重要举措之一。因此，为提高上市公司财务信息披露质量，应采取综合治理模式，取消季度报告披露，降低上市公司的披露成本；实行中期报告的审阅制度，提高财务信息的可信性；缩短年度报告披露期限，提高财务信息披露的及时性。

(1) 取消季度报告披露，降低上市公司的披露成本。现行上市公司披露的季度报告因其内容单一、指标综合，且未经审计导致可用性差，并促使上市公司将注意力放在季度短期利益上，从而忽略长期战略、成长和可持续发展，不能满足季度报告使用者决策的需要。取消季度报告披露，对公司来说，可以按半年度甚至全年布局经营情况，克服季节性波动对业绩和股价带来的影响，并将减轻上市公司的负担和降低披露成本。对投资者来说，应从考虑上市公司的短期业绩转向关注其长期发展战略和可持续发展情况，逐渐养成长期投资和价值投资的理念。从国际上看，美国 SEC 正在研究取消美国本土上市公司的季度报告披露，对于非美国本土上市公司（包括中概股）并不强制要求公司披露季度报告。按香港联交所上市规则，在香港上市的上市公司不要求披露季度报告。中国证监会 2021 年修订定期报告相关的披露规范，已将季度报告的强制披露内容大为缩减，不再强制要求披露季报业绩预告。

(2) 实行中期报告的审阅制度，提高财务信息的可信性。现行绝大多数上市公司披露的中期报告是不需要审计的，但上市公司拟在下半年进行利润分配、以公积金转增股本、弥补亏损等情形应当进行审计。对于未经审计或者审阅的中期报告，其可信性较差，社会公众和投资者难以据此做出决策。实行中期报告的审阅制度，将会给社会公众和投资者带来更大的效益，能够提高财务信息的可信性，降低年中财务造假等欺诈发生的可能性，同时还可以改进中期数据的预测能力，从而更好地为社会公众和投资者服务。审阅与审计最大的区别在于其提供的只是一种消极保证，实施的程序也只包括有限的询证和分析性复核。目前，在西方资本市场上，对于上市公司中期报告的审阅已成为普遍采用的方式。如美国 SEC 强制要求注册会计师对上市公司的中期报告进行审阅，但并没有要求其披露审阅报告。按香港联交所上市规则，香港上市公司披露中期报告需经注册会计师审阅。

（3）缩短年度报告披露期限，提高财务信息披露的及时性。根据现行财务信息披露制度规定：上市公司年报的披露时间为每个会计年度结束之日起 4 个月内。首先，现行制度规定导致财务信息披露的及时性较差，不少上市公司的年度报告在次年的 4 月中下旬才披露，离年度末已经过去近 4 个月了，经营和财务状况已发生较大变化，投资者无法据此做出正确的决策。其次，随着互联网、大数据、云计算、人工智能的普及和上市公司智能会计系统的广泛应用，极大提高了编制年度报告的效率，缩短了财务信息收集、编报的时间，完全有能力在较短的期限内编制和披露年度报告。再次，注册会计师通过对中期报告的审阅、预审和现代数据技术的应用，能在较短的时间内对上市公司年度报告出具审计报告。最后，国际实践证明缩短年度财务报告披露期限是完全可行的。美国对于流通股大于 7 亿、在 7 500 万以上但小于 7 亿、小于 7 500 万的上市公司，分别规定在财务年度结束后 60 天、75 天、90 天内披露年度报告。因此，为提高我国上市公司财务信息披露的及时性，加快证券市场与国际市场趋同，规定我国上市公司年度报告披露的法定期限为 3 个月，是必要的，也是可行的。

资料来源：秦荣生. 关于改革上市公司财务信息披露制度 提高财务信息披露质量的提案[EB/OL]. (2023-02-26)[2023-04-20]. https://mp.weixin.qq.com/s/422BjQ8Bp18A1AqQ8WIYDQ.

案例思考：

1. 审计和审阅有什么区别？
2. 审计报告对于提升上市公司财务信息披露有什么意义？

启示：

信息披露制度，是上市公司为保障投资者利益、接受社会公众的监督而依照法律规定必须将其自身的财务变化、经营状况等信息和资料向证券管理部门和证券交易所报告，并向社会公开或公告，以便使投资者充分了解情况的制度。它既包括发行前的披露，也包括上市后的持续信息公开，主要由招股说明书制度、定期报告制度和临时报告制度组成。

上市公司的会计信息披露，就上市公司而言，有利于上市公司筹集资本，从而达到资源的最优配置，实现社会资源的最优增长、社会福利的最大化以及其他有益目标。就证券市场和国家经济而言，正确、准确、及时、完整的上市公司会计信息披露，有利于维护证券市场的经济秩序，促进我国资本市场健康快速的运营发展，有利于国家经济的繁荣与安全。就投资者个人而言，规范、完整的上市公司会计信息披露，有利于吸引更多投资者融资与投资，投资者通过正确、准确、及时、完整的上市公司信息，在权衡不同证券价格所反映的风险和报酬的基础上，做出购买、持有、转让的决策，并形成一个合理的证券投资组合，这样既分散了投资风险，也获得了丰厚的个人财富。

制度不是一成不变的，应当随着实际情况的发展而发展。完善上市公司财务信息披露制度，对于提高我国上市公司财务信息披露质量，更好地保护投资者利益，确保证券市场健康有效运行，具有重要的现实意义。

在出具审计报告之前，还需要对审计工作进行回顾总结。回顾总结的内容包括：①对审计过程中发现的错报与管理层进行沟通并由管理层进行更正，对于未更正错报需要对其影响进行评估。②编制审计差异调整表和试算平衡表。在被审计单位提供的未审计财务报表基础上，考虑调整分录、重分类分录等内容，确定财务报表的审定数。③依据三级复核制对审计工作底稿复核。④与治理层进行沟通，取得相互了解，并及时向治理层告知审计中发现的与治理层责任相关的事项。⑤获取管理层声明书。书面声明是注册会计师获取的必要审计证据，在管理层签订书面声明前，注册会计师不能发表审计意见，也不能出具审计报告。此外，还须对期后事项保持应有的关注。

第一节　审计报告概述

一、审计报告的含义

审计报告是指注册会计师根据审计准则的规定，在执行审计工作的基础上，对财务报表在所有重大方面按照财务报告编制基础编制并实现合法、公允反映发表审计意见的书面文件。

二、审计报告的特征和要求

审计报告是注册会计师在完成审计工作后向委托人提交的最终产品，具有以下特征。
(1) 注册会计师应当按照审计准则的规定执行审计工作。
(2) 注册会计师在实施审计工作的基础上才能出具审计报告。
(3) 注册会计师通过对财务报表发表意见履行业务约定书约定的责任。
(4) 注册会计师应当以书面形式出具审计报告。
注册会计师一旦在审计报告上签名并盖章，就表明对其出具的审计报告负责。

为了便于财务报表使用者正确理解和使用审计报告，并防止被审计单位替换、更改已审计的财务报表，注册会计师应当将已审计的财务报表附于审计报告之后，如图14-1所示。

目录	
审计报告	
合并及公司资产负债表	1-2
合并及公司利润表	3
合并及公司现金流量表	4
合并及公司股东权益变动表	5-8
财务报表附注	9-125

图 14-1　审计报告目录

三、审计报告的作用

注册会计师签发的审计报告，主要具有鉴证、保护和证明三个方面的作用。

(一) 鉴证作用

注册会计师签发的审计报告，是以独立第三方身份，对被审计单位财务报表的合法性和公允性发表意见，具有鉴证作用，得到了政府、投资者和其他利益相关者的普遍认可。

(二) 保护作用

注册会计师通过审计，可以对被审计单位财务报表出具不同类型审计意见的审计报告，以提高或降低财务报表使用者对财务报表的信赖程度，能够在一定程度上对被审计单位的债权人和股东以及其他利害关系人的利益起到保护作用。

(三) 证明作用

审计报告可以表明审计工作的质量并明确注册会计师的审计责任。因此可以对审计工作质量和注册会计师的审计责任起证明作用。

四、审计意见的形成

注册会计师应当就财务报表是否在所有重大方面按照适用的财务报告编制基础编制并实现公允反映形成审计意见。为了形成审计意见，针对财务报表整体是否不存在由于舞弊或错误导致的重大错报，注册会计师应当得出结论，确定是否已就此获取合理保证。

得出审计结论时应当考虑以下领域。

(1) 评价是否已获取充分、适当的审计证据。

(2) 评价未更正错报单独或汇总起来是否构成重大错报。

(3) 评价财务报表是否在所有重大方面按照适用的财务报告编制基础编制。

(4) 评价财务报表是否实现公允反映。

(5) 评价财务报表是否恰当提及或说明适用的财务报告编制基础。

五、审计意见的类型

注册会计师的目标是在评价根据审计证据得出的结论的基础上，对财务报表形成审计意见，并通过书面报告的形式清楚地表达审计意见。审计意见类型如图 14-2 所示。

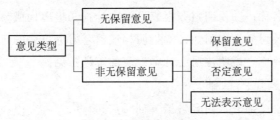

图 14-2　审计意见类型

第二节 审计报告的基本内容

一、审计报告的要素

审计报告应当包括下列要素。
(1) 标题。
(2) 收件人。
(3) 审计意见。
(4) 形成审计意见的基础。
(5) 管理层对财务报表的责任。
(6) 注册会计师对财务报表审计的责任。
(7) 按照相关法律法规的要求报告的事项(如适用)。
(8) 注册会计师的签名和盖章。
(9) 会计师事务所的名称、地址和盖章。
(10) 报告日期。

在适用的情况下,在审计报告中对与持续经营相关的重大不确定性、关键审计事项、被审计单位年度报告中包含的除财务报表和审计报告之外的其他信息进行报告。

二、审计报告内容的要点

以下审计报告的示例基于对上市实体财务报表出具的无保留意见的审计报告进行说明。

(一) 标题

审计报告应当具有标题,统一规范为"审计报告"。

(二) 收件人

审计报告的收件人一般是指审计业务的委托人。审计报告应当按照审计业务的约定载明收件人的全称。

(三) 审计意见

审计意见部分由两部分构成。第一部分指出已审计财务报表,应当包括下列方面:①指出被审计单位的名称;②说明财务报表已经审计;③指出构成整套财务报表的每一财务报表的名称;④提及财务报表附注;⑤指明构成整套财务报表的每一财务报表的日期或涵盖的期间。第二部分应当说明注册会计师发表的审计意见。

(四) 形成审计意见的基础

审计报告应当包含此部分,内容包括下列几点。
(1) 说明注册会计师按照审计准则的规定执行了审计工作。
(2) 提及审计报告中用于描述审计准则规定的注册会计师责任的部分。

（3）声明注册会计师按照与审计相关的职业道德要求对被审计单位保持了独立性，并履行了职业道德方面的其他责任。声明中应当指明适用的职业道德要求，如《中国注册会计师职业道德守则》。

（4）说明注册会计师是否相信获取的审计证据是充分、适当的，为发表审计意见提供了基础。

（五）关键审计事项

审计准则要求注册会计师在上市实体整套通用目的财务报表审计报告中增加关键审计事项部分，用于沟通关键审计事项。

（六）管理层对财务报表的责任

（1）按照适用的财务报告编制基础编制财务报表，使其实现公允反映，并设计、执行和维护必要的内部控制，以使财务报表不存在由于舞弊或错误导致的重大错报。

（2）评估被审计单位的持续经营能力和使用持续经营假设是否适当，并披露与持续经营相关的事项（如适用）。对管理层评估责任的说明应当包括描述在何种情况下使用持续经营假设是适当的。

（七）注册会计师对财务报表审计的责任

其中应当包括下列内容。

（1）说明注册会计师的目标是对财务报表整体是否不存在由于舞弊或错误导致的重大错报获取合理保证，并出具包含审计意见的审计报告。

（2）说明合理保证是高水平的保证，但按照审计准则执行的审计并不能保证一定会发现存在的重大错报。

（3）说明错报可能由于舞弊或错误导致。

（4）说明在按照审计准则执行审计工作的过程中，注册会计师运用职业判断，并保持职业怀疑。

（5）通过说明注册会计师的责任，对审计工作进行描述。

（八）按照相关法律法规的要求报告的事项

在某些情况下，相关法律法规可能要求或允许注册会计师将对这些其他责任的报告作为对财务报表出具的审计报告的一部分，此时，审计报告应当区分为"对财务报表出具的审计报告"和"按照相关法律法规的要求报告的事项"两部分；在另外一些情况下，相关法律法规可能要求或允许注册会计师在单独出具的报告中进行报告。

（九）注册会计师的签名和盖章

审计报告应当由项目合伙人和另一名负责该项目的注册会计师签名和盖章。对上市实体整套通用目的财务报表出具的审计报告应当注明项目合伙人。

知识拓展 14-1
审计报告
参考格式

（十）报告日期

审计报告应当注明报告日期。

（十一）事务所名称、地址和盖章

三、审计报告的日期和签署

▶ 1. 审计报告日的含义

审计报告日不应早于注册会计师获取充分、适当的审计证据并在此基础上对财务报表形成审计意见的日期。

▶ 2. 审计报告的批准和报出

只有在注册会计师获取证据证明构成整套财务报表的所有报表(含披露)已经编制完成,并且管理层已认可其对财务报表的责任的情况下,注册会计师才能得出已经获取充分、适当的审计证据的结论。财务报表须经董事会或类似机构批准后才可对外报出。

在实务中,注册会计师在正式签署审计报告前,通常把审计报告草稿随同管理层已按审计调整建议修改后的财务报表一起提交给管理层。如果管理层签署已按审计调整建议修改后的财务报表,注册会计师即可签署审计报告。

注册会计师签署审计报告的日期可能与管理层签署已审计财务报表的日期为同一天,也可能晚于管理层签署已审计财务报表的日期。

▶ 3. 注册会计师的签名和盖章

为进一步增强对审计报告使用者的透明度,在对上市实体整套通用目的财务报表出具的审计报告中应当注明项目合伙人。

第三节 在审计报告中沟通关键审计事项

一、关键审计事项的概念

关键审计事项,是指注册会计师根据职业判断认为对当期财务报表审计最重要的事项。

在审计报告中沟通关键审计事项,旨在通过提高已执行审计工作的透明度增加审计报告的沟通价值。沟通关键审计事项能为财务报表预期使用者提供额外的信息,帮助其了解注册会计师根据职业判断认为对本期财务报表审计最重要的事项,并帮助其了解被审计单位,以及已审计财务报表中涉及重大管理层判断的领域。

二、确定关键审计事项的决策框架

根据关键审计事项的概念,注册会计师在确定关键审计事项时,需要遵循以下决策框架,如图14-3所示。

三、在审计报告中沟通关键审计事项

▶ 1. 在审计报告中单设关键审计事项部分

(1)注册会计师应当在审计报告中单设一部分,以"关键审计事项"为标题,并在该部

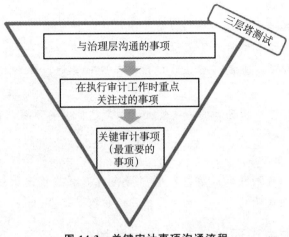

图14-3 关键审计事项沟通流程

分使用恰当的子标题逐项描述关键审计事项。

(2)关键审计事项部分的引言应当同时说明下列事项:①关键审计事项是注册会计师根据职业判断,认为对本期财务报表审计最重要的事项;②关键审计事项的应对以对财务报表整体进行审计并形成审计意见为背景,注册会计师对财务报表整体形成审计意见,而不对关键审计事项单独发表意见。

▶ 2. 描述单一关键审计事项

为了帮助财务报表预期使用者了解注册会计师确定的关键审计事项,注册会计师应当在审计报告中逐项描述每一关键审计事项,并同时说明下列内容。

(1)该事项被认定为审计中最为重要的事项之一,因而被确定为关键审计事项。

(2)该事项在审计中是如何应对的。

在描述时,注册会计师还应当分别索引至财务报表的相关披露,以使预期使用者能够进一步了解管理层在编制财务报表时如何应对这些事项。

需要特别强调的是,对某项关键审计事项的描述属于职业判断。

【例14-1】

以下是某上市公司披露的关键审计事项:

关键审计事项——商誉的减值测试

相关信息披露详见财务报表附注——××

(一)事项描述

截至201×年12月31日,集团因收购YYY公司而确认了XXX万元的商誉。贵公司管理层于每年年末对商誉进行减值测试。本年度,YYY公司产生了经营损失,该商誉出现减值迹象。

报告期末,集团管理层对YYY公司的商誉进行了减值测试,以评价该项商誉是否存在减值。管理层采用现金流预测模型来计算商誉的可收回金额,并将其与商誉的账面价值相比较。该模型所使用的折现率、预计现金流,特别是未来收入增长率等关键指标需要做出重大的管理层判断。通过测试,管理层得出商誉没有减值的结论。

（二）实施的审计程序

我们针对管理层减值测试所实施的审计程序包括以下方面。

（1）对管理层的估值方法予以了评估。

（2）基于我们对相关行业的了解，我们质疑了管理层假设的合理性，如收入增长率、折现率等。

（3）检查录入数据与支持证据的一致性，例如，已批准的预算以及考虑这些预算的合理性。

（三）实施审计程序的结果

我们认为，基于目前所获取的信息，管理层在对商誉减值测试所使用的假设是合理的，相关信息在财务报表附注——××中所做出的披露是适当的。

四、不在审计报告中沟通关键审计事项的情形

一般而言，在审计报告中沟通关键审计事项，通常有助于提高审计的透明度，是符合公众利益的。然而，在极少数情况下，关键审计事项可能涉及某些"敏感信息"，沟通这些信息可能会给被审计单位带来较严重的负面影响。在某些情况下，法律法规也可能禁止公开披露某事项。例如，公开披露某事项可能影响相关机构对某项违反法律法规行为或疑似违反法律法规行为进行的调查。

因此，除非法律法规禁止公开披露某事项，或者在极少数的情况下，如果合理预期在审计报告中沟通某事项造成的负面后果超过产生的公众利益方面的益处，则注册会计师不应在审计报告中沟通该事项。

五、就关键审计事项与治理层沟通

注册会计师应当就以下事项与治理层沟通。

（1）注册会计师确定的关键审计事项。

（2）根据被审计单位和审计业务的具体情况，注册会计师确定不存在需要在审计报告中沟通的关键审计事项（如适用）。

第四节 审计报告的主要类型

一、无保留意见审计报告

如果认为财务报表在所有重大方面按照适用的财务报告编制基础编制并实现公允反映，则注册会计师应当发表无保留意见。无保留意见，是指当注册会计师认为财务报表在所有重大方面按照适用的财务报告编制基础编制并实现公允反映时发表的审计意见。

无保留意见审计报告的关键措辞，应当使用"我们认为，财务报表在所有重大方面按照[适用的财务报告编制基础（如企业会计准则等）]编制，公允反映了[……]"的措辞。由于存在固有风险、会计估计等方面的影响，注册会计师无法对财务报表的真实性、合法性

做出绝对保证。

标准无保留意见审计报告的范例详见本章第二节。

二、非无保留意见审计报告

非无保留意见是指保留意见、否定意见或无法表示意见。

当存在下列情形之一时，注册会计师应当在审计报告中发表非无保留意见。

（1）根据获取的审计证据，得出财务报表整体存在重大错报的结论。

错报的来源可能是：选择的会计政策的恰当性方面；对所选择的会计政策的运用方面；财务报表披露的恰当性和充分性方面。

（2）无法获取充分、适当的审计证据，不能得出财务报表整体不存在重大错报的结论。

可能导致无法获取充分、适当的审计证据的情况有：超出被审计单位控制的情形；与注册会计师工作的性质或时间安排相关的情形；管理层对审计范围施加限制。

如果注册会计师能够通过实施替代程序获取充分、适当的审计证据，则无法实施特定的程序并不构成对审计范围的限制。

三、确定非无保留意见的类型

导致注册会计师发表非无保留意见的事项单独或汇总起来对财务报表的影响或可能产生的影响一定是重大的。在这个前提下，注册会计师是发表保留意见，还是否定意见或无法表示意见，取决于导致非无保留意见的事项（即财务报表存在重大错报，或注册会计师无法获取充分、适当的审计证据，财务报表可能存在重大错报）对财务报表整体产生的影响或可能产生的影响是否具有广泛性，具体如表14-1所示。

表14-1 发表非保留意见的情形

导致发生非无保留意见的事项的性质	这些事项对财务报表产生或可能产生影响的广泛性	
	重大但不具有广泛性	重大且具有广泛性
财务报表存在重大错报	保留意见	否定意见
无法获取充分、适当的审计证据	保留意见	无法表示意见

（一）保留意见的审计报告

▶ 1. 发表保留意见审计报告的情形

（1）在获取充分、适当的审计证据后，注册会计师认为错报单独或汇总起来对财务报表影响重大，但不具有广泛性。

（2）注册会计师无法获取充分、适当的审计证据以作为形成审计意见的基础，但认为未发现的错报（如存在）对财务报表可能产生的影响重大，但不具有广泛性。

▶ 2. 保留意见审计报告的关键措辞

当由于财务报表存在重大错报而发表保留意见时，注册会计师应当根据适用的财务报告编制基础在审计意见段中说明:"注册会计师认为,除了形成保留意见的基础部分所述事项产生的影响外,财务报表在所有重大方面按照适用的财务报告编制基础编制,并实现公允反映。"

当无法获取充分、适当的审计证据而导致发表保留意见时,注册会计师应当在审计意见段中使用"除……可能产生的影响外"等措辞。

当注册会计师发表保留意见时,在审计意见段中使用"由于上述解释"或"受……影响"等措辞是不恰当的,因为这些措辞不够清晰或没有足够的说服力。

参考格式: 由于财务报表存在重大错报而发表保留意见的审计报告

审 计 报 告

ABC 股份有限公司全体股东:

一、对财务报表出具的审计报告

(一)保留意见

我们审计了 ABC 股份有限公司(以下简称"ABC 公司")财务报表,包括 20×1 年 12 月 31 日的资产负债表、20×1 年年度的利润表、现金流量表、股东权益变动表以及相关财务报表附注。

我们认为,除"形成保留意见的基础"部分所述事项产生的影响外,后附的财务报表在所有重大方面按照企业会计准则的规定编制,公允反映了 ABC 公司 20×1 年 12 月 31 日的财务状况以及 20×1 年度的经营成果和现金流量。

(二)形成保留意见的基础

ABC 公司于 20×1 年 12 月 31 日资产负债表中存货的列示金额为×元。管理层根据成本对存货进行计量,而没有根据成本与可变现净值孰低的原则进行计量,这不符合企业会计准则的规定。ABC 公司的会计记录显示,如果管理层以成本与可变现净值孰低来计量存货,存货列示金额将减少×元。相应地,资产减值损失将增加×元,所得税、净利润和股东权益将分别减少×元、×元和×元。

我们按照中国注册会计师审计准则的规定执行了审计工作。审计报告的"注册会计师对财务报表审计的责任"部分进一步阐述了我们在这些准则下的责任。按照中国注册会计师职业道德守则,我们独立于 ABC 公司,并履行了职业道德方面的其他责任。我们相信,我们获取的审计证据是充分、适当的,为发表保留意见提供了基础。

(三)关键审计事项

关键审计事项是我们根据职业判断,认为对本期财务报表审计最重要的事项。这些事项的应对以对财务报表整体进行审计并形成审计意见为背景,我们不对这些事项单独发表意见。除"形成保留意见的基础"部分所述事项外,我们将以下事项确定为需要在审计报告中沟通的关键审计事项。

(四)管理层和治理层对财务报表的责任(略)

(五)注册会计师对财务报表审计的责任(略)

二、按照相关法律法规的要求报告的事项

××会计师事务所　　　　　　　　　　　　中国注册会计师：×××

　　（盖章）　　　　　　　　　　　　　　　　　（签名并盖章）

　　　　　　　　　　　　　　　　　　　　中国注册会计师：×××

　　　　　　　　　　　　　　　　　　　　　　　（签名并盖章）

中国××市　　　　　　　　　　　　　　　二○×二年×月×日

（二）否定意见的审计报告

▶ 1. 发表否定意见审计报告的情形

在获取充分、适当的审计证据后，如果认为错报单独或汇总起来对财务报表的影响重大且具有广泛性，注册会计师应当发表否定意见。

▶ 2. 否定意见审计报告的关键措辞

当发表否定意见时，注册会计师应当根据适用的财务报告编制基础在审计意见段中说明："注册会计师认为，由于形成否定意见的基础部分所述事项的重要性，财务报表没有在所有重大方面按照适用的财务报告编制基础编制，未能实现公允反映。"

参考格式：

审 计 报 告

ABC 股份有限公司全体股东：

一、对财务报表出具的审计报告

（一）否定意见

我们审计了 ABC 股份有限公司（以下简称"ABC 公司"）财务报表，包括 20×1 年 12 月 31 日的资产负债表、20×1 年年度的利润表、现金流量表、股东权益变动表以及相关财务报表附注。

我们认为，由于"形成否定意见的基础"部分所述事项的重要性，后附的财务报表没有在所有重大方面按照企业会计准则的规定编制，未能公允反映 ABC 公司 20×1 年 12 月 31 日的财务状况以及 20×1 年年度的经营成果和现金流量。

（二）形成否定意见的基础

如财务报表附注×所述，20×1 年 ABC 公司通过非同一控制下的企业合并获得对 XYZ 公司的控制权，因未能取得购买日 XYZ 公司某些重要资产和负债的公允价值，故未将 XYZ 公司纳入合并财务报表的范围，而是按成本法核算对 XYZ 公司的股权投资。ABC 公司的这项会计处理不符合企业会计准则的规定。如果将 XYZ 公司纳入合并财务报表的范围，ABC 公司合并财务报表的多个报表项目将受到重大影响，但我们无法确定未将 XYZ 公司纳入合并范围对财务报表产生的影响。

（三）关键审计事项

除"形成保留意见的基础"部分所述事项外，我们将以下事项确定为需要在审计报告中沟通的关键审计事项。

（四）管理层和治理层对财务报表的责任（略）

（五）注册会计师对财务报表审计的责任（略）

二、按照相关法律法规的要求报告的事项

××会计师事务所　　　　　　　　　　　　　中国注册会计师：×××
　　（盖章）　　　　　　　　　　　　　　　　　（签名并盖章）
　　　　　　　　　　　　　　　　　　　　　中国注册会计师：×××
　　　　　　　　　　　　　　　　　　　　　　　（签名并盖章）

中国××市　　　　　　　　　　　　　　　　二○×二年×月×日

（三）无法表示意见的审计报告

▶ 1. 发表无法表示意见审计报告的情形

如果无法获取充分、适当的审计证据以作为形成审计意见的基础，但认为未发现的错报对财务报表可能产生的影响重大且具有广泛性，注册会计师应当发表无法表示意见。

▶ 2. 无法表示意见审计报告的关键措辞

当由于无法获取充分、适当的审计证据而发表无法表示意见时，注册会计师应当在审计意见段中说明："由于形成无法表示意见的基础部分所述事项的重要性，注册会计师无法获取充分、适当的审计证据以为发表审计意见提供基础，因此，注册会计师不对这些财务报表发表审计意见。"

参考格式：

审 计 报 告

ABC股份有限公司全体股东：

一、对财务报表出具的审计报告

（一）无法表示意见

我们接受委托，审计ABC股份有限公司（以下简称"ABC公司"）财务报表，包括20×1年12月31日的资产负债表、20×1年年度的利润表、现金流量表、股东权益变动表以及相关财务报表附注。

我们不对后附的ABC公司财务报表发表审计意见。由于"形成无法表示意见的基础"部分所述事项的重要性，我们无法获取充分、适当的审计证据以作为财务报表发表审计意见的基础。

（二）形成无法表示意见的基础

我们于20×2年1月接受ABC公司的审计委托，因而未能对ABC公司20×1年年初金额为×元的存货和年末金额为×元的存货实施监盘程序。此外，我们也无法实施替代审计程序获取充分、适当的审计证据。并且，ABC公司于20×1年9月采用新的应收账款电算化系统，由于存在系统缺陷导致应收账款出现大量错误。截至报告日，管理层仍在纠正系统缺陷并更正错误，我们也无法实施替代审计程序，以对截至20×1年12月31日的应收账款总额×元获取充分、适当的审计证据。因此，我们无法确定是否有必要对存货、应收账款以及财务报表其他项目做出调整，也无法确定应调整的金额。

（三）管理层和治理层对财务报表的责任（略）

（四）注册会计师对财务报表审计的责任

我们的责任是按照中国注册会计师审计准则的规定，对ABC公司的财务报表执行审计工作,以出具审计报告。但由于"形成无法表示意见的基础"部分所述的事项,我们无法获取充分、适当的审计证据以作为发表审计意见的基础。

按照中国注册会计师职业道德守则,我们独立于ABC公司,并履行了职业道德方面的其他责任。

二、按照相关法律法规的要求报告的事项

××会计师事务所　　　　　　　　　　　中国注册会计师：×××
　　（盖章）　　　　　　　　　　　　　　　（签名并盖章）
　　　　　　　　　　　　　　　　　　　中国注册会计师：×××
　　　　　　　　　　　　　　　　　　　　　（签名并盖章）

中国××市　　　　　　　　　　　　　　二○×二年×月×日

四、在审计报告中增加强调事项段和其他事项段

（一）强调事项段

审计报告的强调事项段是指审计报告中含有的一个段落,该段落提及已在财务报表中恰当列报或披露的事项,且根据注册会计师的职业判断,该事项对财务报表使用者理解财务报表至关重要。

如果认为有必要提醒财务报表使用者关注已在财务报表中列报或披露,且根据职业判断认为对财务报表使用者理解财务报表至关重要的事项,在同时满足下列条件时,注册会计师应当在审计报告中增加强调事项段。

（1）该事项不会导致注册会计师发表非无保留意见。

（2）该事项未被确定为在审计报告中沟通的关键审计事项。

强调事项段不能代替下列情形:发表非无保留意见;适用的财务报告编制基础要求管理层在财务报表中做出的披露,或为实现公允列报所需的其他披露;当可能导致对被审计单位持续经营能力产生重大疑虑的事项或情况存在重大不确定性时做出的报告。

（二）其他事项段

其他事项段是指审计报告中含有的一个段落,该段落提及未在财务报表中列报或披露的事项,根据注册会计师的职业判断,该事项与财务报表使用者理解审计工作、注册会计师的责任或审计报告相关。

如果认为有必要沟通虽然未在财务报表中列报或披露,但根据职业判断认为与财务报表使用者理解审计工作、注册会计师的责任或审计报告相关的事项,在同时满足下列条件时,注册会计师应当在审计报告中增加其他事项段。

知识拓展14-2
存贷双高

（1）未被法律法规禁止的审计事项。

（2）该事项未被确定为在审计报告中沟通的关键审计事项。

| 本章小结 |

1. 出具审计报告前,还须对已实施的审计工作进行总结回顾,大体包括汇总审计过

程中发现的审计差异、评价差异、编制试算平衡表,与管理层、治理层沟通、撰写审计报告,获取管理层说明书等。

2. 审计意见类型分为无保留意见、保留意见、无法表示意见和否定意见。此外,还须根据被审计单位的实际情况,增加强调事项段或关键审计事项段。

强调事项段,是指审计报告中含有的一个段落,该段落提及已在财务报表中恰当列报或披露的事项。根据注册会计师的职业判断,该事项对财务报表使用者理解财务报表至关重要。

关键审计事项是指注册会计师根据职业判断认为对本期财务报表审计最重要的事项。关键审计事项应当来自"与治理层沟通过的事项"。

复习思考题

1. 审计报告中强调事项段和关键审计事项之间的关系是什么?
2. 如何确定审计意见?

实操练习

Y公司系公开发行A股的上市公司,假定北京ABC会计事务所的注册会计师A和B负责对其2022年度财务报表进行审计,并于2023年2月20日完成外勤审计工作。假定Y公司2022年度财务报表于2023年3月10日经董事会批准,并于同日报送证券交易所。

Y公司未经审计的2022年度财务报表中的部分会计资料如下。

注册会计师A和B确定Y公司2022年财务报表层次的重要性水平为300万元,并分配至各财务报表项目。其中部分财务报表项目的重要性水平如下:Y公司2022年度审计后净利润为1 000万元,2022年12月31日流动负债为29 600万元,资产总额为28 400万元。注册会计师A和B经实施必要审计程序后认为Y公司编制2022年度财务报表所依据的持续经营假设是合理的。

要求:

(1) 在不考虑其他条件的前提下,请分别指出注册会计师A和B应出具何种类型的审计报告,简要说明理由?

(2) 在不考虑其他条件的前提下,请代注册会计师A和B编制Y公司2022年度财务报表的审计报告。

在线自测

扫描封底刮刮卡　获取答题权限

参 考 文 献

[1] 秦荣生，卢春泉．审计学[M]．10 版．北京：中国人民大学出版社，2019．
[2] 刘明辉，史德刚．审计学[M]．大连：东北财经大学出版社，2021．
[3] 宋常，王玉涛．审计学[M]．9 版．北京：中国人民大学出版社，2022．
[4] 彭毅林．审计学理论、案例与实务[M]．北京：人民邮电出版社，2017．
[5] 朱锦余，张勇．审计学[M]．北京：科学出版社，2015．
[6] 何秀英．审计学[M]．大连：东北财经出版社，2017．
[7] 王振秀，洪荭．审计学[M]．上海：上海财经大学出版社，2017．
[8] 万义平，曾维林．审计学[M]．上海：上海交通大学出版社，2017．
[9] 曹泰松，王琳．审计学[M]．上海：上海交通大学出版社，2017．
[10] 中国注册会计师协会．审计[M]．北京：中国财政经济出版社，2021．
[11] 陈汉文．审计[M]．5 版．北京：中国人民大学出版社，2022．
[12] 李兆华，孔凡玲．审计学[M]．北京：科学出版社，2018．
[13] 周慧玲，刘婷婷，押松海．审计基础与实务[M]．青岛：中国海洋大学出版社，2022．
[14] 窦洪波，李贺，李园园．审计基础[M]．上海：上海财经大学出版社，2016．
[15] 张立焕，李红艳．审计学[M]．上海：上海财经大学出版社，2019．

教师服务

感谢您选用清华大学出版社的教材！为了更好地服务教学，我们为授课教师提供本书的教学辅助资源，以及本学科重点教材信息。请您扫码获取。

》教辅获取

本书教辅资源，授课教师扫码获取

》样书赠送

会计学类重点教材，教师扫码获取样书

 清华大学出版社

E-mail: tupfuwu@163.com
电话：010-83470332 / 83470142
地址：北京市海淀区双清路学研大厦 B 座 509

网址：https://www.tup.com.cn/
传真：8610-83470107
邮编：100084